U0742795

彭 勇 谢鹏鹏 姚 松 王田天 张洪浩 │著

Research on Assessment of
Pressure-induced Aural Comfort of
High-speed Train Passengers

中南大学出版社
www.csupress.com.cn

·长沙·

前 言

Foreword

　　铁路是国民经济的大动脉，也是综合交通运输体系的骨干，截至 2020 年 7 月底，中国高速铁路运营里程已经达到 3.6 万 km，居世界第一，已覆盖 94.7% 城区人口在 100 万以上的城市。我国高速列车保有量已达 3600 多列，中国标准高速列车复兴号实现了时速 350 km 商业运营。我国铁路形成了具有独立自主知识产权的高速铁路建设和装备制造技术体系，系列化产品谱系基本形成。高铁已成为中国的一张亮丽名片。面向未来，高速列车将在智能化、安全舒适、绿色环保、综合节能等方面实现升级，持续支撑我国高速铁路领跑世界。

　　我国幅员辽阔，地质条件复杂，高速铁路隧线占比越来越高，高速列车在通过隧道时，列车-隧道-空气强烈耦合作用导致车内外压力发生剧烈变化，引发客室内乘员不同程度的耳舒适感，严重时甚至导致耳部损伤。作为大运量高速移动运载工具，高速列车乘员舒适度不可忽视，它是解决人-机-环境共融问题必不可少的一项科学研究。

　　本书从人耳生物力学角度出发，系统地介绍了人耳生物力学模型的构建方法、人耳气压舒适性评估标准和评价方法以及列车线路环境对乘员耳气压舒适性的影响等，旨在提出一种新的耳气压舒适性预测和评估方法，为高速列车乘员舒适性设计提供理论依据。全书共分为 7 章，主要的内容包括：绪论，人耳几何模型重建，人耳生物力学模型构建及验证，高速列车人耳气压舒适性评估方法的建立，高速列车过隧道车内压力变化规律分析，高速列车乘员耳气压舒适性预测与评价模型构建和高速列车乘员耳气压损伤风险评估。

在本书的编撰过程中，参阅了大量的文献资料，并得到了中南大学"轨道交通安全教育部重点实验室"梁习锋、杨明智、刘堂红和熊小慧、周丹等老师的大力支持，为本书提供了高速列车试验平台和车内压力试验数据，在此表示衷心的感谢；感谢吴志法、范超杰、陈璇臻、林雅婷和孙达焱等同学为本书制作的图片和参考资料，感谢本书引用的参考文献作者们提供的丰富研究成果和参考依据。

因书中难免有疏漏或不足之处，敬请各位专家和广大读者批评指正。

作者
2020 年 10 月

目 录

Contents

第1章

绪　论

本章内容简介：现实生活中，有时会遇到外界压力的骤变，如乘坐高层电梯、飞机起落、高速列车通过隧道等。这些压力变化会导致人耳鼓膜内外压力不平衡，或者说外界压力和中耳腔压力不平衡，进而引起人耳产生不同程度的不舒适感。伴随我国高速铁路的发展，高速列车作为大型载运工具也面临着解决乘员耳气压舒适性的难题。本章介绍了我国高速铁路隧道的发展现状以及国内外耳舒适性的研究方法和研究现状。

1.1　人耳舒适性研究方法概述

人耳听力系统作为人体最精细的功能组织系统之一，主要由外耳郭、外耳道、鼓膜、听骨链及其附属的各韧带/张肌组织、内耳等组成。外界声源信号通过外耳道传递给鼓膜，然后经中耳听骨链的传导作用迫使内耳淋巴液的流动，进而产生生物电信号，随后被大脑接收并识别。生物医学领域主要关注的是听力系统疾病和听力损失病理学；工程应用领域，则关注于采用生物力学的方法分析植入赝体结构对听力系统的改善以及采用简化模型研究听力系统传声特性等方面。在早期研究中，国内外学者主要采用模拟电路模型[1-2]、解析模型[3]、多刚体模型[4]、新鲜的尸体颞骨试验[5-6]来探究人耳的声传导特性和病理学研究。Voss 等利用颞骨样本并在外耳道靠近鼓膜处施加声学激励，得到了鼓膜和镫骨底板的位移和速度的频率响应特性曲线[7]。但是，目前尚缺少利用人耳生物力学有限元模型开展耳气压舒适性方面的研究文献。

耳气压舒适性在航空领域得到了国内外学者广泛的关注。窦艳玲等利用鼓膜检查、纯音测试、声导抗测试、耳声发射等技术手段分析了某运输机舱内压力突变对中耳及听力的影响，研究指出压力突变会引起轻度中耳功能和听力异常等症状[8]；陈希远等提出了一种基于模糊理论的飞机座舱耳气压舒适性优化控制方法来调节座舱压力变化率，并利用 NSGA-Ⅱ方法计算出飞机座舱环境最优控制参数[9]；聂进方等采用 Labview 和 SCXI 软硬件系统实现了对高空环境下座舱压力的控制[10]；郑晓惠介绍了美国空军在预防航空性减压病方面的关键技术[11]；朱治平等利用 15 名健康成年志愿者模拟了座舱压力增大、减小和压力变化形式对中耳的影响[12]；高海朋等提出了一种座舱压力调节策略以适应高压环境下飞行员战斗力的保持[13]；郑新华介绍了鼓膜两侧在不同压差条件下耳不舒适性的生理表征[14]；Du 等分析了飞机座舱低压环境下对人耳听力级的影响[15]；张兴娟等对民航客机座舱压力控制方法应用于高速列车车内压力调节的可行性进行了分析，并提出了一种气动间接式压力控制方案[16]。Cai 和 Ting 利用 CFD 技术分析了舱内气压分布对舒适性的影响[17]；Hu 等基于人耳有限元模型分析了飞机客舱压力变化和噪声环境对人耳舒适性的影响[18]。郑刚等利用升降实验研究了不同压力变化条件下豚鼠的生理反应，结果发现：中耳腔正压是造成豚鼠产生前庭躯体反应（变压性眩晕）的原因，外耳道正压是造成鼓膜穿孔的原因，且发病率随压力变化率的增大而增大[19]；Suzuki 等的豚鼠实验也验证了中耳腔正压是导致眩晕发病的主要原因[20]。

在高速列车领域，列车通过隧道时引起的车内乘员耳气压舒适性研究也得到了广泛的关注。高速列车运行时，车体气密性关系到车内交变压力变化的剧烈程度，也影响着乘员的耳舒适性。Chen 等建立了通过鼓膜变形评价压力变化和乘客舒适性评价的数学模型[21]；Matsubayashi 等为减小压缩波强度，通过生成控制波并与压缩波叠加原理和动模型试验技术分析了控制波对隧道内气动效应的改善效果[22]；Chu 等采用数值仿真手段研究了列车在隧道内交会时的压力波变化特性[23]。

针对高速列车车内交变压力对人耳舒适性的影响，不同国家制定了不同的舒适性标准。这些标准大多通过规定车内最大压力变化幅值或压力变化率来评价车内乘员的耳舒适性。虽然利用现有标准可以对车内交变压力对耳舒适性的影响作出整体评价，但是尚不能从人耳生物力学的角度揭示耳不舒适性的产生机理以及耳气压损伤机理，而且无法获知列车通过隧道的全过程的耳舒适性的变化特点和变化规律以及耳不舒适感的持续时间。因此，亟须建立一种基于真实人耳响应来评价车内交变压力对乘员耳舒适性影响的评估方法和评价准则。

1.2 人耳听力系统结构

声音在人耳听力系统结构内部的传递过程如下：外界的物质振动引起空气介质波的运动，并通过耳道的传播传递到鼓膜，引起鼓膜的振动，然后带动与鼓膜相连的锤骨，砧骨随着锤骨的运动而被带动，最后镫骨做活塞运动，引起位于内耳的耳蜗前庭腔内淋巴液压力变化，并把这种压力变化传递给耳蜗基底膜。基底膜上分布着可以将机械振动转化为电信号的柯蒂氏器和毛细胞，能够把这种压力差转化成电位差，即神经信号，听觉神经再将神经信号传递给听觉中枢，进而感知外界的声音。在整个传递过程中，内耳的耳蜗是感知声音的重要器官，而外耳和中耳是声压传递过程中的重要环节[24]。外界声源信号通过外耳道传递给鼓膜，然后经中耳听骨链的传导作用迫使内耳淋巴液流动，进而产生生物电信号而被大脑接收并识别[25-29]。

从声音在人耳的整个传递过程来看，人耳听力系统可以看作是一个复杂的气-固-液耦合的力学模型，其原因在于：外界压力波动（其主要形式为声波和气压波）被鼓膜接收并转化为机械振动，通过锤骨-砧骨-镫骨的杠杆作用将机械振动传递到内耳前庭窗，内耳将机械振动能转化为淋巴液的流动进而实现固-液耦合作用[30-31]。从结构划分上来讲，人耳听力系统可分为外耳（外耳郭、外耳道）、中耳（鼓膜、听小骨、鼓室、韧带/张肌组织）和内耳（耳蜗、前庭、内耳迷路），如图 1-1 所示。外耳收集声音信号、中耳负责传递、内耳感知声音。

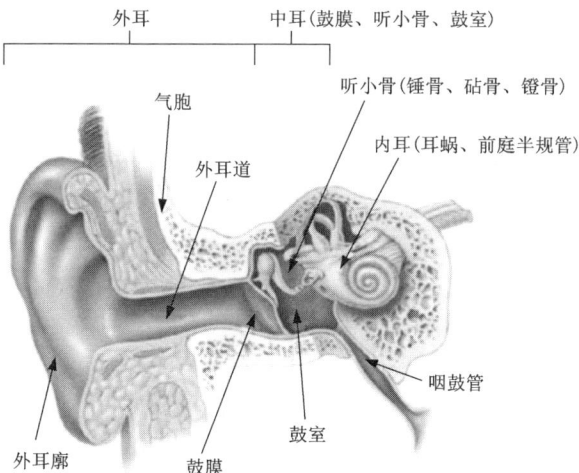

图 1-1 人耳听力系统结构示意图

1.2.1 外耳

耳郭和外耳道统称为外耳。外耳道一端经耳郭与外界连通，另一端与鼓膜相连。外耳道是外界声波传递至中耳的通路，能将空气介质的振动作用到鼓膜。由物理学经典理论可知，当波的传播路径约为波长的 4 倍长时，能够产生最大的振幅[24]。根据外耳的生理结构，外耳道的平均长度约为 2.5 cm，则通过计算可以得出：当振动频率接近 3.5 kHz 时，会发生最大振幅的振动[24]。按照上述计算数据，当振动频率为 3.5 kHz 时，外界声波经耳道传递至鼓膜时可以获得 10 倍于原振幅的作用[24]。外耳的另一个重要作用就是保护鼓膜等各部分中耳结构不受外界杂质的污染，以免引起如皮肤鳞状上皮癌、基底细胞癌等外耳病变。这种病变通常表现为耳痛、耳鸣、耳漏等症状[32]。外耳的主要功能是通过耳郭捕捉外界环境中的声源信号，然后经外耳道的管腔通道放大并将声能量传递给鼓膜，起到保护中耳的作用[33-37]。外耳在听力传导中发挥着收集并放大外界声信号的作用，是声音和压力波传递的重要通道。

1.2.2 中耳

相比于外耳，中耳的结构要复杂精细得多。中耳主要由鼓膜、听小骨组成[38-39]，主要功能是放大声压，通过放大压力来补偿声波在不同介质中传播时产生的能量损耗[24]。鼓膜用于接收外耳道内传递的声波，其外形为椭圆状，可以很好地捕捉各种频率的声波并且保持各种声波信号。听骨链作为中耳另一重要组织结构，主要由锤骨、砧骨和镫骨三块骨头组成，骨头之间通过组织关节连接，其中锤骨-镫骨关节连接锤骨和砧骨，砧骨-镫骨关节连接砧骨与镫骨。在研究听小骨链的力传递和放大功能时，两处关节的力学行为也是比较重要的内容。听骨链是鼓膜与内耳之间的通路，锤骨连接鼓膜，镫骨通过前庭窗膜与耳蜗前庭阶相连。为了研究中耳结构中鼓膜和听小骨在声音传递过程中的作用，下面就中耳的主要部件鼓膜和听骨链的生理结构做详细的介绍。

鼓膜又名耳膜，是一种形态上呈锥形的弹性膜，具有一定的张紧度和劲度，顶点朝向耳腔，锥度约为 135°，膜厚约为 0.1 mm[24]。鼓膜（图 1-2）的圆锥形定点处称为鼓膜脐部，鼓膜脐部与锤骨骨柄末端相连。鼓膜由鼓膜紧张部和鼓膜上部小部分的鼓膜松弛部构成。一般来说，鼓膜长轴的长度在 10 mm 左右，短轴的长度大概为 8.5 mm，与耳道中心轴所形成的角度为 55°，鼓膜脐部到鼓膜基面距离大约为 2.0 mm，鼓膜的表面积为 90 mm² 左右，厚度为 0.05 ~ 0.1 mm。在解剖学中，鼓膜紧张部可分为上中下三层，上皮层与外耳道皮肤相连；中层由放射形和环状纤毛构成，具有一定弹性和张力；内层为黏膜层。与

鼓室黏膜相延续。已有研究表明鼓膜不同部位的振动幅度有差异，其中振幅最大处为锤骨柄下方接近鼓膜底部，其他地方则有一定的等振幅区，等振幅区的面积大小和外界传入的声音强度有关，输入的声音强度越大，等振幅区面积越大，反之等振幅区面积越小[24]。此外，当不考虑声波传递过程中的机械摩擦损耗时，可以得出作用在鼓膜和前庭窗上的总压力相等。另一方面，

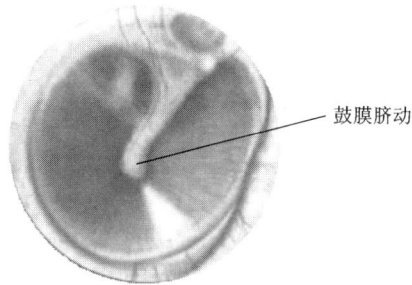

鼓膜脐动

图1-2 鼓膜结构

鼓膜的有效面积约为 59.4 mm^2，听小骨作用于前庭窗上的有效面积约为 3.2 mm^2，因此可以计算得到声波在鼓膜至前庭窗传播过程中单位面积上的压力会增大约 18.6 倍。

听骨链由锤骨、砧骨及镫骨三块听小骨构成，如图 1-3 所示鼓膜/张肌组织。锤骨由四部分组成，分别是锤骨头、锤骨颈、锤骨短突和锤骨长突四部分组成。锤骨在耳腔中下端与鼓膜脐部相连，此外，还与锤骨-砧骨关节、鼓膜/张肌组织以及三个韧带相连，分别是锤骨后韧带、锤骨上韧带、锤骨前韧带、锤骨的运动受到这些连接的约束；砧骨是听骨链的中间一环，它连接着锤骨和镫骨。砧骨也由四部分组成，分别是砧骨短突、砧骨体、砧骨豆状突和砧骨长突。砧骨长突从砧骨体延伸至砧骨豆状突，与锤骨口柄大致平行，砧骨豆状突一端通过砧骨-镫骨关节与镫骨头相连接，另一端则砧骨长突连接。砧骨在中耳空腔中的运动主要受砧骨上韧带和砧骨后韧带的约束；镫骨的形状类似一个马镫，由镫骨足板两个骨脚和镫骨头组成，镫骨与内耳卵形圆窗相连，在声音传递的过程中处于中耳的最后一个环节。

听骨链作为中耳结构中的杠杆系统，将鼓膜的振动能量进行放大后传递到耳蜗前庭膜，对中耳的阻抗匹配作用有较大的贡献。听骨链杠杆系统的转动是通过锤骨柄和砧骨短脚实现的。砧骨长脚与转动轴的交点为支点，锤骨柄与转动支点的距离和砧骨长脚的长度分别为系统的两杠杆臂长，两臂长之比为 1.3 : 1，同时位于支点两侧的听小骨质量大致相等。根据杠杆作用原理，该系统的力放大倍数约等 1.3[24]，即声压经听骨链的传播可以获得约 1.3 倍于原压力的增益。声波经中耳传递至耳蜗前庭膜的过程中，前庭膜有效作用面积较鼓膜有效作用面积小了约 18.6 倍，压力经听小骨传递后放大了 1.3 倍，因此，作用到前庭膜处的压强将增加到原来的 24.1 倍。按照声压级换算公式：

$$SPL = 20 \times \lg\left(\frac{P}{P_{\text{ref}}}\right) \tag{1-1}$$

式中：P_{ref} 为参考声压；P 为实测声压；SPL 为声压级。

根据式(1-1)，中耳的声压放大倍数相当于声压级 27.6 dB。中耳的一个重要作用是阻抗匹配，该功能的实现依赖于中耳的压强放大作用。声阻抗是指声波在介质中传播产生的振动引起粒子位移时所遇到的抵抗，声波从一种介质传到另一种介质时，不同介质的声阻抗比值决定了声波在两种介质中传播时反射和通过量的比值大小，只有当两种介质的声阻抗相等时能量传递才是最有效的，反之则反射量越大，也即能量消耗愈多[24]。由于淋巴液与空气之间的阻抗相差约 3800 倍，所以当声波由空气传递到淋巴液时，大部分的能量将被消耗，只有极少部分的能量能够继续传递至耳蜗。而中耳实现了淋巴液与空气声阻抗的匹配，声能在中耳的作用下能够高效地传递至内耳。该阻抗匹配功能的实现需要依靠鼓膜与听小骨的声压放大作用[24]。

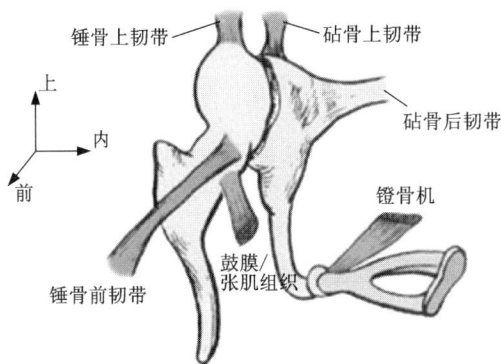

图 1-3　听骨链结构

中耳结构复杂精细，任何一个或多个组织同时出现病变，都会对人耳造成不同形式和不同程度的听力损失影响[40-44]。听力损失根据不同特点可分为传导性听力损失、感音性听力损失和混合型听力损失[45]，由中耳病变引起的听力损失主要以传导性或混合型听力损失为主[46]。常见的中耳疾病包括鼓膜穿孔、听骨链中断、关节错位缺失、中耳炎、中耳积液、咽鼓管功能障碍、耳硬化症等[47-50]。中耳损伤可能会导致中耳腔形成负压，进而引发多种并发症，如耳痛或暂时性听力障碍等[51]；中耳积液会降低鼓膜在高频声激励作用下的振动[52-54]；急性中耳炎会造成中耳压力降低而使患者常伴有耳痛和听力下降等症状[55]，还可能引起鼓膜[56]、镫骨张肌和鼓膜张肌病变[57]；耳硬化症可引起锤骨上韧带和前韧带僵硬而产生明显的传导性听力损失[58-59]。

1.2.3 内耳

内耳可分为半规管、前庭、耳蜗三部分。其中耳蜗在声音的传递过程中是感知声音的主要器官,是最重要的组成部分,其形似蜗牛壳,呈螺旋状,位于前庭的前内侧,颞骨深处,分别通过前庭窗和圆窗与听小骨和中耳腔相连。正常人耳的耳蜗是一螺旋形骨管,绕蜗轴卷曲两周半,内有两个分界膜将耳蜗划分为两个腔,分别为前庭阶和鼓阶。前庭阶与中耳之间通过前庭窗膜连接,将中耳镫骨的运动传递到耳蜗并引起耳蜗内淋巴液的压力变化;鼓阶通过圆窗膜与中耳腔连通,当鼓阶内的压力较大时可以通过圆窗向中耳腔释放,同时少部分声音信号也可以通过圆窗膜向耳蜗传递[24]。

耳蜗中心轴为蜗轴,由蜗轴向管的中央伸出的片薄骨是骨质螺板。基底膜和柯蒂氏器是耳蜗中的两个重要结构。基底膜是一个弹性纤维膜,连接着骨质螺旋板的游离缘,并将耳蜗骨管分成上下两部,上部称为前庭阶,下部称为鼓阶。两管中充满外淋巴液,前庭阶的一端为前庭窗,鼓阶一端为蜗窗,两部分在蜗顶处的蜗孔相通,基底膜长度约为31.5 mm,宽度自耳蜗底周至耳蜗顶周逐渐增大,在近镫骨处基底膜的宽度约0.04 mm,至蜗孔处宽度约为0.5 mm,在骨质螺旋板近底处有一薄膜,称为前庭膜。柯蒂氏器也称螺旋器,是感受声波刺激的听觉感受器,将声波机械振动信号转换为电信号。作为听觉系统中的换能器,柯蒂氏器由支持细胞和毛细胞等组成,毛细胞为声波感受细胞,每个毛细胞均与神经纤维形成突触联系,毛细胞的上方为基底膜,与毛细胞的纤毛相接触,外界声波通过淋巴液使鼓膜产生振动,鼓膜振动又触动了毛细胞,最后毛细胞将振动转换成神经冲动并通过听位神经传递至听觉中枢[24]。

内耳淋巴积液可诱发典型内耳疾病,这种疾病又称为梅尼埃病,其症状表现为眩晕、感音性听力损失、耳鸣和耳胀[60-61];Langguth 等通过临床病例的诊断发现绝大多数患者的耳鸣症状是由内耳损伤导致[62],该发现与 Weisz 和 Job 等人的研究结果一致[63-64];研究表明:内耳外毛细胞是最容易损伤的组织,它可导致机械信号向生物电信号转化紊乱,也是引起感音性听力损失的主要原因之一[65-66];Klockhoff 认为毛细胞损伤前期表现为机械性损伤,而后为细胞化学或化学酶消耗引起的代谢损伤[67];马芙蓉等利用激光多普勒振动仪研究了新鲜颞骨样本在不同声强度和机械强度刺激作用下,镫骨底板振动特性和内耳损伤机理,研究结果发现:一定强度的高频声刺激可导致基底膜外毛细胞损伤,但鼓膜张肌和镫骨张肌在遇到高强度刺激时产生的收缩可对内耳起到一定的保护作用[68-69]。

1.3 高速列车通过隧道对人耳听力系统的影响

1.3.1 我国高速铁路发展现状

高速铁路的快速发展为人们的出行提供了便捷交通方式，不仅大大缩短了旅行时间，而且促进了不同区域间的合作交流，也推动了不同区域经济的协调发展。2016 年 7 月，国家在"四纵四横"的基础上发布了《中长期铁路网规划》，提出了建设"八纵八横"高速铁路网的目标。截至 2020 年 7 月，我国高速铁路运营里程已达到 3.6 万 km，超过世界高速铁路总里程的 2/3 居世界首位，到 2035 年我国高速铁路将实现 7 万 km 运营里程并形成全国 1、2、3 小时高铁出行圈。

我国高速铁路隧道运营总里程居世界首位。由于我国幅员辽阔、地域差异性较大，在华南、中西部和西南地区山脉分布较密集，这些地区的高速铁路建设多采用桥梁和隧道工程。此外，在"八纵八横"高速铁路网中，还包含许多规划、拟建设和在建隧道，截至至 2017 年底，我国已建成运营高速铁路隧道总里程 4537 km，隧道数量 2835 座，其中特长隧道（长度 10 km 以上）60 座，是世界上高速铁路隧道最长也是最多的国家。图 1-4 为 2015—2017 年我国高速铁路隧道建设运营和发展情况。在已开通运营的高速铁路网中，不同线路由于其地域差别，其隧道分布数量和隧线比（隧道里程占线路总里程的百分比）也不尽相同，表 1-1 列举了部分高速铁路客运专线隧道分布情况。

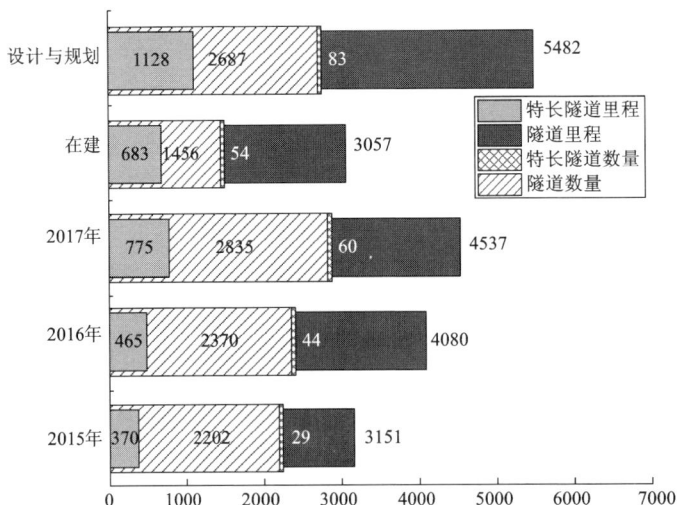

图 1-4 2015—2017 年我国高速铁路隧道建设运营和发展规划统计

表 1-1 部分高速铁路线路客运专线隧道分布情况[22]

线(段)别	线路长度/km	隧道数量/座	隧道长度/km	隧线比/%
武广客专	869	222	172	19.8
杭黄高铁	265	86	140	52.8
石太客专	190	32	75	39.4
温福高铁	298	59	149	50.1
甬温客专	282	59	88	31.2
厦深高铁	502	80	118	23.6
向莆铁路	558	117	362	68.9
广深港高铁	103	24	32	31.1
贵广客专	857	234	464	54.2

如表 1-1 所示，以西成客专为例，其超过 10 km 的特长隧道有 7 座，秦岭隧道群总长约 127 km，隧线比更是超过 94%。

1.3.2 高速列车耳气压舒适性研究现状

高速列车通过隧道时，引起的车内压力变化将会引发乘员出现不同程度的耳不舒适性，如耳胀痛、耳闷、耳鸣，鼓膜出血甚至鼓膜穿孔等症状。同时，车内交变压力受列车编组类型、运行速度、车体密封性、隧道结构、长度等因素的影响，车内乘员的耳舒适性也会随之变化[70]。

实测表明，高速列车通过有些长大隧道尤其是隧道群时，车内气压 3 s 变化值虽然小于舒适度标准的要求，但是车上乘员反映有耳鸣与不舒适感，因此，建议参考欧洲铁路联盟、德国、荷兰等复合型舒适度标准，提出适合中国国情的隧道内复合型耳膜舒适度标准，即分别对车内 5 s、10 s、30 s、50 s 内的气压变化提出控制标准。

我国从 20 世纪 90 年代开始高速列车隧道空气动力学技术的研究。2008 年 11 月至 2009 年 4 月，中国铁道科学研究院结合合武铁路和石太铁路联调联试，开展了 200~250 km/h 速度下的隧道气动效应试验研究，是中国铁路首次进行较为系统的隧道气动效应试验研究，涉及不同的列车通过隧道和隧道内交会的车内压力变化、车体承受气动荷载、瞬变压力、列车风、微气压波、辅助设施气动、隧道附加阻力和货物列车运行安全等；2009 年 5 月至 2011 年 5 月，中国铁道科学研究院结合武广、郑西、沪宁与京沪高速铁路联调联试，系统地开展了 300~380 km/h 速度下隧道气动效应的试验研究，主要验证了高速列车以 380 km/h 速度通过隧道和隧道内交会时列车运行安全性、乘坐舒适性以及车内压力的 3 s 变化量随隧道长度、隧道内位置和速度的变化规律，得到了 300~380 km/h 速度下的隧道内瞬变压力、洞口微气压波和列车风随速度的变化规律、经验关系以及微气压波随隧道长度的变化规律和不同速度下的关系曲线，指出存在一个导致微气压波显著增长的隧道长度范围，得到了不同速度下需要采取缓冲措施的隧道临界长度、特定车辆密封条件下隧道内与车内瞬变压力的相关关系及其随隧道长度的变化规律，提出了不同长度隧道内瞬变压力的临界限值，获得了隧道内辅助设施受到的气动力与列车速度的关系，得到了横通道防护门、水沟盖板升力及其他辅助设施受到的气动力。

高速列车通过隧道时，隧道气动效应的影响因素主要从 3 个方面考虑：①列车方面。列车的运行速度、横截面积、车头和车尾形状、编组长度及车辆的气密性等。②隧道方面。隧道有效净空面积、隧道断面形状、隧道长度、复线间距、隧道坡度、线路曲线半径、隧道壁面粗糙度及辅助结构物形式（隧道口缓冲结构、通风通道、隔墙、道床类型）等。③其他方面。如列车在复线隧道中交会及相对运行列车各自进入隧道口的时间差等。多种因素交织在一起，使隧道气动效应的研究远比明线空气动力问题复杂。

1.3.3　隧道噪声对人耳听力损失的影响

有研究指出长期接触一定强度的噪声会对人体产生以高频下降为主的听力损失，同时司机室的噪声水平也直接影响列车司机的观察能力、反应能力及行车安全。王新纯和张林等通过监测机车司机室噪声水平和分析机车司机纯音听力检测结果，发现司机室内噪声水平超标，且 47.07% 的机车司机出现听力损失。同时，机车司机听力损失率与工龄时间成正比，且以高频（3 kHz、4 kHz、5 kHz）为主，驾驶室内噪声污染是损害机车司机听力的主要危害因素[71]。赵永通过对铁路机车驾驶室环境和司乘人员健康报告的分析，发现机车乘务员听力损失严重，以高频听力损失为主。现岗位工龄、CNE、吸烟、饮酒、使用耳机、噪声危害作业、工种是机车乘务员发生听力损失的危险因素。具体而言，机车乘务员高频听力损失检出率随现岗位工龄的增加而增加，现岗位工龄是发生高频听力损失的危险因素，吸烟的机车乘务员高频听力损失检出率高于不吸烟，职业性噪声聋检出率与吸烟无统计学差异。机车乘务员高频听力损失检出率与饮酒无统计学差异；饮酒的机车乘务员职业性噪声聋检出率高于不饮酒。噪声对听力影响暴露年限的估测：根据回归模型公式计算 10% 个体发生高频听力损失（cumulative noise explosion，CNE）暴露阈值为 94.5[dB(A)·年]，平均暴露年限为 8.91 年[72]。张虹等人对我国内燃机车和电力机车司机听力损失进行了统计学分析，研究发现长期暴露于噪声环境中，听力会出现不同程度的损失，其中以双耳高频听力损失最为明显。这是因为耳蜗基底部的螺旋器是感受高音区的，对噪声特别敏感。加之铁路交通噪声具有多种复杂噪声源(如轮轨噪声、气动噪声和机车噪声等)特性，使得驾驶员长期暴露于这种噪声环境，造成耳蜗基底部损伤。这种损伤起初表现为高频听力下降，如果不采取预防措施，任其发展，最终会发展为职业性噪声聋[73]。

长期接触噪声可以引起听力损失已得到国内外的公认，并以此为主要依据制定了限制工业噪声的标准[74]。然而，噪声可分为稳态噪声和非稳态噪声，有研究表明，当积累的噪声暴露量接触水平相同时，稳态噪声引发工人的听力损失率和职业性耳聋率均低于非稳态噪声工作环境。因此，两种不同性质噪声对比，非稳态噪声对工人的听力损失程度高于稳态噪声损害程度[75]。但也有文献报道，在 CNE 接触水平一致的情况下，稳态噪声与非稳态噪声(除脉冲噪声之外)引起的听力损失无明显差异[76]。为进一步研究稳态噪声和脉冲噪声对听觉系统的损伤差异，国内许多学者对此展开了相关研究。丁茂平等人采用逻辑回归模型对脉冲与稳态噪声引起工人听力损失的差异进行了多因素统计学分析，研究发现听力损失患病率与噪声暴露的剂量正相关，长期接触脉冲噪声的工人出现高频听力损失患病率和语频听力损失患病率均高于长期工作在稳态噪声的工人，这表明了脉冲噪声对听觉系统的危险性高于稳态噪声[77]。宋秀丽等人研究了脉冲噪声对工人听力影响，发现工人接触脉冲噪声 5 年已经显现出不同程度的听力损失，并在 10 年达到高峰，10 年以后听力损失发生率有下降的趋势，且工人的听力损失检出率及听力损失程度均随着接触噪声时间的增加而增加[78]。

孙庆华等指出：职业性听力损失是人们在工作过程中，由于长期接触噪声而发生的一种进行性的感音性听力损失。高频听觉迟钝是噪声性耳聋的早期征兆，因为基底膜传感低频的毛细胞比传感高频的多，这可能是高频听力比低频听力损失重的形态学基础[79]。因此，在未来的轨道交通车辆设计过程中，降低车内辐射噪声的同时，应该采取其他有效措施抑制噪声对机车司机听力的影响，降低噪声性听力损失职业病的发病率。

1.3.4 隧道内压力变化对人耳听力损失的影响

气压的突变会使中耳发生严重的病理变化。已有研究表明，当大气压强发生急剧变化，咽鼓管如不能及时开放，就会使得鼓室内外悬殊的压差不能调节，中耳处于相对正压或者负压的状态。当咽鼓管发生急性阻塞时，中耳腔内的空气逐渐减少，造成鼓膜内陷甚至出血，引发中耳气压性损伤。这种损伤通常在飞机、潜水艇和电梯乘坐中发生，尤其在飞机乘坐过程中的发病率更高，因而又称为航空性中耳炎。

在对飞机驾驶员进行耳功能检查时，发现：患者会自觉耳朵阻塞感，并伴有耳鸣、耳痛、听力衰退，甚至头晕恶心。有文献报道[71]，鼓室内的气压高于外界气压 $1.3 \sim 2$ kPa，耳部胀闷感加重，并出现听力下降；鼓室内气压低于外界气压 $1.3 \sim 3.9$ kPa 会引起鼓膜内陷，低于外界气压 8 kPa 可出现"急性化脓性中耳炎"的症状，并伴有恶心、眩晕等症状；当鼓室内负压为 $8 \sim 10$ kPa，会造成听力大减，直至负压为 15 kPa，鼓膜破裂，听力锐减。众多学者对航空性中耳炎的进一步研究中发现，外界气压的变化率越大，耳气压伤的发生率和危害程度也越大。与减压变化率相比，增压变化率对中耳的危害更加严重[72-74]。

对于长期工作在线路隧线比较大的列车驾驶员，造成其高频听力损失的主要原因可分为三个方面：①由于高速列车在通过隧道时车内压力产生变化，如列车运行速度为 250 km/h 时，车内压力的变化范围为 $-3 \sim 0.5$ kPa[80]。该压力波动会引起人耳外耳道和中耳腔压力不平衡而导致鼓膜严重变形。同时，由于压力变化产生的鼓膜振动机械能量通过听骨链传到内耳。长期暴露在隧线比较大的环境中，列车通过隧道时产生的剧烈压力变化使内耳负荷增大而引起机械性损伤，进而导致列车驾驶员听力下降的现象。②列车在隧道运行时产生的噪声声压级或声能量远高于明线运行，声压级增大并作用于人耳听力系统时，很容易引发人耳暂时性听力损失或耳鸣等症状[81-82]。隧线比增大，意味着列车在隧道内运行的时间增长，噪声暴露时间延长，导致列车驾驶员患有听力损失的风险增加。③工龄的长短直接说明了列车驾驶员在隧道环境中暴露时间的长短。工龄越长，意味着列车驾驶员经历车内压力变化次数和噪声暴露总量的增大，因此患有听力损失的风险也大大增加。

本书作者研究了我国高速列车驾驶员隧道职业环境与听力损失的关联机制[83]，发现：对于语频听力损失，其影响因素有工龄、吸烟史和高血压。工龄对语频听力损失的影响表现为工龄每增加 1 年，列车驾驶员患有听力损失的风险增加 15%（$OR = 1.15$，$95\%CI$）；有吸烟史的列车驾驶员患有语频听力损失的风险值是无吸烟史列车驾驶员的 1.73 倍，而高血压对语频听力损失的影响更加明显，其损伤风险值为 2.30（$95\%CI$）。

与高频听力损失不同的是，语频听力损失与工作线路的隧线比之间的关系不具有统计学意义，而是受工龄、吸烟史和高血压疾病的影响。有吸烟史和高血压疾病引起的听力损失多发病在高频频段，和本书的研究结果存在不同。其原因可能是：在定义列车驾驶员是否具有吸烟史时，并未对吸烟数量进行严格等级划分，而是根据列车驾驶员自述内容，将自接触吸烟到目前所摄入的香烟数量超过 50 根即定义为有抽烟史，可能导致吸烟史数量样本总量增加进而影响回归分析结果。同时，针对高血压疾病的判断是根据体检时个体的血压测量结果和列车驾驶员自述来断定是否患有高血压。由于血压测量结果可能存在误差或个人因生理或心理紧张等原因均可影响测量结果的准确性。

当不区分高频和语频听力损失而将两者作为整体进行回归分析时，研究结果表明听力损失与隧线比、工龄、抽烟史、研究室、高血压疾病、脂肪肝疾病和肾病等均存在显著的相关。当隧线比为 30%～45% 时，列车驾驶员患有听力损失与参考组相比，损伤风险值最高可达 4.17 倍。

由此可见，工作线路隧线比是影响列车驾驶员听力损失的关键因素，因此需要开展有关隧道下乘员耳气压舒适性和损伤风险评估方面的研究。

参考文献

[1] Zwislocki J. Analysis of the middle - ear function. Part I：Input Impedance[J]. The journal of the Acoustical Society of America，1962，34(9B)：1514-1523.

[2] Hudde H，Weistenhöfer C. A three-dimensional circuit model of the middle ear[J]. Acta Acustica united with Acustica，1997，83(3)：535-549.

[3] Rabbitt R D，Holmes M H. A fibrous dynamic continuum model of the tympanic membrane [J]. The Journal of the Acoustical Society of America，1986，80(6)：1716-1728.

[4] Eiber A，Freitag H G，Schimanski G，Zenner H P. On the coupling of prostheses to the middle ear structure and its influence on sound transfer. In：Rosowski JJ，Merchant SN，editors. The function and mechanics of normal，diseased and reconstructed middle ears. The Hague：Kugler Publications；2000，297 - 308.

[5] Nishihara S，Aritomo H，Goode R L. Effect of changes in mass on middle ear function[J]. Otolaryngology—Head and Neck Surgery，1993，109(5)：899-910.

[6] Kurokawa H，Goode R L. Sound pressure gain produced by the human middle ear[J]. Otolaryngology—Head and Neck Surgery，1995，113(4)：349-355.

[7] Voss S E，Rosowski J J，Merchant S N，et al. Acoustic responses of the human middle ear[J]. Hearing research，2000，150(1-2)：43-69.

[8] 窦艳玲，冯怀志，刘涛，等.飞机座舱压力高度突变对机组人员的中耳功能及听力的影响[J]. 西南国防医药，2018，28(10)：970-971.

[9] 陈希远，于天鹏，杨士斌.飞机座舱舒适性优化控制仿真研究[J]. 2017，34(1)：36-40.

[10] 聂进方，潘泉，张大林. 基于 Labview 的高空模拟舱模拟特性研究[J]. 南京航空航天大学学报，2014，46(04)：594-598.

[11] 郑晓惠. 美国空军生理防护发展动态[J]. 中华航空航天医学杂志，1999(2)：38.

[12] 朱治平，于庆祥，郜德成，等. 模拟座舱压力变化对中耳影响的研究[J]. 航天医学与

医学工程.

[13]高海朋,刘猛,王浚. 高升限战机座舱压力的调节策略[J]. 江苏大学学报(自然科学版),2013,34(6):693-698.

[14]郑新华. 气动式座舱压力调节系统关键技术研究与优化设计[D]. 西北工业大学,2016.

[15]Du J, Sun W, Xiao H, et al. An Experimental Study of the Effects of Low Barometric Pressure on Human Hearing Level[C]. Proceedings of the 15th International Conference on Man–Machine–Environment System Engineering. Springer, Berlin, Heidelberg, 2015: 563-570.

[16]张兴娟,袁修干,王长和. 座舱压力控制技术应用于高速列车车厢的可行性分析[J]. 航空学报,1999(S1):91-93.

[17]Cai G, Ting J, Tian Z. Modeling and optimization of air distribution systems for commercial aircraft cabins using CFD techniques[C]. 50th AIAA Aerospace Sciences Meeting Including the New Horizons Forum and Aerospace Exposition. 2011: 132.

[18]Hu S, Mu Y, Liu G, et al. Research on effecting mechanism of environmental parameters on human ear[J]. Building and Environment, 2017, 118: 289-299.

[19]郑刚,李卫东,戴建国. 不同气压变化速率对豚鼠耳气压伤的影响[J]. 中华航空航天医学杂志,1995(2):13.

[20]Suzuki M, Kitahara M, Kitano H. The influence of middle ear pressure changes on the primary vestibular neurons in guinea pigs[J]. Acta Oto-Laryngologica, 1994, 114(sup510): 9-15.

[21]Chen C J, Nie X C, Zhang M. Study of the Modeling of Incentive Air Pressure Waves to the Human Ear[C]. Advanced Materials Research. Trans Tech Publications, 2012, 591: 2401-2409.

[22]Matsubayashi K, Kosaka T, Kitamura T, et al. Reduction of micro-pressure wave by active control of propagating compression wave in high speed train tunnel [J]. Journal of low frequency noise, vibration and active control, 2004, 23(4): 259-270.

[23]Chu C R, Chien S Y, Wang C Y, et al. Numerical simulation of two trains intersecting in a tunnel [J]. Tunnelling and Underground Space Technology, 2014, 42: 161-174.

[24]高飞. 人耳听觉系统有限元建模及分析[D]. 上海交通大学,2008.

[25]Sinyor A, Laszlo C A. Acoustic behavior of the outer ear of the guinea pig and the influence of the middle ear[J]. The Journal of the Acoustical Society of America, 1973, 54(4): 916-921.

[26]Mehrgardt S, Mellert V. Transformation characteristics of the external human ear[J]. The Journal of the Acoustical Society of America, 1977, 61(6): 1567-1576.

[27]Beltrame A M, Martini A, Prosser S, et al. Coupling the Vibrant Soundbridge to cochlea round window: auditory results in patients with mixed hearing loss [J]. Otology &

Neurotology, 2009, 30(2): 194-201.

[28]Zou J, Poe D, Bjelke B, et al. Visualization of inner ear disorders with MRI in vivo: from animal models to human application[J]. Acta Oto-Laryngologica, 2009, 129(sup560): 22-31.

[29]Norena, Arnaud J., et al. An Integrative Model Accounting for the Symptom Cluster Triggered After an Acoustic Shock[J]. Trends in hearing, 2018, 22: 2331216518801725.

[30]Loizou P C. Mimicking the human ear[J]. IEEE signal processing magazine, 1998, 15(5): 101-130.

[31]Merchant S N, Nakajima H H, Halpin C, et al. Clinical investigation and mechanism of air-bone gaps in large vestibular aqueduct syndrome[J]. Annals of Otology, Rhinology & Laryngology, 2007, 116(7): 532-541.

[32]Devaney K O, Boschman C R, Willard S C, et al. Tumours of the external ear and temporal bone[J]. The Lancet Oncology, 2005, 6(6): 411-420.

[33]姚文娟, 陈懿强, 叶志明, 等. 耳听力系统生物力学研究进展[J]. 力学与实践, 2013, 35(6): 1-10.

[34]姚文娟, 李武, 付黎杰等. 中耳结构数值模拟及传导振动分析[J]. 系统仿真学报, 2009, 21(3): 651-654.

[35]Chan P C, Stuhmiller J H, Bandak F A. Ear injury from air bag deployment noise?[J]. International Journal of Crashworthiness, 2005, 10(1): 33-40.

[36]Yost WA. Fundamentals of Hearing[M], Brill. 1994.

[37]Alvord L S, Farmer B L. Anatomy and orientation of the human external ear[J]. Journal-American academy of audiology, 1997, 8: 383-390.

[38]张孝凯. 中耳实用解剖学[M]. 重庆: 重庆大学出版社, 2013, 3-49.

[39]Gulya A J, Minor L B, Poe D S. 耳外科学[M]. 人民卫生出版社, 北京, 2010, 第六版: 49-68.

[40]Ishman S L, Friedland D R. Temporal bone fractures: Traditional classification and clinical relevance[J]. Laryngoscope, 2004, 114: 173-174.

[41]赵亮, 李健东. 颞骨骨折和听骨链损伤[J]. 中国医学文摘耳鼻喉科学, 2016, 31(5): 266-268.

[42]Horrocks C L: Blast injuries: biophysics, pathophysiology and management principles[J]. Joumal of the Rogal Army Medical Corp 2001, 147(1): 28.

[43]Cave K M, Cornish E M, Chandler D W. Blast injury of the ear: clinical update from the global war on terror[J]. Mil Med 2007, 172: 726-730.

[44]Casler J D, Chait R H, Zajtchuk J T. Treatment of blast injury to the ear[J]. Annals of Otology Rhionology & Laryngology 1989, 98(5-suppl)13-16.

[45]Pereira L V, Bahmad Jr F. Up to Date on Etiology and Epidemiology of Hearing Loss[M] Update On Hearing Loss. In Tech, 2015.

［46］Messervy M: Unilateral ossicular disruption following blast exposure ［J］. Laryngoscope, 1972, 82: 372-375.

［47］Browning G G, Gatehouse S. The prevalence of middle ear disease in the adult British population ［J］. Clinical Otolaryngology & Allied Sciences, 1992, 17(4): 317-321.

［48］Seibert J W, Danner C J. Eustachian tube function and the middle ear［J］. Otolaryngologic Clinics of North America, 2006, 39(6): 1221-1235.

［49］Belal A, Stewart T J. Pathological changes in the middle ear joints［J］. Annals of Otology, Rhinology & Laryngology, 1974, 83(2): 159-167.

［50］Emmett S D, Kokesh J, Kaylie D. Chronic Ear Disease［J］. Medical Clinics, 2018, 102 (6): 1063-1079.

［51］Blackstock D, Gettes M A. Negative pressure in the middle ear in children after nitrous oxide anaesthesia［J］. Canadian Anaesthetists' Society Journal, 1986, 33(1): 32-35.

［52］Guan X, Gan R Z. Mechanisms of tympanic membrane and incus mobility loss in acute otitis media model of guinea pig［J］. Journal of the Association for Research in Otolaryngology, 2013, 14(3): 295-307.

［53］Guan X, Chen Y, Gan R Z. Factors affecting loss of tympanic membrane mobility in acute otitis media model of chinchilla［J］. Hearing research, 2014, 309: 136-146.

［54］Ravicz M E, Rosowski J J, Merchant S N. Mechanisms of hearing loss resulting from middle-ear fluid［J］. Hearing Research, 2004, 195(1-2): 103-130.

［55］Kitaoka K, Kaieda S, Takahashi H, et al. Oxygen consumption by bacteria: a possible causeof negative middle ear pressure in ears with otitis media ［J］. Acta Otolaryngol Supplementum, 2009, 129(S562): 63-66. .

［56］Yokell Z, Wang X, Gan R Z. Dynamic properties of tympanic membrane in a chinchilla otitis media model measured with acoustic loading［J］. Journal of biomechanical engineering, 2015, 137(8): 081006.

［57］Abdelhamid M M, Paparella M M, Schachern P A et al. Histopathology of the tensor tympani muscle in otitis media［J］. Eur Arch Otorhinolaryngol, 1990, 248: 71 - 78.

［58］Nakajima H H, Ravicz M E, Rosowski J J, et al. Experimental and Clinical Studies of Malleus Fixation［J］. Laryngoscope, 2010, 115(1): 147-154.

［59］Nandapalan V, Pollak A, Langner A, et al. The anterior and superior malleal ligaments in otosclerosis［J］. Otology & Neurotology, 2002, 23: 854 - 861.

［60］Nakashima T, Pyykkö I, Arroll M A, et al. Meniere′s disease［J］. Nature reviews Disease primers, 2016, 2: 16028.

［61］Sugimoto S, Yoshida T, Teranishi M, et al. The relationship between endolymphatic hydrops in the vestibule and low - frequency air - bone gaps［J］. Laryngoscope, 2017.

［62］Langguth B, Kreuzer P M, Kleinjung T, et al. Tinnitus: causes and clinical management［J］. The Lancet Neurology, 2013, 12(9): 920-930.

［63］Weisz N, Hartmann T, Dohrmann K, et al. High-frequency tinnitus without hearing loss does not mean absence of deafferentation［J］. Hearing research, 2006, 222(1-2)：108-114.

［64］Job A, Raynal M, Kossowski M. Susceptibility to tinnitus revealed at 2 kHz range by bilateral lower DPOAEs in normal hearing subjects with noise exposure ［J］. Audiology and Neurotology, 2007, 12(3)：137-144.

［65］Patuzzi R B, Yates G K, Johnstone B M. Outer hair cell receptor current and sensorineural hearing loss ［J］. Hearing research, 1989, 42(1)：47-72.

［66］Borg E, Canlon B, Engström B. Noise - induced hearing loss. Literature review and experiments in rabbits. Morphological and electrophysiological features, exposure parameters and temporal factors, variability and interactions ［J］. Scandinavian audiology. Supplementum, 1995, 40：1-147.

［67］Klockhoff I, Lyttkens L, Svedberg A. Hearing Damage in Military Service A Study on 38294 Conscripts［J］. Scandinavian audiology, 1986, 15(4)：217-222.

［68］马芙蓉, Thomas Linder, Alex Huber, 等. 中耳传声过程中砧镫骨关节声损失的研究［J］. 中华耳鼻咽喉头颈外科杂志, 2005, 40(7)：505-508.

［69］马芙蓉, Thomas Linder, Alex Huber 等. 新鲜颞骨模型建立在中耳传声机制研究中的应用［J］. 中华耳鼻咽喉头颈外科杂志, 2005, 12(6)：359-361.

［70］王悦明. 铁路客车空气压力密封性问题［J］. 铁路机车车辆, 2000, 4：4-7.

［71］王新纯, 王林. 512 名轨道车司机噪声性听力损伤情况调查［C］. 中华预防医学会第三届学术年会, 2009：342-343.

［72］赵永 铁路机车乘务员噪声性听力损失现状调查研究［D］. 昆明医科大学, 2016.

［73］张虹, 嘉世英, 徐原能. 内燃机车司机与电力机车司机听力损伤调查［J］. 现代医学, 2013(09)：40-43.

［74］张书珍. 生产性噪声容许值［M］. 中国医学百科全书劳动卫生与职业病分卷. 上海科学技术出版社, 1992：158-159.

［75］郑荣群. 稳态噪声与非稳态噪声所致工人听力损害的对比研究［J］. 中国实用医药, 2012, 7(33)：31-32.

［76］刘新霞, 郭智屏, 黄国贤, 等. 稳态噪声与非稳态噪声所致工人听力损害的对比研究［J］. 职业卫生与应急救援, 2010, 28(2)：87-90.

［77］丁茂平, 赵一鸣, 穆玉梅, 等. 脉冲与稳态噪声引起工人听力损伤的差异［J］. 中华劳动卫生职业病杂志(2 期)：72-74.

［78］宋秀丽, 尤庆伟, 夏杰. 脉冲噪声对工人听力影响的观察［J］. 河南预防医学杂志, 2008(6)：22-23.

［79］孙庆华, 刘毅, 张业伟. 机车乘务员听力损伤的调查［J］. 中国工业医学杂志, 2008, 21(6)：385-386.

［80］Liu T H, Chen X D, Li W, et al. Field study on the interior pressure variations in high-speed trains passing through tunnels of different lengths［J］. Journal of Wind Engineering and

Industrial Aerodynamics, 2017, 169: 54-66.

[81]Sanok S, Mendolia F, Wittkowski M, et al. Passenger comfort on high-speed trains: effect of tunnel noise on the subjective assessment of pressure variations[J]. Ergonomics, 2015, 58 (6): 1022-1031.

[82]Aasvang G M, Engdahl B, Rothschild K. Annoyance and self-reported sleep disturbances due to structurally radiated noise from railway tunnels[J]. Applied acoustics, 2007, 68(9): 970-981.

[83]Yong, Peng, Chaojie, et al. Tunnel driving occupational environment and hearing loss in train drivers in China. [J]. Occupational and environmental medicine, 2018.

第 2 章

人耳几何模型重建

　　本章内容简介: 基于健康成年志愿者颞骨影像数据,可以实现对人耳听力系统的三维几何重建,进而开展听力系统传声特性和损伤机理等方面的研究工作。本章围绕志愿者颞骨影像数据采集、人耳三维医学重建、几何模型划分以及内耳简化机制等内容进行分析,总结人体组织器官建模方法及其应用。

2.1　志愿者头部影像样本数据采集

　　获取志愿者颞骨 CT 与 MRI 医学影像数据是进行人耳医学三维重建的基础,同时对志愿者听力健康程度也有较高的要求。此外,由于人耳听觉系统组织结构复杂(包含人体最小的骨头听小骨),医学影像数据有时无法完全显示某些软组织器官,因此还需要在专业医师的指导下完成几何模型重建工作。

　　首先,采用 Mimics 医学三维重建软件对获取的志愿者颞骨 CT 影像数据进行处理,重建人耳各组织结构。然后,由于 Mimics 重建得到的人耳几何模型的部分表面存在曲率过大不利于控制网格质量以及韧带/张肌组织等软组织不易重建等原因,采用 Geomagic 软件对几何模型进行后处理得到表面光滑的人耳几何模型,同时创建韧带/张肌组织等软组织结构。最后,将得到的人耳几何模型导入到 Hypermesh 软件中分别进行几何前处理和结构划分。

2.1.1　志愿者样本要求

　　为建立完整的人耳听力系统几何模型,选取整个头部作为扫描范围,采用64 层螺旋 CT 扫描技术获取头部断层影像数据并存储为 DICOM 格式,以便导入 Mimics 软件中进行医学三维重建。在接受 CT 扫描前,须确保采集样本具有

较好的一致性。同时，前期在招募志愿者时，对志愿者听力系统健康提出以下
要求：无吸烟史；成年人，且年龄不超过 40 周岁[1]；无高血压、高血糖、高血
脂、肾病等。

所有受试者在接受 CT 扫描前，首先询问其是否有听力系统疾病史，然后
对其进行耳鼻喉常规检查，目的是确保受试者未患有中耳炎、耳修复手术、假
体植入、鼻炎、咽鼓管通气不良以及耳鸣、耳听力损失等疾病。由于以上疾病
可能会造成人耳听力系统病变，影响重建得到的人耳模型的精确度和可靠性，
因此需要通过健康检查后对所招募志愿者进行筛选[2-4]。本研究所招募的志愿
者为男性，年龄 24 周岁，且无上述疾病史。

2.1.2　影像采集

受试者在放射科医师的指导下，在中南大学湘雅二医院放射科逐一接受
CT 扫描，并将扫描断层数据保存为 DICOM 格式文件，表 2-1 和图 2-1 分别为
扫描参数值和受试者 CT 与 MRI 扫描过程。

表 2-1　64 层螺旋 CT 扫描参数值

仪器名称	管电压/kV	管电流量/mAs	层厚/mm	层距/mm
SIEMENS SOMATOM Force	100	180	0.5	0.5

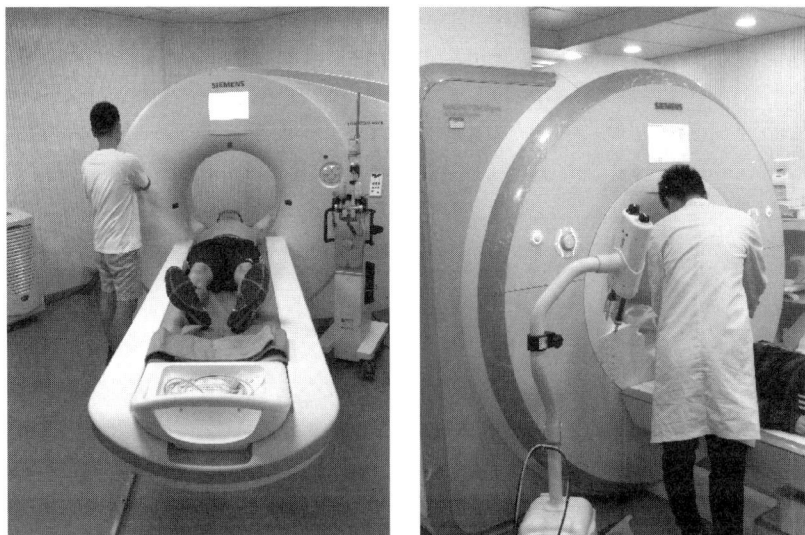

图 2-1　志愿者头部 CT 与 MRI 影像扫描

志愿者在进行 CT 扫描时，采取平躺面部朝上进行扫描，扫描范围为颈部中部位置到颅骨顶部。扫描完成后，确认影像数据完整后进行保存。本试验共采集志愿者头部影像 315 张，图 2-2 为 1 号志愿者颞骨 CT 横断面影像数据。

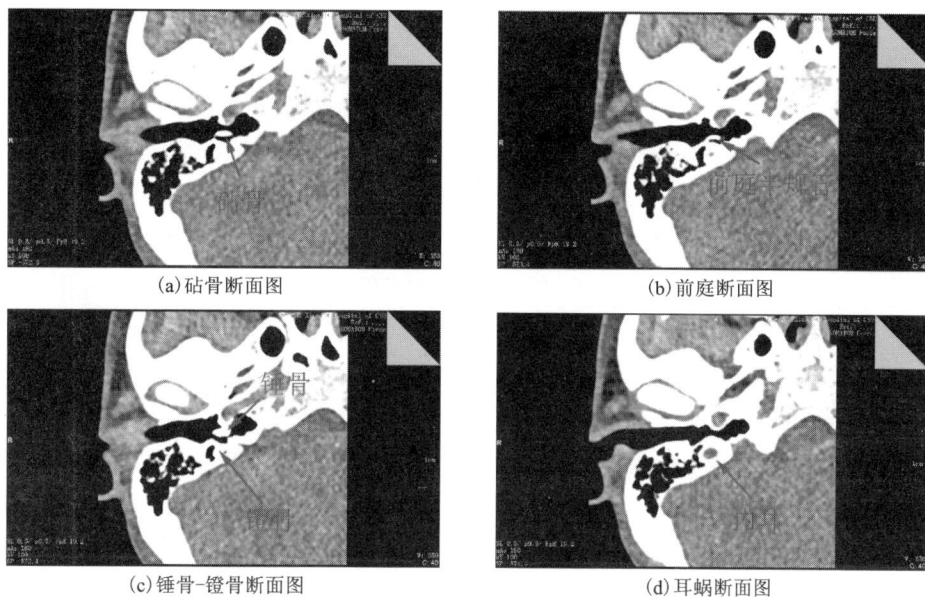

(a)砧骨断面图

(b)前庭断面图

(c)锤骨-镫骨断面图

(d)耳蜗断面图

图 2-2　1 号志愿者颞骨 CT 横断面影像数据

2.2　人耳几何模型医学三维重建

在对医学影像进行测量时，沿人体不同轴线通常划分为冠状面、矢状面和横断面。对于 CT 扫描得到的颞骨横断面影像数据，选取合适的基准面有助于对人耳进行快速重建。将 CT 影像数据导入 Mimics 软件对人耳进行几何重建，输出几何模型后导入到 Geomagic 软件中进行几何后处理，得到带有附属韧带/张肌组织的完整人耳三维几何模型。

将该志愿者的 CT 横断面影像数据导入医学三维重建软件中，按以下步骤完成人耳几何模型三维重建，具体如下：

①选择志愿者的所有扫描影像数据，导入 Mimics 软件中，并采用无损压缩形式进行转化。

②定义重建面。分别定义冠状面(沿人体左、右切分)、矢状面(沿人体前、

后切分)和横断面(沿人体上、下切分)。

③图像滤波。由于成像原理和人体组织固有的特性,CT横断面影像数据均存在模糊不清的现象,利用锐化滤波工具对影像数据处理并对模糊区域进行图像增强。

④阈值分割。为尽可能多的保留颞骨影像数据信息,同时增强听小骨和内耳等组织结构的显示,采用自定义灰度值范围,将阈值范围设定在-600~2000。

⑤建立蒙版。按照上一步中内容给定的灰度值建立图层蒙版。

⑥修改蒙版。利用画笔和橡皮擦工具对上一步中的图层蒙版进行修改,保留外耳、外耳道、听小骨、内耳等结构信息。

⑦手动重建鼓膜结构。根据锤骨柄部和外耳道上后壁结构变化特点,利用画笔工具在专业医师的指导下绘制鼓膜外形轮廓。

⑧采用灰度差值法计算生成三维模型。利用自动剖切工具检查模型内部是否存在孔隙。如果存在孔隙,则重新对蒙版进行修改,填补孔隙,修复完成后再经过该步骤重新生成几何模型,直至模型内部再无孔隙。

⑨光顺处理。选择Smooth工具对几何模型进行光顺化处理,得到较为光滑的人耳三维几何模型。

⑩导出几何模型。将几何模型导出为.wrp格式文件,以便导入到Geomagic软件中进行后处理。

图2-3为利用Mimics软件对人耳进行医学重建后得到的几何模型,主要由耳郭、外耳道和听骨链组成。

需要说明的是,在利用Mimics进行三维重建时,应选取最有利于重建的平面作为基准面,其余平面可作为辅助平面。重建外耳时,主要选取横断面作为基准平面,冠状面和矢状面作为辅助平面;重建中耳结构时,听骨链沿矢状轴重建更加有利于区分锤骨、砧骨和镫骨等听小骨结构。同时,将外耳和中耳作为一个整体进行重建,这样有助于对人耳进行结构和网格划分以及不同组织结构之间的连接。

由于所得到的人耳三维几何模型是由三角面片构成,无法直接进行网格划分。而且,该模型尚缺少听小骨附属韧带/张肌组织,因此需要对其进行后处理。利用Geomagic软件对上节中得到的人耳几何模型进行后处理,其目的是:进一步对模型进行光顺化处理使生成的网格线无多余拐点及变挠点;对模型进行局部修改使其更加接近真实人耳结构;增加韧带和张肌组织结构;生成三维几何模型以便导入Hypermesh中进行几何和网格划分。

将Mimics软件中重建得到的人耳三维几何模型导入Geomagic软件中,对模型进行后处理操作,如图2-4所示,具体步骤如下所述。

(a) 矢状面

(b) 横断面

(c) 冠状面

(d) 几何模型

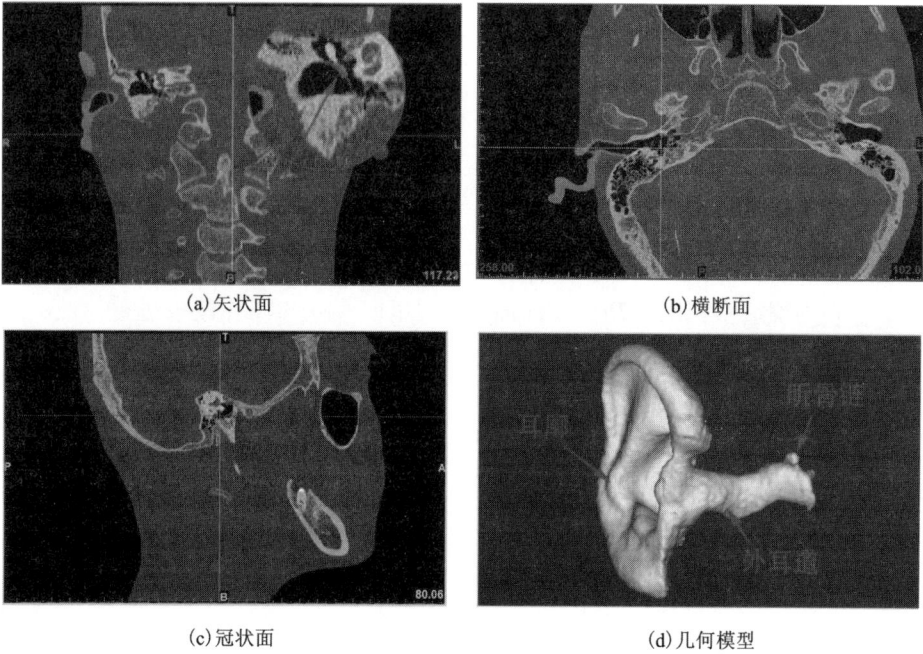

图 2-3　MIMICS 医学三维重建人耳模型

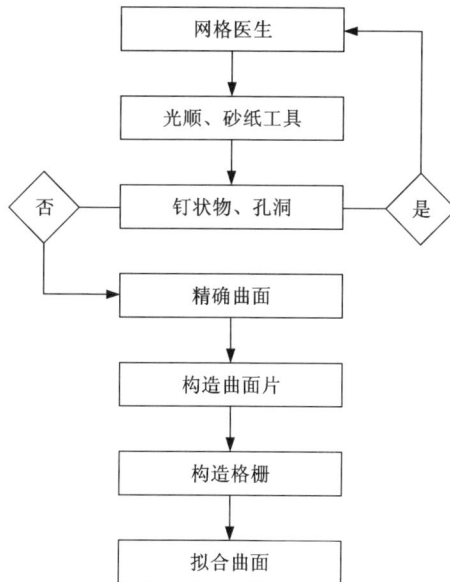

图 2-4　几何模型预处理流程图

①检查导入的模型网格。主要包括检查网格是否存在自相交、高度折射边、钉状物和小孔等缺陷。

②利用删除钉状物、填补孔、快速光顺和砂纸等工具对模型进行修改。

③重复进行前两步直至模型网格缺陷消失，且模型不存在明显凹坑和凸起。

④按照精确曲面—自动曲面化—构造曲面片步骤生成曲面片，利用编辑轮廓线和修理去面片工具对曲面片进行调整。

⑤利用构造格栅工具和拟合曲面工具，生成 NURBS 曲面。

⑥在专业医师的指导下，添加韧带和张肌组织，包括：锤骨附属上韧带、前韧带和侧韧带、砧骨附属上韧带和后韧带、鼓膜张肌和镫骨张肌。

⑦导出.iges 格式人耳三维几何模型。

2.3　人耳几何模型划分

在人耳听力系统中，听小骨的各附属韧带/张肌组织在 CT 或 MRI 影像中很难识别，因此需要在专业医师的指导下确定韧带/张肌组织的位置后再对其进行重建。同时，人耳听力系统由多个结构和组织构成，因此还需对医学重建得到的人耳几何模型进行精细划分。

图 2-5 为经过 Geomagic 后处理后得到的人耳三维几何模型，其由耳郭、外耳道、听骨链及其附属各韧带/张肌组织构成。

中耳各听小骨的附属韧带/张肌组织均由圆柱体替代。需要指出的是，在确定各条韧带/张肌组织位置时，需要在具有丰富解剖经验的专业医师和放射科医师的指导下完成，然后利用不同高度的圆柱体代替，长度为 1.5~2 mm，直径为 0.5 mm。

将人耳几何模型导入到 Hypermesh 中，利用 Hypermesh 软件强大的前处理功能对重建得到的人耳几何模型进行前处理，并生成三维实体几何模型。首先对模型进行几何清理操作，设置几何容差为 0.01 mm，检查模型是否存在重复面、缺失面、缝合自由边等，以修复模型导入过程引入的缺陷，保证模型连续性。

对共享边进行几何清理操作，生成单一曲面，并创建实体模型。然后，在专业医师的指导下，对鼓膜、锤骨、砧骨和镫骨进行几何划分，建立精细的人耳几何模型。

表 2-2 为重建得到的人耳几何模型结构特征统计数据。

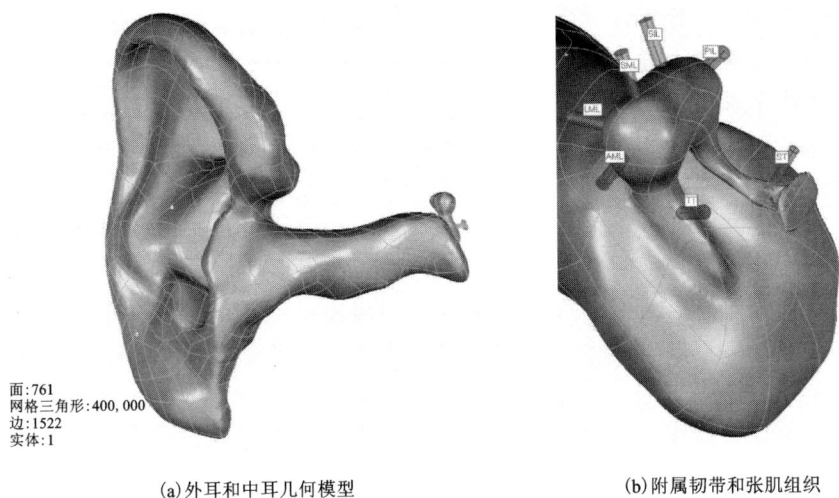

面:761
网格三角形:400,000
边:1522
实体:1

(a)外耳和中耳几何模型

(b)附属韧带和张肌组织

图 2-5　几何后处理后得到的人耳模型

表 2-2　人耳几何模型结构特征统计数据表

组织结构	结构类型	数值[a]	数值[b]	数值[c]
鼓膜	长轴长度/mm	10.86	8.8	8~10
	短轴长度/mm	9.24	8.2	7.5~9
	锥高/mm	1.46	1.4	2
	表面积/mm²	72.01	61.4	55.8~85
	厚度/mm	0.05~0.10	0.096	0.04~0.1
锤骨	长度/mm	8.11	7.73	7.6~9.1
	重量/mg	30.42	30.87	23~27
砧骨	短突方向长度/mm	4.58	4.79	5
	长突方向长度/mm	4.58	6.24	7
	重量/mg	30.42	31.89	25~32
镫骨	高度/mm	2.66	2.48	2.5~4.0
	底板长度/mm	2.64	2.50	2.64~3.36
	底板宽度/mm	1.32	1.45	0.7~1.66
	重量/mg	1.92	1.99	2.05~4.35

注:表中 a、b、c 分别表示数据来源于 Gan 等[5]、Xie 等[6]和 Wever 与 Lawrence[7]。

在解剖学上，鼓膜由三层膜组成，分别为与外耳道连接的上皮层，中间纤维层和与鼓室黏膜相连的黏膜层[8-9]。结构功能上，鼓膜又可划分为松弛部、张紧部和鼓膜环状韧带三部分[10]。在结构形态上，鼓膜在冠状面投影上呈椭圆形，其长轴长度为 8.5~10.5 mm，短轴长度为 8 ~9 mm[11-12]；在矢状面上投影呈锥形，其锥高为 1.2~1.8 mm，与外耳道上壁成 132°~137°[13]。由表 2-2 可知，本书所建立的人耳几何模型在结构上与已有的人耳模型均在较好的相似性，且处于真实人耳解剖结构误差范围内。

由于鼓膜上皮层和黏膜层的厚度较薄，其材料力学性能很难通过试验手段获取，因此学者们通常将各层结构作为一个整体，利用单轴拉伸试验、Split Hopkinson Pressure Bar(SHPB)杆试验以及失效试验来获取其材料性能[14-16]。本书所建立的鼓膜模型也并未进行分层处理，而是将鼓膜划分为张紧部、松弛部和鼓膜环状韧带 3 个部分。

重建得到的鼓膜模型在冠状面上的投影呈椭圆形，其长轴直径约为 8.8 mm，短轴直径约为 8.2 mm；从矢状面观察，鼓膜呈锥形，其锥高约为 1.4 mm。此外，经过几何结构划分，本文建立了镫骨底板环状韧带结构，其宽度约为 0.2 mm，如图 2-6 所示。

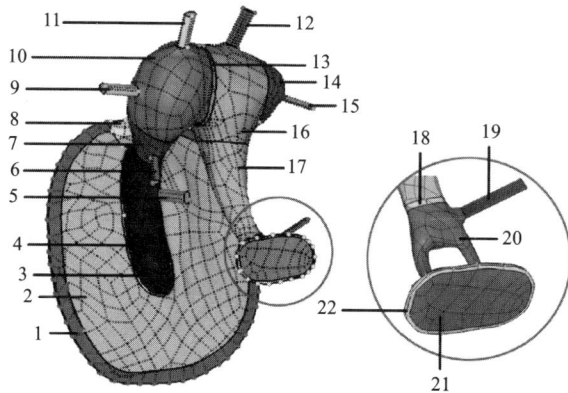

图 2-6 人耳三维几何结构模型

1—鼓膜环状韧带；2—鼓膜张紧部；3—鼓膜-锤骨柄连接部分；4—锤骨柄；5—鼓膜张肌；6—锤骨前韧带；7—锤骨颈；8—鼓膜松弛部；9—锤骨侧韧带；10—锤骨头；11—锤骨上韧带；12—砧骨上韧带；13—锤砧骨关节；14—砧骨短突；15—砧骨后韧带；16—砧骨体；17—砧骨长突；18—砧镫骨关节；19—镫骨张肌；20—镫骨；21—镫骨底板；22—镫骨环状韧带

2.4　内耳简化机制

2.4.1　内耳的传声机制

经鼓膜产生的振动机械能通过听骨链镫骨底板输出给内耳前庭窗,迫使内耳淋巴液流动而产生生物电信号,通过内耳神经组织传输给大脑而使人耳能够感知外界压力变化和声音信号。由于内耳复杂的传声机理,采用有限元法很难模拟其物理特性,因此国内外研究学者通常是将内耳进行简化处理。

从解剖学角度分析,听骨链与内耳耳蜗通过镫骨底板环状韧带相连接。从内耳接收外界信号的方式来看,镫骨底板振动产生的机械能通过前庭窗传递给前庭阶,前庭窗的振动会促使耳蜗内产生波动信号。但是,声音在空气中通常以纵波传递,其在耳蜗产生的声波信号以表面波的形式在基底膜和瑞氏膜上传播。基底膜和瑞氏膜将内耳分为 3 个充满淋巴液的腔室。由于液体的不可压缩性,前庭窗振动引起的体积变化必然会通过其他位置的淋巴液流动得到补偿,该位置就是具有弹性的圆窗。此外,柯蒂器上分布的毛细胞是将内耳振动信号转化为神经纤维上的电信号的重要组织结构。每个毛细胞在其顶端都有一个毛束结构,它是一种刚性且相互平行的圆柱形突出物,也叫静纤毛结构。该毛束的定向位移会迫使离子通道开启,使 K^+ 和 Ca^{2+} 进入毛细胞而产生去极化效应。由于毛细胞与基底膜连接,因此基底膜振动会是毛束产生位移,进而在毛细胞内产生电信号。当膜电势足够大时,毛细胞就会触发基底膜产生化学神经递质并在其相连的听觉神经纤维上产生运动电位。

此外,耳蜗的另一种作用可增强 K^+ 和 Ca^{2+} 在毛束上的流动。具体而言,毛束浸润在耳蜗中阶富含 K^+ 的淋巴液中,而前庭阶和蜗阶中则充满了富含 Na^+ 的外淋巴液。由于内淋巴液电势比外淋巴液电势高 $80 \sim 120 \ mV$(蜗内电位),且由于毛细胞的体细胞被负极化而导致电位下降至约 $-50 \ mV$,因此膜两侧 $150 \ mV$ 的电位差使阳离子在机电传输通道内移动。

与基底膜一样,瑞氏膜也被一层上皮细胞覆盖,它可提供电绝缘效果以保持蜗内电位稳定。但和基底膜不同的是,瑞氏膜的移动不会产生生理机能的改变。

机械振动在液体介质中产生不同形式的波,比如:液体的压缩和膨胀可产生纵波,并在两种介质的分界面上产生面波。这两种波均会在耳蜗的基底膜上出现并将机械振动传递给毛细胞。

2.4.2　声音在液体介质中的传递

根据 Navier-Stokes 方程可知速度 u、压力 p 和非黏性流体的密度 ρ 之间的关系式为：

$$\rho\partial_t u + \rho(u\nabla)u = -\nabla p \tag{2-1}$$

式中：∇p 为声压的变化率；$(u\nabla)u$ 为二次速度项。

对于角频率为 ω 的振荡运动，当位移幅值 a 远小于波长时，由于对流加速度的存在，二次速度项 $(u\nabla)u$ 的数值可以忽略不计。因为，液体流速 u 的幅值为 $a\omega$，速度的偏导项 $\partial_t u$ 的表达式为 $a\omega^2$，而二次速度项 $(u\nabla)u$ 的表达式为 $\dfrac{a\omega^2}{\lambda}$。当 $a \ll \lambda$ 时，二次方项很小，即 $(u\nabla)u \ll \partial_t u$。

实际上，声音的振幅极其微小。比如，100 dB 的声音以 1 kHz 的频率在空气中和水中传播时的位移分别为几微米和 2 nm 左右，而相应的波长分别为 300 m 和 1 m 左右，其数值是声音振幅的数个数量级。基底膜上的面波的波长约为 1 mm，而其振幅小于 1 μm。故而，Navier-Stokes 方程中的二次速度项 $(u\nabla)u$ 可以忽略不计。

由于我们仅关心小位移模式的声音，密度的变化也很小，可取其平均值 ρ_0，有 $\rho\partial_t u \approx \rho_0\partial_t u$，则 Navier-Stokes 方程可以表达为与加速度有关的动量方程，如式（2-2），即速度的改变可引起压力梯度的变化。

$$\rho_0\partial_t u = -\nabla p \tag{2-2}$$

由式（2-2）的连续性可知，密度的改变和净流量有关：

$$\partial_t \rho = -\rho_0\nabla u \tag{2-3}$$

式中：∇u 为速度的变化率。

另一方面，密度的变化是由于液体可压缩性导致的局部压力的变化，即：

$$\partial_t \rho = \rho_0\kappa\partial_t p \tag{2-4}$$

式中：κ 为液体可压缩性系数。

联立上式，可得：

$$\nabla u = -\kappa\partial_t p \tag{2-5}$$

联立式（2-2），可得压力波动方程：

$$\Delta p = \rho_0\kappa\partial_t^2 p \tag{2-6}$$

式（2-2）和式（2-4）描述了速度和密度与压力变化的关系并满足类波方程。式（2-6）描述的是由局部液体压缩引起的声传播，其产生的声波波长 λ 为：

$$\lambda = \frac{2\pi}{(\omega\rho_0\kappa)} \qquad (2-7)$$

声波的传播速度 c 为：

$$c = \frac{1}{\sqrt{\rho_0\kappa}} \qquad (2-8)$$

2.4.3　内耳基底膜的作用

耳蜗中存在多种形式的波且均有重要作用。声音信号在基底膜上以面波形式传播且其波长很小。为了进一步了解面波的物理属性，以展开的耳蜗二维断面为例，纵向长度 x 为底部到顶部的距离，垂直距离 z 为距离基底膜静止位置的长度，如图 2 - 7 所示。当 z 值为正时表示基底膜向上部腔室内运动，包括中阶和前庭阶；$z = 0$ 时表示基底膜未受激励；z 值为负时表示基底膜向下部腔室运动，即向鼓阶运动。假设两个腔室的高度均为 h，则有上下壁分别位于 $z = h$ 和 $z = -h$ 位置。

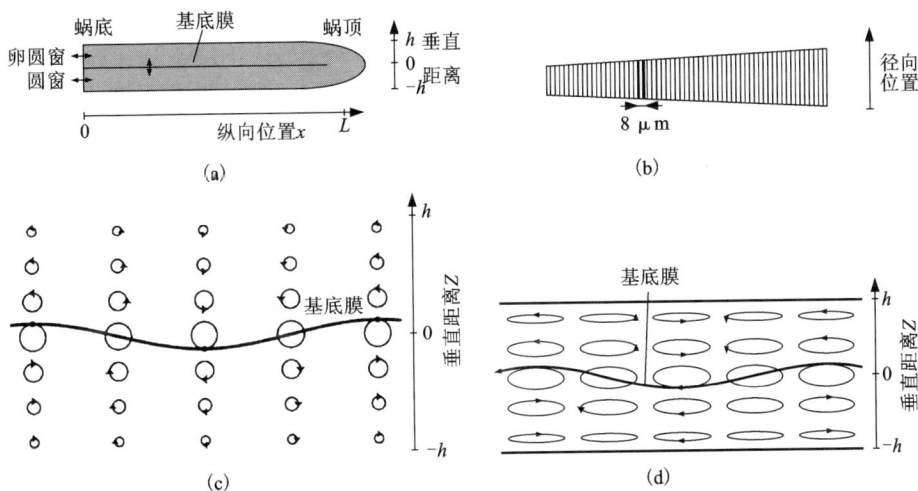

图 2-7　耳蜗内的波传播

图 2-7(a) 为二维耳蜗展开模型。前庭阶与中阶看作一个整体腔室，基底膜将鼓阶与前庭阶和中阶隔开。图 2-7(b) 为基底膜面视图。胶原纤维（灰色部分）从神经内穿过神经外边缘。两者之间的纵向耦合作用很小，一个细胞宽度的一段膜（红色阴影部分）大约为 8 μm，从机制上可看作与相邻的分段膜之间无耦合作用。如图 2-7(c) 和图 2-7(d) 所示，当波长较小时，即 $\lambda \ll h$ 时，液

体粒子的轨迹为圆形，且其振幅与距离基底膜的长度之间呈指数衰减模式。每个箭头的方向分别表示特定时间粒子的位置。而当波长较大时，即 $\lambda \gg h$ 时，粒子的运动主要出现在纵向方向上。

当把前庭阶和中阶看作一个整体时，可以忽略瑞氏膜。保证在耳蜗底圈和中圈满足该简化，因为瑞氏膜的阻抗小于基底膜阻抗。在耳蜗顶圈中，两种膜的阻抗却很接近。

假设 $p^{(1)}$ 和 $p^{(2)}$ 分别示上下腔室的压力，$u^{(1)}$ 和 $u^{(2)}$ 分别为上下腔室内液体介质在垂直方向上的速度。此时，我们所研究的波则主要受基底膜的阻抗的影响。由于阻抗取决于激励的频率，包括惯性贡献量、液体黏度和刚度，假设激励为单一角频率为 ω 信号，则有压力和速度的表达式为 $p^{(1,2)} = \tilde{p}^{(1,2)} p^{(1,2)} = \tilde{p}^{(1,2)} e^{i\omega t} + c.c$ 和 $u^{(1,2)} = \boldsymbol{u}^{(1,2)} e^{i\omega t} + c.c$。$c.c$ 为复共轭项，波浪号为傅立叶系数，i 为虚部，t 为时间；$\boldsymbol{u}$ 为速度的矢量。

此时，满足式(2-6)的压力方程可以表示为：

$$\Delta \tilde{p}^{(1,2)} = -\omega^2 \rho_0 \kappa \tilde{p}^{(1,2)} \tag{2-9}$$

边界条件取决于耳蜗壁面，其中垂向速度为0，即：$\vec{u}_z^{(1)}\big|_{z=h} = \vec{u}_z^{(1)}\big|_{z=-h} = 0$

流体动量方程式(2-2)为垂向速度与压力在 z 方向的导数之间的线性关系，即：$\partial_z \tilde{p}^{(1,2)}\big|_{z=h} = -i\omega\rho_0 \vec{u}_z^{(1,2)}$。因此耳蜗壁面处的压力在垂向上的变化为0，即：

$$\partial_z \tilde{p}^{(1)}\big|_{z=h} = \partial_z \tilde{p}^{(2)}\big|_{z=-h} = 0 \tag{2-10}$$

另一个边界条件为基底膜的垂向速度 $\tilde{V} = \vec{u}_z^{(1)}\big|_{z=0} = 0$，它和通过膜两侧的声阻抗引起的压差有关，即：

$$\tilde{V} = \frac{1}{z}(\tilde{p}^{(2)} - \tilde{p}^{(1)})\bigg|_{z=0} = 0 \tag{2-11}$$

压差和膜速度之间的线性关系可以认为是声波的振幅很微小造成的。对于活体耳蜗而言，毛细胞的机械运动可以增强基底膜的位移并使膜速度和压差之间存在非线性的关系。

基底膜的垂向速度也满足式(2-2)的流体动量方程，即：$\tilde{V} = \partial_z \tilde{P}^{(1)}\big|_{z=0} = \partial_z \tilde{P}^{(2)}\big|_{z=0} = 0$，因此有：

$$\partial_z \tilde{P}^{(1)}\big|_{z=0} = \partial_z \tilde{P}^{(2)}\big|_{z=0} = -\frac{i\rho_0\omega}{Z}(\tilde{P}^{(2)} - \tilde{P}^{(1)})\bigg|_{z=0} \tag{2-12}$$

二维耳蜗模型的流体力学性能可以用式(2-9)表示，其边界条件为式(2-10)

与式(2-12)。虽然这些压力方程均为线性关系，其分析解由于阻抗在纵向上的变化而变得复杂，即 $Z = Z(x)$。

假设单一频率 ω 的声激励且压力 $\widetilde{P}^{(1)}$ 和 $\widetilde{P}^{(2)}$ 的表达式为：

$$\widetilde{P}^{(1)} = P^{(1)} \cosh[k(z - h)] \, \mathrm{e}^{-ik_x x} + c. c \tag{2-13}$$
$$\widetilde{P}^{(2)} = P^{(2)} \cosh[k(z - h)] \, \mathrm{e}^{-ik_x x} + c. c$$

矢量波 k_x 表示波以相速度 $c = \dfrac{\omega}{k_x}$ 在纵向方向传播，该波速与垂向波速度 v 不同，因为基底膜上的垂向波上的每一点均会振动。系数 k 的定义是波尺度 $\dfrac{1}{k}$，高于该尺度值时波振幅将会在垂直方向上衰减。

式中：k_x 为矢量波；k 为波尺度系数；ω 为频率。

式(2-12)的边界条件同样适用于上述假设，且根据式(2-9)可知：

$$k_x^2 = k^2 + \rho_0 \kappa \omega^2 \tag{2-14}$$

基底膜上的边界条件式(2-12)的矩阵形式为：

$$(A - \zeta I)\, p = 0 \tag{2-15}$$

式中：向量 $p = (p^{(1)}, p^{(2)})^{\mathrm{T}}$ 包含了两个膜上的压力幅值，A 为一个 2×2 的矩阵，且 $A = \begin{pmatrix} 1 & -1 \\ -1 & 1 \end{pmatrix}$，$I$ 是 2×2 的单位矩阵，$\zeta = \dfrac{iZk \tanh[kh]}{(\rho_0 \omega)}$。当 ζ 是矩阵 A 的特征值且 p 为相应的特征向量时，矩阵方程式(2-15)有解。矩阵 A 有两个特征值和两个特征向量，即：

$$\zeta_{(1)} = 0, \; e_{(1)} = \begin{pmatrix} 1 \\ 1 \end{pmatrix} \tag{2-16}$$
$$\zeta_{(2)} = 0, \; e_{(2)} = \begin{pmatrix} 1 \\ -1 \end{pmatrix}$$

由于式(2-15)存在两种解，因此耳蜗内存在两种形式的波传播。

对于第 1 种解，即 $\zeta_{(1)}$ 和 $e_{(1)}$，基底膜两侧的压力相同，因此膜位移消失，且垂向压力变化和垂向速度为 $0 (k = 0)$。耳膜内的波由纵向压力变化引起，该波是一种最常见的波传播形式。对于这种波，由于基底膜位移为 0，耳蜗两腔室结构是不合理的。虽然目前这种波对耳蜗生理功能无显著影响，但是它可能与耳声发射的向后传播有关系。

第 2 种解与生理有关。基底膜两侧的压力变化的振幅相同但是方向相反，因此膜位移并不为 0，且 k 的值由频散关系决定，即：

$$k \tanh[kh] = \dfrac{-2i\rho_0 \omega}{Z} \tag{2-17}$$

波矩阵 $\boldsymbol{k}_x$ 为式(2-14)。对于真实的耳蜗阻抗值 Z，k^2 的值远大于 $\rho_0 k \omega^2$，因此 $\boldsymbol{k}_x \approx k$。波长 $\lambda = \dfrac{2\pi}{k}$，该值远小于式 2-7 给出的压缩波波长。

基底膜阻抗 Z 塑造波的关键在于：基底膜是由相互平行的胶原纤维构成的，这些纤维在颞骨神经侧和非神经侧呈径向分布 [图 2-7(b)]。纤维在纵向上的耦合效应很小：它的空间常量约为 $20~\mu m$ 或在 $10 \sim 50~\mu m$，具体数值取决于其在耳蜗内的纵向位置[17-18]。因此，基底膜可以看作是薄且未耦合的纵向分布的片段。每个片段均包含一个质量 m，摩擦系数 ξ 和刚度 K，而且根据牛顿运动方程，其可以对膜压差作出响应，即：

$$Z \widetilde{V} = \widetilde{p} \tag{2-18}$$

式中：Z 为每段面积为 A 的膜的声阻抗（图 2-7b），且有：

$$Z = \frac{\left(i\omega m + \xi - i\dfrac{K}{\omega} \right)}{A} \tag{2-19}$$

波向量 $\boldsymbol{k}$ 的实数部分表示波长，虚部表示阻尼效应引起的振幅变化。对于行波，波向量的实部不能为 0，进而保证式(2-17)的频散关系等式左边始终为正，等式右边的实部为正的条件是阻抗的虚部为负，即阻抗由刚度决定。相反，当刚度由质量决定时，波向量有且仅有虚部，并产生一种消散波。两种情况均会出现在内耳中。

不管波向量的符号如何改变，式(2-17)的频散关系式始终保持常数。对于特定的波向量 $\boldsymbol{k}$ 的解而言，$\boldsymbol{k}$ 也满足频散关系式。

对于波长，有两种限制情况很重要[19]。首先，当波长远小于通道高度是，即当 $kh \gg 1$ 且 $z > 0$ 时，$\cosh[k(z-h)] \approx \dfrac{e^{k(h-z)}}{z}$；$z < 0$ 时，$\cosh[k(z+h)] \approx \dfrac{e^{k(h+z)}}{z}$。因此，液体流速与压力与其距离基底膜的垂向距离之间呈指数衰减形式。对于向前传播的波来说，基底膜下方的液体粒子保持顺时针圆周运动，基底膜上方的液体粒子保持逆时针圆周运动（图 2-7c）。耳蜗壁周围的液体粒子的运动几乎为 0，其对波的影响几乎为 0。因此，频散关系可以简化为：

$$|k| = -\frac{2i\rho_0 \omega}{Z} \tag{2-20}$$

该情形与面波的深水近似理论一致。

第二种限制情况是当波长远大于腔室高度，即 $kh \ll 1$。频散关系可近似为：

$$k^2 = -\frac{2i\rho_0\omega}{(Zh)} \tag{2-21}$$

此时，液体粒子的运动呈椭圆轨迹，且该运动主要表现在纵向方向上[图 2-7(d)]。速度的纵向分量几乎与垂向距离无关。

参考文献

[1] Cinamon U. The growth rate and size of the mastoid air cell system and mastoid bone：a review and reference. Eur Arch Otorhinolaryngol 2009；266(6)：781-776.

[2] Miller B J, Jaafar M, Elhassan H A. Laser Eustachian Tuboplasty for Eustachian Tube Dysfunction：a case series review[J]. European Archives of Oto-Rhino-Laryngology, 2017, 274(6)：2381-2387.

[3] 张锁生, 陈剑秋, 余少卿, 等. 儿童变应性鼻炎引起中耳病变及对中耳听力功能影响的临床研究[J]. 中国医药导报, 2013, 10(26)：48-50.

[4] 蔡继红, 尚规化, 刘教练, 等. 不同术式治疗慢性中耳炎的听力重建效果评价对比[J]. 解放军预防医学杂志, 2018, 36(12)：1594-1596.

[5] Gan R Z, Feng B, Sun Q. Three-dimensional finite element modeling of human ear for sound transmission[J]. Annals of biomedical engineering, 2004, 32(6)：847-859.

[6] Xie P P, Peng Y, Hu J J, et al. A study on the effect of ligament and tendon detachment on human middle ear sound transfer using mathematic model[J]. Proceedings of the Institution of Mechanical Engineers, Part H：Journal of Engineering in Medicine, 2019. 233(8)：784-792.

[7] Wever E G, Lawrence M. Physiological Acoustics. Princeton, Princeton University Press, 1982.

[8] Koike T, Wada H, Kobayashi T. Modeling of the human middle ear using the finite-element method[J]. The Journal of the Acoustical Society of America, 2002, 111(3)：1306-1317.

[9] 张孝凯. 中耳实用解剖学[J]. 2013. 1

[10] Lim D J. Human tympanic membrane：an ultrastructural observation [J]. Acta oto-laryngologica, 1970, 70(3)：176-186.

[11] 田四朋, 雷勇军, 李道奎, 等. 固体火箭发动机药柱不可压和近似不可压三维分析[J]. 固体火箭技术, 2006, 06：395-399.

[12] Kuru I, Maier H, Müller M, et al. A 3D-printed functioning anatomical human middle ear model[J]. Hearing research, 2016, 340：204-213.

[13] Daphalapurkar N P, Dai C, Gan R Z, et al. Characterization of the linearly viscoelastic behavior of human tympanic membrane by nanoindentation[J]. Journal of the mechanical behavior of biomedical materials, 2009, 2(1)：82-92.

[14] Luo H, Dai C, Gan R Z, et al. Measurement of Young's modulus of human tympanic membrane at high strain rates [J]. Journal of Biomechanical Engineering, 2009, 131(6)：064501.

［15］Luo H, Jiang S, Nakmali D U, et al. Mechanical properties of a human eardrum at high strain rates after exposure to blast waves［J］. Journal of Dynamic Behavior of Materials, 2016, 2 (1): 59-73.

［16］Turan A K. Dynamic force measurement techniques Split Hopkinson Pressure Bar testing of low acoustic impedance materials used as armor interlayer materials［D］. Izmir Institute of Technology, 2012.

［17］Emadi G, Richter C, Dallos P, et al. Stiffness of the gerbil basilar membrane: Radial and longitudinal variations［J］. Journal of Neurophysiology, 2004, 91(1): 474-488.

［18］Naidu R C, Mountain D C. Longitudinal Coupling in the Basilar Membrane［J］. Jaro-journal of The Association for Research in Otolaryngology, 2001, 2(3): 257-267.

［19］Lighthill J. Energy flow in the cochlea［J］. Journal of Fluid Mechanics, 1981, 106(-1): 149-213.

第 3 章

人耳生物力学模型构建及验证

本章内容简介： 由于听骨链中各听小骨不同部位的材料参数不同，如锤骨柄部、锤骨颈部和锤骨头部的材料参数不同，砧骨头部、长突和短突材料参数也不同。因此，需要对人耳几何模型进行精细划分。目前，在国内外所建立的人耳有限元模型中，听小骨的材料参数基本相同，不同之处在于各听小骨的附属韧带/张肌组织、鼓膜的材料属性，以及各软组织阻尼效应的定义。本章将介绍鼓膜材料参数的反求方法、各组织结构材料参数的确定方法以及人耳生物力学模型在时域和频域内的有效性验证。

3.1　国内外人耳有限元模型

在早期的研究中，国内外学者主要采用模拟电路模型[1-8]、解析模型[9]、多刚体模型[10]、新鲜尸体的颞骨试验[11-15]来开展人耳的声传导特性和病理学研究。Voss 等利用颞骨样本并在外耳道靠近鼓膜处施加声学激励，得到了鼓膜和镫骨底板的位移和速度的频率响应特性曲线，试验结果表明，镫骨底板在外界激励作用下的振动类似活塞活动，且正常人耳的中耳腔压力变化对镫骨底板的位移影响较小[16]；Nakajima 利用颞骨试验探究了不同的听小骨固定类型对鼓膜和镫骨底板振动特性的影响，研究结果表明，固定砧骨和镫骨对镫骨底板位移的影响大于对鼓膜的影响，而固定锤骨对两者的影响相同[17]；Aritomo 等通过颞骨试验发现内耳阻抗在 0.6~2.2 kHz 频率范围内表现出较强的阻尼特性[18]，Lynch 等人的颞骨试验则证明，内耳阻抗在 0.5~8 kHz 频率范围内呈现阻尼特性，其数值大约为 200GΩ[19]，Merchant 等人的研究结果表明，内耳阻抗在 0.1~5 kHz 频率范围内均呈现较强的阻尼特性，且数值随着频率的增大而增大[14]，Zwislocki 等人通过颞骨试验估算得到的内耳声阻抗数值为 $35G\Omega$[20]。

由颞骨试验获取的人耳动力学响应常被用来验证重建的人耳生物力学模型的可靠性[21]。基于颞骨断层扫描数据建立的人耳三维模型具有较好的结构吻合度，此外，采用有限元计算方法对几何模型进行网格划分并赋予各组织相应的材料属性，并通过与颞骨实验数据进行对比验证模型有效性，还可用于开展广泛的仿真试验研究[22]，表 3-1 列举了国内外已建立的人耳有限元模型。

Funnell 等人首次采用组织切片的方法建立了猫的鼓膜有限元模型，单元类型采用薄壳单元，并获得了其鼓膜的频率响应特性曲线[23-24]；随后，Decraemer 等人介绍了采用 CT（computed tomography）断层扫描数据重建人耳三维模型的方法[25]；Salih 等介绍了采用 Amira 软件包对猫、豚鼠、兔子、小鼠和人的听骨链进行医学三维重建的建模方法[26]；Soons 等采用临床锥形束扫描技术以 150 μm 的断层厚度获取了 100 例病人头部扫描数据，并利用形状统计建模法得到一系列中耳听骨模型，同时指出中耳结构和韧带材料均会对中耳传声特性产生影响[27]；Lee 等基于 HRCT（high resolution computed tomography）扫描影像数据建立了包含外耳道、中耳腔、乳突腔和中耳的生物力学模型，并分析了外耳道堵塞和张开情况下的人耳的频率响应特性[28]；Wada 等人建立的人耳模型通过 Koike 等人的进一步修正后，得到了较为完整的听力系统模型，包括了鼓膜、听骨链、锤骨前韧带、砧骨后韧带、鼓膜张肌、镫骨张肌、中耳腔和外耳道等结构，同时对骨关节运动特性和内耳对镫骨底板的反作用力进行分析[29-30]。此外，Koike 等通过与正常人耳的声阻抗进行匹配，反求获得了韧带/张肌组织的材料参数值[29]。

表 3-1 国内外人耳生物力学模型

鼓膜构成	鼓膜厚度/mm	C 鼓膜单元划分	材料属性	韧带/张肌组织类型	内耳形式	来源
环状韧带、松弛部、张紧部	鼓膜环状韧带：0.2 松弛部、张紧部：0.1	8 节点六面体实体单元	环状韧带、松弛部：各向同性 张紧部：正交各向异性	锤骨前韧带、锤骨侧韧带、锤骨上韧带、砧骨后韧带、鼓膜张肌、镫骨环状韧带、镫骨张肌	弹簧单元	Lee 等[30-31]

续表3-1

鼓膜构成	鼓膜厚度/mm	C鼓膜单元划分	材料属性	韧带/张肌组织类型	内耳形式	来源
环状韧带、松弛部、张紧部	鼓膜环状韧带:0.2 松弛部、张紧部:0.04~0.1	三角形、四边形壳单元	环状韧带:各向同性 松弛部、张紧部:正交各向异性	锤骨前韧带、锤骨侧韧带、锤骨上韧带、砧骨后韧带、鼓膜张肌、镫骨环状韧带、镫骨张肌	阻尼器	Sun 等[32]
鼓膜	0.05	三角形壳单元	各向同性	锤骨前韧带、锤骨侧韧带、锤骨上韧带、砧骨上韧带、砧骨后韧带、鼓膜张肌、镫骨环状韧带、镫骨张肌	内耳	Liu 等[33]
松弛部、张紧部	0.075	三角形板单元	各向同性	锤骨前韧带、砧骨后韧带、鼓膜张肌、镫骨环状韧带、镫骨张肌	阻尼器	Koike 等[34]
松弛部、张紧部	0.132	四边形壳单元	松弛部:各向同性 张紧部:正交各向异性	锤骨前韧带、砧骨后韧带、鼓膜张肌、镫骨环状韧带、镫骨张肌	无	Prendergast 等[30]
松弛部、张紧部	0.097~0.232	三角形板单元	松弛部、张紧部:各向同性	锤骨前韧带、砧骨后韧带	弹簧单元	Wada 等[35]
环状韧带、松弛部、张紧部	0.05~0.074	四边形膜单元	环状韧带、松弛部:各向同性 张紧部:正交各向异性	锤骨前韧带、锤骨侧韧带、锤骨上韧带、砧骨后韧带、鼓膜张肌、镫骨张肌	弹簧单元+阻尼器	Gan 等[35]

续表3-1

鼓膜构成	鼓膜厚度/mm	C 鼓膜单元划分	材料属性	韧带/张肌组织类型	内耳形式	来源
环状韧带、松弛部、张紧部	0.05~0.1	五面体实体单元/三角形壳单元/六面体实体单元	环状韧带：各向同性松弛部、张紧部：正交各向异性	锤骨前韧带、锤骨侧韧带、锤骨上韧带、砧骨后韧带、鼓膜张肌、镫骨环状韧带、镫骨张肌	质量块+阻尼器简化内耳	Gan等[36,37-41]
环状韧带、松弛部、张紧部	0.05~0.1	四面体实体单元	环状韧带、松弛部：各向同性张紧部：超弹性	锤骨前韧带、锤骨侧韧带、锤骨上韧带、砧骨后韧带、鼓膜张肌、镫骨张肌	质量块+阻尼器	Wang等[42]
环状韧带、松弛部、张紧部	0.1~0.22	四边形壳单元	各向异性	锤骨前韧带、锤骨侧韧带、锤骨上韧带	弹簧单元	Beer等[43]
环状韧带、松弛部、张紧部	0.096	四面体实体单元	环状韧带、松弛部：各向同性张紧部：黏弹性	锤骨前韧带、锤骨侧韧带、锤骨上韧带、砧骨上韧带、砧骨后韧带、鼓膜张肌、镫骨环状韧带、镫骨张肌	弹簧单元	Xie等[44-45]

在现有人耳有限元模型中，有关韧带/张肌组织等生物组织的材料参数常采用交叉对标的方法获取，且数值存在较大差异[46-47]。Zhao 等将仿真得到的中耳频率响应曲线与试验数据对比，采用材料参数反求法获取了合适的中耳韧带/张肌组织材料参数值[22]。Gan 的研究团队利用人耳流-固耦合有限元模型（考虑鼓膜厚度、刚度、砧镫骨关节、内耳载荷等因素）对听骨链传声特性的影响进行了预测[48]，并通过人耳有限元仿真比较了前庭窗、圆窗和鼓膜脐部的压力分布特性，同时分析了鼓膜不同的穿孔位置和穿孔面积、韧带断裂等对人耳听力损失的影响[36-38]；刘艳艳等在新鲜颞骨的中耳腔中注入不等量的盐溶液，并采用激光多普勒振动仪分析了中耳积液型中耳炎对听力的影响[37]。Wang 等建立了相应的有限元仿真模型，仿真结果与试验结果一致[48]。Can 的研究团队

采用激光多普勒振动仪分析了听骨链质量效应对传声特性的影响[49]，并采用双台激光多普勒振动仪分析了耳蜗在完整和损伤情况下的听骨链振动情况，结果表明，耳蜗损伤时其声阻抗效应降低[39]；同时，其团队在原有外耳和中耳流-固耦合模型中加入了简化的基底膜模型，分析了基底膜频率选择性的物理机理[41]，利用单轴拉伸试验、应力松弛试验和破坏试验研究了镫骨张肌和锤骨前韧带的材料力学特性，并利用 Odgen 超弹性本构模型与试验数据进行拟合得到各项参数值[50-51]，后采用准静态单轴拉伸试验探究了镫骨环状韧带的材料力学特性，结果表明镫骨环状韧带具有典型的黏弹性[52]。

Bohnke 等人利用人耳生物力学模型模拟了外界声压激励在基底膜或柯蒂器 Corti 上引起的压力波的传播特性[53-56]；Huber 等通过人耳模型仿真发现锤骨前韧带固定可使听骨链在 1 kHz 以下的频率范围内的振动速度降低 3 ~ 8 dB[57]；刘后广等研究了中耳植入助听装置对听力改善效果的影响[58-60]；黄新生和姚文娟团队利用人耳有限元模型研究了听小骨赝复体对听力效果的改善[61-63]；建立了包括外耳道、听骨链和简化内耳的有限元模型，完成了对鼓膜和镫骨底板的位移特性以及基底膜频率选择特性的模拟，并分析了中耳声压增益和前庭阶的压力分布特性[64]，模拟听骨韧带、张肌硬化和切除等对声传导特性的影响[65]，研究了中耳积液导致听力损失产生的机制[66]；刘迎曦和孙秀珍团队建立了鼓膜置管后的人耳有限元模型并分析了置管对听力特性的改善[67]，利用健康志愿者的颞骨 CT 数据建立了完整的听力系统模型，并研究了鼓膜穿孔大小和穿孔位置对听力的影响[68]，利用建立的听骨链置换有限元模型分析了完全听骨链置换、锤骨保留与否以及鼓膜重建对镫骨底板振动的影响[69]。

对于人体软组织研究，不仅组织的阻尼特性对结构的瞬态响应影响较大，而且其动态力学性能受变形模式、变形大小和频率影响较大[70]。一方面，由于中耳结构的复杂性和中耳韧带/张肌组织材料试验数据的缺乏，国内外研究学者通常采用 Rayleigh 阻尼系数进行人耳组织的材料特性模拟[71-72]。另一方面，有研究表明：当鼓膜承受压力超过某一定值时，需要考虑鼓膜和中耳的非线性特性[73]。Ladak 等在对猫鼓膜的研究中发现，当作用在鼓膜上的压力超过 2.2 kPa 时，鼓膜位移与压力幅值并不成正比，证明了鼓膜等软组织结构的几何非线性特性[74]；Wang 等基于断层影像数据建立了包含外耳道和中耳腔的人耳模型，并假设鼓膜和部分韧带/张肌组织满足 5 参数的 Mooney-Rivlin 超弹性本构模型，采用材料参数反求法获得了各待求参数值[24]；Kwacz 利用原子力显微镜技术获取了镫骨环状韧带的静刚度值[75]。

3.2　人耳几何模型网格划分

由于中耳几何结构具有不规则特性，因此采用 10 节点四面体单元对人耳几何模型进行单元划分。对于鼓膜、韧带/张肌组织等结构，由于其结构尺寸较小，均采用 0.05 mm 尺寸单元进行划分；锤骨、砧骨、锤砧骨关节以及砧镫骨关节均采用 0.15 mm 尺寸单元。此外，由于镫骨左右小腿直径较小，且镫骨底板作为评价中耳传声特性的重要部位，也采用较小的单元进行划分，单元尺寸为 0.08 mm。网格质量设置如下：长宽比为 5，偏斜率不小于 0.75，三角形最小角度大于 20°，雅各比为 0.6，网格质量不小于 0.75。本书所建立的人耳生物力学有限元模型共有 62429 个四面体单元，16926 个节点，如图 3-1 所示。

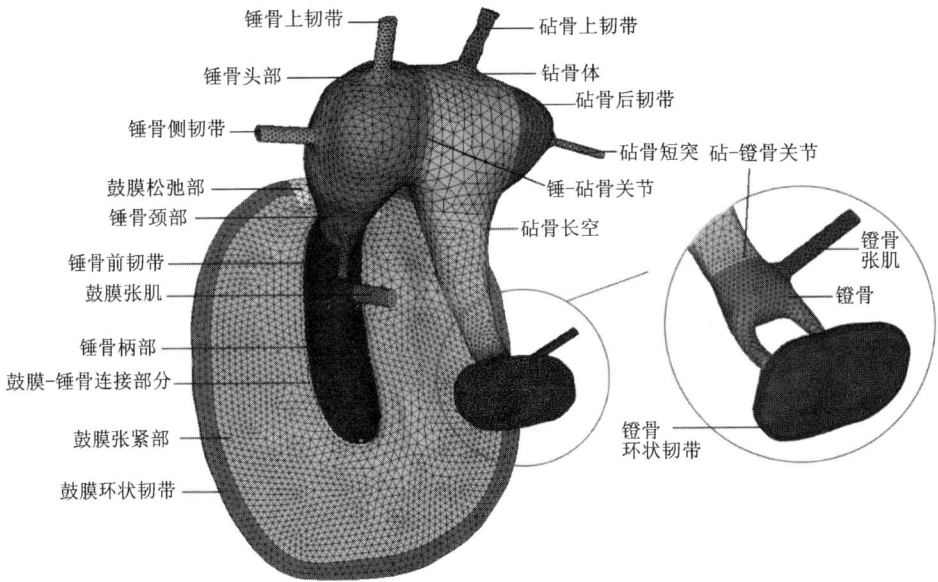

图 3-1　人耳生物力学有限元模型

刚性共节点方法通常被用于进行生物组织之间的连接。模型采用共节点形式进行连接以提高计算效率，且其计算精度要高于绑定约束模型。同时，对于结构大变形有限元分析，模型计算过程更容易收敛。锤骨和砧骨在结构上划分为 3 个不同部分，但是在数值模拟过程中各部分之间不会产生分离，且锤砧骨关节与锤骨和砧骨之间、砧镫骨关节与砧骨和镫骨之间以及韧带/张肌组织与各听小骨之间也不会产生分离。因此，人耳模型各组织结构之间采用刚性共节点法进行连接。

3.3　鼓膜本构模型的选择及参数选取

目前，国内外研究者们所建立的人耳有限元模型除在结构上存在个体性差异外，鼓膜所采用的本构模型差异也较大，主要可分为两类，即线弹性各向同性材料模型[34, 76]和线弹性正交各向异性材料模型[28][31]。对于结构差异性的处理，学者们通常采用调整软组织结构的材料性能，使其人耳有限元模型的响应与颞骨尸体试验数据相一致[29]。虽然生物组织材料通常都具有明显的黏弹性特性[77-80]，但是目前鼓膜采用黏弹性材料本构模型构建的人耳有限元模型尚未报道。本书所建立的人耳有限元模型中，鼓膜张紧部采用黏弹性材料单元，利用材料参数优化反求方法得到了合理的参数值。

3.3.1　各向同性材料

对材料测试系统测得的实验数据进行后处理，以获得应力-应变关系，并归一化应力松弛函数 $G(xT)$ 和杨氏模量-应力或应变关系。根据对预处理和单轴拉伸试验中记录的载荷变形曲线的观察，将鼓膜假定为各向同性的非线性黏弹性材料。使用超弹性材料模型处理原始数据以进行弹性分析。有几种可用于分析生物组织力学特性的非线性材料模型，例如 Ogden，Mooney Rivlin 和 Yeoh 模型。

Jonathan Fay 计算了各向同性鼓膜的频率-波数关系[81]，如图 3-2 所示。在这些情况下，径向纤维层和圆周纤维层都被视为由各向同性的非线性黏弹性材料组成。在前部和后部都可以看到类似的趋势。在低频下，存在高波速（小斜率），而在高频下（大斜率）转换为低得多的速度。只有较窄的弹性模量才能匹配实验数据：后部区域为 0.03~0.06 GPa，前部区域为 0.06~0.09 GPa。波数-频率关系的这种特征形状可以通过轴对称壳的力学来解释。在低频时，鼓膜作为刚性体振荡，而平面内的刚度主导了响应，这使曲线非常低。由于这种类型的振动相应的波速非常高，因此在原点附近有较大的斜率。波数转变为较大值的曲线部分表明横向波开始渗透到鼓膜的内部。中心部分仍然由平面波主导，而外边缘则受到横向波的影响。在轴对称壳体中，周向刚度随着曲率半径向中心移动而增加。另一方面，惯性力与激励频率的平方成正比。在鼓膜的给定点上，这两个力最终达到平衡，并且现在可以存在横波。最终，横波到处都可以存在。弯曲波速度由高频处的波数-频率关系的斜率揭示。

Don Nakmali 等人的仿真和建模分析数据表明：假设当前模型中的鼓膜为

各向同性的膜材料，则添加初始峰不会明显改变结果[89][82]。使用 1.5 ms 的实验波形模拟屏蔽情况以捕获初始压力振荡。图 3-3 显示了模型在最大应力时，在鼓膜[图 3-3a]中的模型分布或应力轮廓以及在敞开情况下(或在正压力波形下)鼓膜的位移[图 3-3b]。在这项研究中，等效应力被用作鼓膜应力状态的量度。如图 3-3(a)所示，鼓膜中的应力从 29 MPa 变化到 0.13 MPa。手柄顶部或槌骨手柄上方的腓骨裂附近的最大应力为 29 MPa。鼓膜的第二个高应力区位于环空和飞顶之间的中间区域的下侧，应力范围为 16 到 19 MPa。图 3-3(b)显示了有限元模型预测的鼓膜位移分布。1.28 mm 的最大位移位于下后象限，大约在瓣环和腰部之间。操纵区域内的位移最小。

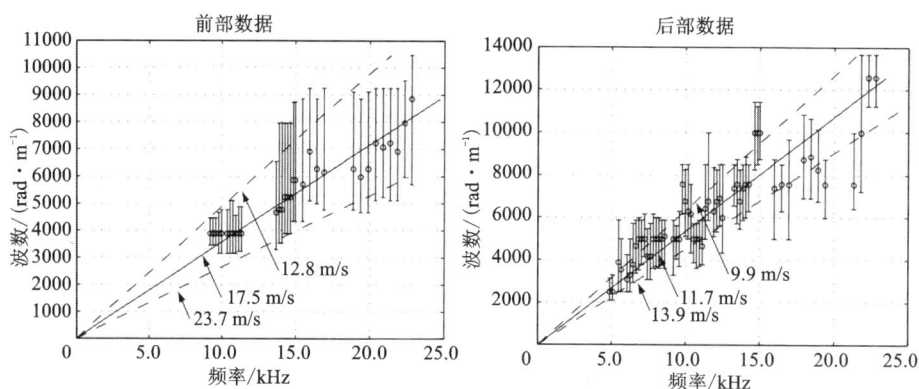

图 3-2　各向同性的非线性黏弹性鼓膜计算波数-频率关系的比较

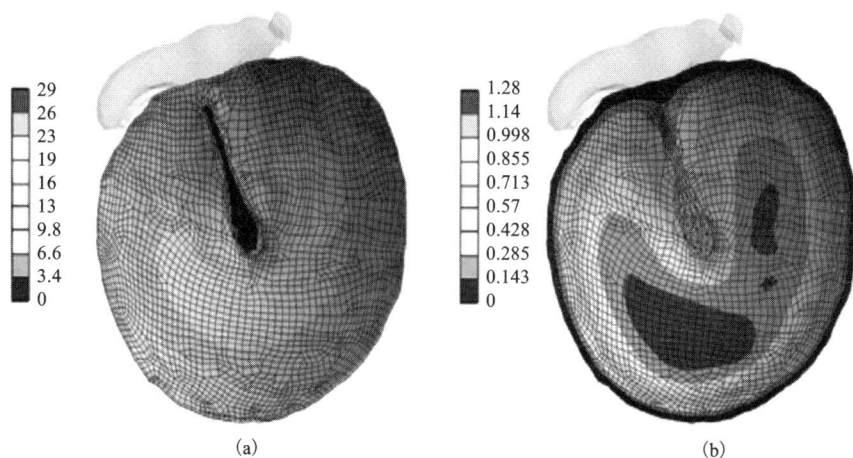

(a)　　　　　　　　　　　　　　　　(b)

图 3-3　鼓膜在最大应力时的位移

图 3-4 显示了达到最大应力时，在屏蔽情况下（或在正负压力波形下）在有限元模型中[图 3-4(a)]和在模型位移中[图 3-4(b)]得出的等效应力分布。最大负压发生在达到峰值负压时。如图 3-4(a)所示，在鼓膜的上部区域，最大应力的位置与打开条件下的位置相同，即在顶部的位置，最大应力的值也约为 29 MPa。在下侧，鼓膜的最大应力紧挨脐部，约为 15 MPa。最大位移位于鼓膜的下部，正好在鼓膜脐部的下方，值为 1.33 mm。将屏蔽情况（图 3-4）与开放场（图 3-3）中获得的鼓膜结果进行比较，表明在开放和屏蔽情况下鼓膜表面上的应力分布相似，最大应力约为 29 MPa，出现在鼓膜的顶部。

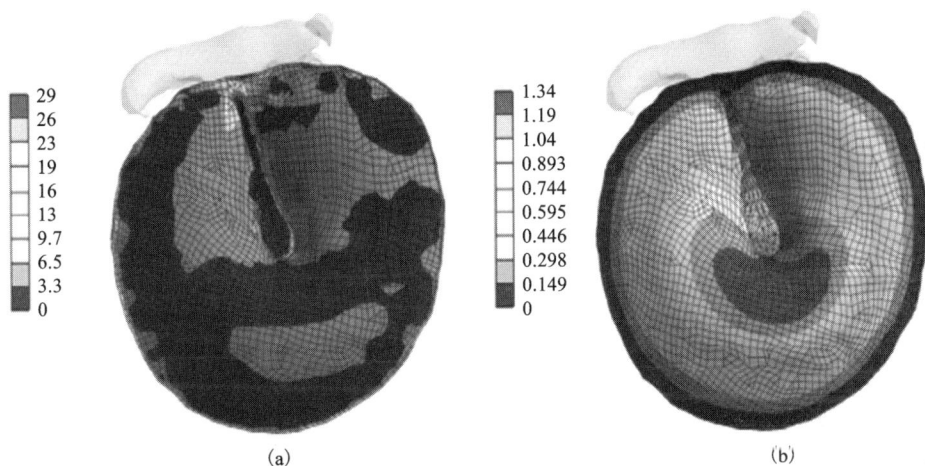

图 3-4　鼓膜最大应力时等效应力分布

3.3.2　正交各向异性材料

如果鼓膜被假定是各向同性的，那么只有非常有限范围的材料性能能够与实验数据相匹配。但是，鼓膜中的胶原纤维排列表明它是正交各向异性的。因此，通过改变数学模型查看正交各向异性鼓膜是否真正改善了波数-频率关系的拟合度（图 3-5）。假定径向纤维层在径向方向上具有胶原样的刚度，但是在周向上具有非常低的刚度。假定圆周纤维层的情况相反，后部区域的弹性模量为 0.10~0.24 GPa，而前部区域的弹性模量在 0.2~0.3 GPa 时获得了最佳拟合。与各向同性的情况一样，高频数据的良好拟合会导致曲线低频时太低。这表明从平面波到弯曲波的过渡位置不正确。

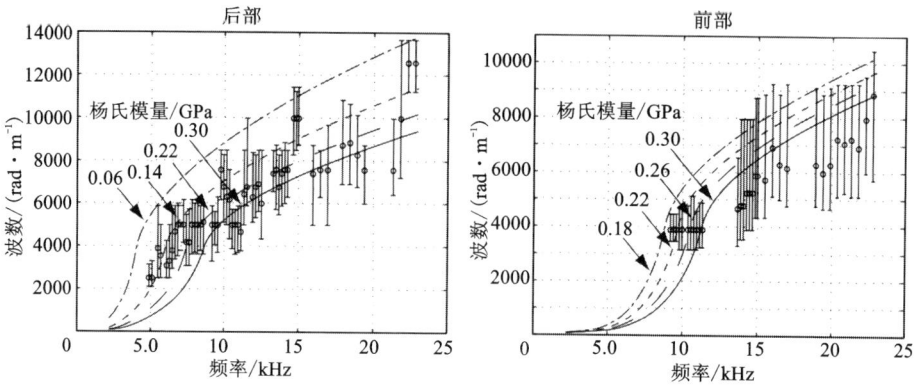

图 3-5　波数-频率关系与 TM 的实验数据的骨膜比较

如图 3-6 所示，可以通过改变圆周纤维层的弹性模量来调整此过渡的位置。在高频下几乎没有影响，因为径向模量决定了径向的弯曲刚度。在低频下，降低周向刚度具有降低过渡频率的理想效果。这样可以显著提高测量数据的拟合度。

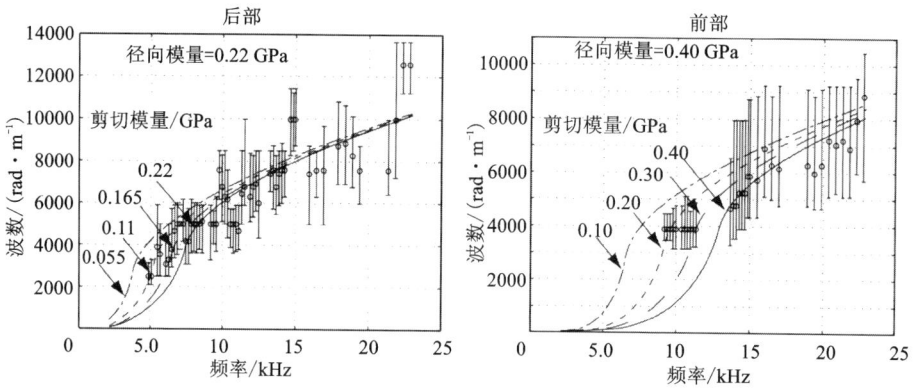

图 3-6　圆周纤维层弹性模量的数值与实验数据比较

3.3.3　黏弹性材料

Sarma 等人[83]应用这些模型解释了平滑肌组织的应力-应变行为，并得出结论认为，Ogden 模型对于研究类橡胶生物软组织更为有效和有用。在文献中，Ogden 模型已被很好地用于预测几种非线性和黏弹性的生物组织（如皮肤和脑组织）的行为。

Dennis M. Freeman 等[84]已经在从小鼠耳蜗的顶端部分切下的鼓膜中的音频频率下测量了鼓膜的动态材料特性。鼓膜在径向、纵向和横向上的机械点阻抗是黏弹性的，并且对于 $10\ Hz \leqslant f \leqslant 4000\ Hz$ 具有形式为 $\frac{1}{K(j2\pi f)}^{\alpha}$ 的频率依赖性，其中 f 为频率，K 为常数，$j = \sqrt{-1}$ 和 $\alpha \approx 0.66$。与其他结缔组织的比较表明，鼓膜是一种相对有损耗的黏弹性材料。径向、纵向和横向在 10 Hz 处的点阻抗的中值大小为 $4.6 \times 10^{-3}\ N \cdot s/m$、$1.8 \times 10^{-3}\ N \cdot s/m$ 和 $2.7 \times 10^{-3}\ N \cdot s/m$。与渗透反应一致，鼓膜点阻抗是各向异性的。鼓膜的机械空间常数约为 20 μm。比较显示，在小鼠耳蜗的顶端区域，在 10 Hz 处的鼓膜动态刚度在机械空间常数中比聚集的毛细胞的静态刚度大 10 倍，大致可与基底膜的刚度相媲美。综上可知，鼓膜在基底膜上提供了机械载荷，并且鼓膜对内淋巴组成变化的不稳定性很可能反映在基底膜运动的变化中。

鼓膜被视为黏弹性材料，损耗因子不为 0。对于黏弹性的材料[85]，如图 3-7 所示，相对于频率绘制了 4 个损耗因子（水平轴和垂直轴都是对数的），4 条曲线相差很大，例如，在 20 kHz 时，Zhang 和 Gan（模型 1）的外推测量数据的损耗因子为 13%，而两个瑞利阻尼估计（模型 2 和 3）则产生损耗因子分别为 465% 和 1257%。低频处的不同阻尼估计之间也存在很大差异。在许多研究中已经测量了人类鼓膜的刚度。在最近的一项研究中，使用原位压痕测量研究了人类鼓膜的机械性能。对于 0.2 Hz 的准静态压痕频率，平均杨氏模量为 $(2.9 \pm 1.3)\ MPa$。该值远远小于文献中的人大多数值（$20 \sim 60\ MPa$）。

3.3.4　超弹性材料

常见的超弹性材料有天然胶乳，厚度为 $0.02 \sim 0.18\ mm$，材料各向同性且均质。与其他类似橡胶的材料一样，表现出非常大的应变以及强烈的非线性应力-应变行为[86]。超弹性材料通常以应变能密度函数 W 为特征。橡胶类材料的众所周知的本构方程是门尼-里夫林定律。

$$W = \sum_{i+j=1}^{N} C_{ij}(I_1 - 3)^i(I_2 - 3)^i + \frac{1}{2}K\ln(J) \tag{3-1}$$

式中：N 为模型的阶数；I_1 和 I_2 为柯西-格林变形张量的偏斜部分的应变不变量；C_{ij} 为 Mooney-Rivlin 常数；K 为体积模量；J 为变形梯度的决定因素，其给出了体积比不变式为：

$$\begin{aligned} I_1 &= \lambda_1^2 + \lambda_2^2 + \lambda_3^2 \\ I_2 &= \frac{1}{\lambda_1^2} + \frac{1}{\lambda_2^2} + \frac{1}{\lambda_3^2} \end{aligned} \tag{3-2}$$

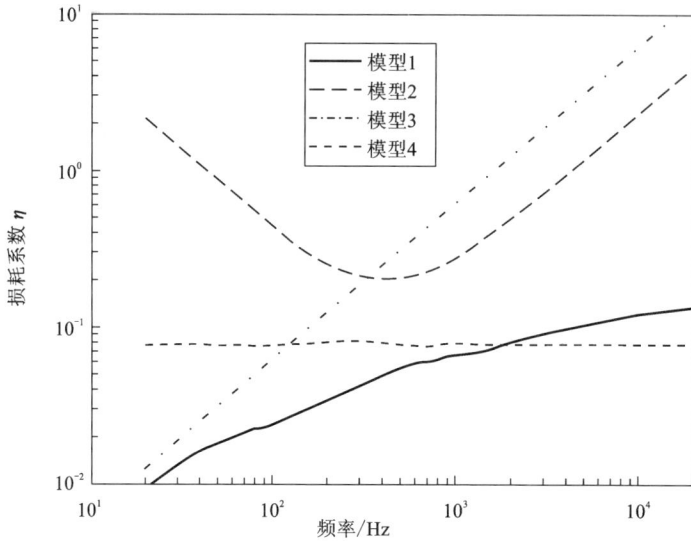

图 3-7　四种不同阻尼情况的损耗因数曲线

　　通常假设橡胶材料在不受大的静水负荷时是不可压缩的，因此可以忽略公式(3-1)中的最后一项。本书仅考虑一阶 Mooney-Rivlin 方程 ($N = 1$) 。在这种情况下，公式(3-1)变为：

$$W = C_{10}(I_1 - 3) + C_{01}(I_2 - 3) \tag{3-3}$$

该低阶应变能函数由两个常数 C_{10} 和 C_{01} 表示。由于乳胶和橡胶的所有物理性质都非常均匀，因此进行了单轴拉伸试验，从而可以精确确定一阶 Mooney-Rivlin 参数。

　　在某些数据点，压力-体积位移曲线表现出很强的非线性[87]。压力随着应变的增加而增加。应变表示鼓膜的硬化行为，且刚度随压力的增加而变化，这可能是由于软组织中的胶原纤维变硬所致。在加载的初始阶段，胶原纤维松弛，显示线性行为。随着负载的增加，胶原纤维趋向于响应不断增加的负载而沿加载方向对齐，提供刚度的变化。

3.3.5　鼓膜黏弹性本构模型假设

　　对于考虑鼓膜张紧部和松弛部结构的人耳生物力学模型，这两种组织结构通常被赋予不同的材料属性，即张紧部为正交各向异性，松弛部为各向同性。其主要原因是鼓膜张紧部通常被当作是由周向和径向纤维组成的，而松弛部通常被认为是不包含纤维结构的。因此，学者们认为张紧部和松弛部具有不同的材料特性[33]。但也有学者认为鼓膜张紧部和松弛部均由三层膜结构组成，其中中间层为纤维层[88-90]，因此也有部分学者将鼓膜张紧部和松弛部都作为正交各向异性材料。

本书将鼓膜张紧部看作黏弹性材料，并认为它满足 5 参数 Maxwell 本构模型，并利用材料参数反求法得到相应的黏弹性材料参数值。同时，将松弛部看作各向同性材料，其材料属性可从文献中获得[91]。此外，听小骨、鼓膜环状韧带、锤骨韧带、砧骨韧带、镫骨韧带和张肌等组织的材料属性也都被看作各向同性材料，其材料参数可从参考文献中获得[91]。需要说明的是，为模拟内耳与镫骨底板之间的相互作用，在镫骨底板上创建了 4 个弹簧单元来代替内耳结构。

3.3.6 反求模型构建

Aernouts 等人利用 3 例新鲜颞骨样本开展了鼓膜黏弹性特性的试验研究，并假设鼓膜满足 Maxwell 黏弹性本构模型，利用材料参数反求法得到了各参数值[92]。本书以 Aernouts 等的试验工况和试验结果作为参考依据，假设鼓膜满足 5 参数的 Maxwell 黏弹性材料模型，并采用遗传优化算法获取各参数值。

首先，为确定仿真模型所利用的条状鼓膜样本的厚度，随机选取鼓膜张紧部 4 个象限 10 个不同位置的厚度作为参考，如图 3-8 所示，测量得到的各位置厚度值如表 3-2 所示。

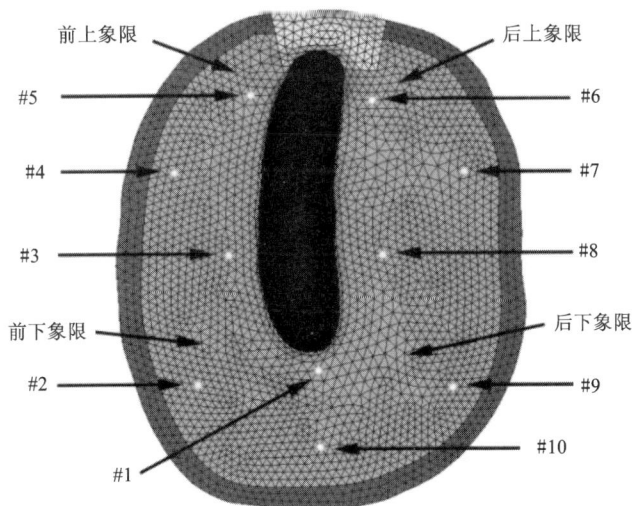

图 3-8 鼓膜厚度测量位置图

表 3-2　鼓膜各测量位置厚度值统计表

位置序号	所属象限	厚度/mm	平均值/mm
#1	前下象限	0.086	0.096
#2	前下象限	0.103	
#3	前上-前下象限	0.092	0.096
#4	前上象限	0.10	
#5	前上象限	0.095	
#6	后上象限	0.096	
#7	后上象限	0.101	
#8	后上-后下象限	0.094	
#9	后下象限	0.101	
#10	后下象限	0.092	

取其平均厚度作为仿真试验的鼓膜厚度,建立鼓膜材料参数反求仿真模型,如图 3-9 所示。

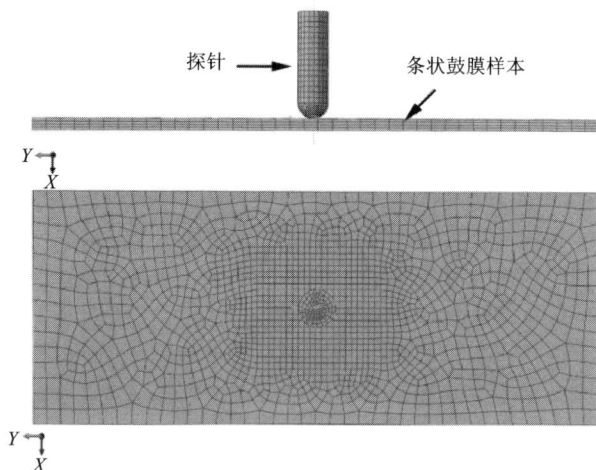

图 3-9　鼓膜应力松弛试验有限元仿真模型

鼓膜为 5 mm×2 mm,厚度为 0.096 mm 的条状样本,探针头为半径为 1.5 mm 的球面,探针杆为半径为 1.5 mm 的圆柱杆。鼓膜样本沿厚度方向的网格划分为

4 层，且对探针与鼓膜在 1 mm×1 mm 的接触区域进行网格加密，加密方法为沿各条边分别划分 20 份，以提高仿真精度。鼓膜样本和探针均采用六面体 C3D8R 实体单元进行网格划分，其中鼓膜样本共有网格单元数量为 6404 个，节点总数为 8285 个，探针共有网格单元数量为 2178 个，节点总数为 1904。

约束鼓膜左右两侧端面所有节点的 6 个自由度和探针，在 X 轴和 Y 轴方向的平动自由度和旋转自由度以及 Z 轴方向的旋转自由度。同时，给定探针在 Z 轴方向的位移约束，使其按照正弦运动曲线先沿 Z 轴正方向压向鼓膜样本，再沿 Z 轴负方向运动，正弦曲线周期为 10 s，探针运动时间为 5 s，位移幅值为 120 μm。探针初始位置在其和鼓膜刚刚接触的位置，运动初始时刻为探针运动压向鼓膜且位移为 0 μm 的时刻。定义探针为刚体，定义探针头与鼓膜表面接触点，即探针头球面顶点为参考点。输出的参考点在随探针运动过程中探针与鼓膜样本接触压力的变化曲线，即鼓膜松弛曲线。

在进行材料参数反求前，假设鼓膜满足 5 参数的广义 Maxwell 黏弹性本构模型，它由两个弹簧阻尼单元和一个弹簧单元并联而成，其数学表达式为：

$$E(t) = E_\infty + \sum_{i=1}^{2} E_i e^{\frac{-t}{\tau_i}} \tag{3-4}$$

式中：$E(t)$ 为松弛模量；E_∞ 为初始松弛模量；E_i 为第 i 个弹簧阻尼单元的松弛模量；τ_i 为第 i 个弹簧阻尼单元的松弛时间。

5 参数 Maxwell 黏弹性模型的 5 个未知参数包括 E_∞、E_1、E_2、τ_1 和 τ_2。首先，建立响应函数，如式 3-5 所示。

$$G_i = \left\{ \frac{F_{sim}\left[d_i, \sum_{j=1}^{2} (E_j e^{-t/\tau_j} + E_\infty) \right] - F_{exp}(d_i)}{F_{exp}(d_i)} \right\}^2 \quad (i = 1, 2, 3, \cdots, 50) \tag{3-5}$$

式中：G_i 为响应函数，也称之为目标函数，其意义为仿真曲线与试验曲线相对误差的平方；$F_{sim}\left[d_i, \sum_{j=1}^{2} (E_j e^{-t/\tau_j} + E_\infty) \right]$ 为因变量探针头部压力与自变量探针位移 d_i 以及自变量黏弹性材料参数(E_∞, E_j, τ_j)之间的函数关系，它代表仿真得到的鼓膜松弛曲线；$F_{exp}(d_i)$ 为试验得到的鼓膜松弛曲线。由式 3-5 可知，目标函数的数量为 50 个，因此可以利用遗传算法较好的全局搜索能力对目标函数进行求解。在进行优化反求前，各黏弹性材料参数变量的取值范围如表 3-3 所示。

表 3-3 各设计变量的取值范围

变量名称	E_∞/MPa	E_1/ MPa	E_2/ MPa	τ_1/s	τ_2/s
取值范围	0.6~5	0.01~0.4	0.01~0.6	0.1~5	0.1~100

值得注意的是，对于 Maxwell 黏弹性本构模型，为保证数值计算的稳定，应保证瞬时弹性模量 0 MPa<E_1+E_2≤1 MPa。Aernouts 的试验结果表明，初始松弛模量 E_∞ 的范围在鼓膜厚度为 0.13~0.55 mm 时，其弹性模量 E 的取值为 2.1~4.4 MPa[93]。本书所建立的鼓膜模型的厚度为（0.095±0.01）mm，因此假设其初始松弛模量取值为 0.5~5 MPa。在输出仿真结果时，设置固定的输出时间间隔 Δt=0.1 s，共输出 50 个时间节点的计算结果，因此 i=50。在进行材料参数优化反求时，设置响应函数值 G_i≤0.05 时，优化结果收敛，此时得到优化后的黏弹性材料参数值。采用单目标遗传优化算法进行求解，设置最大迭代次数为 1000。

3.3.7 鼓膜泊松比的确定

针对鼓膜泊松比大小的讨论，大部分学者采用泊松比 ν=0.3[94-99]，但其他研究者们认为：对于黏弹性生物组织材料，Funnell 等认为鼓膜泊松比还可取 ν=0[23]；Abel 和 Ferrazzini 等所建立的人耳有限元模型中鼓膜所采用的泊松比分别为 ν=0.3~0.35 和 ν=0.4~0.43[100-101]；还有学者认为鼓膜泊松比应取 ν=0.5[102-106]。但是，当泊松比取 ν=0.5 时，将会导致数值计算不稳定或错误而导致模型无解。因此，针对本研究所建立的鼓膜模型，需要选择合适的泊松比 ν，使其不仅能使响应函数收敛，而且要满足人耳生物力学模型的有效性验证。

通过仿真结果发现，泊松比 ν 对计算结果影响较大，泊松比 ν 取值越大，最大位移处所对应的接触压力值也越大，也更加有利于求解模型的收敛。图 3-10 为鼓膜取不同泊松比 ν 值时的仿真得到的松弛试验曲线。

在仅改变泊松比 ν 数值而其他材料参数值不变的情况下，其仿真结果表明：加载曲线和卸载曲线明显不重合，说明鼓膜具有明显的黏弹性特性；随着泊松比 ν 数值的增大，当探针位移达到最大值时，探针头部压力值也越来越大；泊松比 ν 数值越大，代表鼓膜的材料属性越趋向于不可压[107-108]，因此探针在相同位移条件下所对应的探针头部压力值也越大。

同时，通过仿真结果发现：当泊松比 ν=0.3~0.4 时，在给定的各变量参数的取值范围内，目标函数无法收敛而不能得到优化解。因此，必须增大泊松比 ν 才能使目标函数收敛。由图 3-10 可知，为加快模型计算收敛速率，选取 ν=0.499。

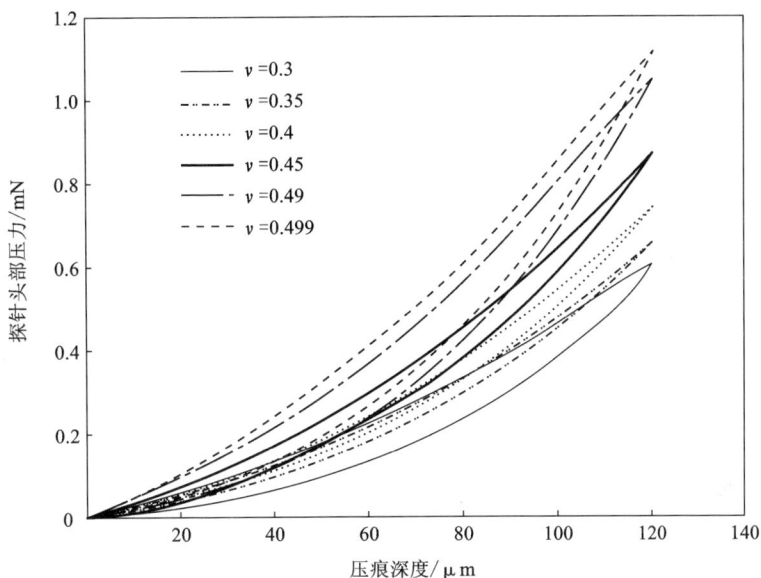

图 3-10　探针头部压力与鼓膜泊松比之间的关系

3.4　人耳各组织材料参数的选取

经过一系列迭代求解，当所有响应函数 G_i 的数值均小于 0.05，目标函数收敛且满足精度要求时，所得到的各待求参数值为 Maxwell 黏弹性参数值。图 3-11 为鼓膜在不同时刻的变形应力分布云图。

由图 3-11 可知，在初始时刻，探针和鼓膜刚刚接触，鼓膜内部应力和应变均为 0，随着探针压痕深度的增大，鼓膜中心呈现应力集中现象，且最大应力始终集中在探针头部与鼓膜接触位置。压痕深度越大，接触应力值也越高。由图 3-11(k) 可知，在卸载结束后，鼓膜内部存在残余应力现象。

图 3-12 为鼓膜应力和应变随时间变化曲线。由图 3-12 可知：鼓膜应力和应变随着探针压痕深度的增减而增减，呈现明显的正弦特性；当 $t=2.4$ s 时，鼓膜应力达到最大值，$t=2.5$ s 时，鼓膜应变最大。由鼓膜应变-应力曲线可知，当卸载过程结束后，鼓膜并未完全恢复原状，且鼓膜内部依然存在残余应力。当 $t=5$ s 时，即探针回到初始运动位置，此时探针与鼓膜接触点的应力并不为 0。综上所述，仿真结果表明鼓膜表现出明显的黏弹性特性。图 3-13 为仿真得到的鼓膜的松弛曲线与试验曲线的对比结果。

(a)　　　　　　　　(b)　　　　　　　　(c)

(d)　　　　　　　　(e)　　　　　　　　(f)

(g)　　　　　　　　(h)　　　　　　　　(i)

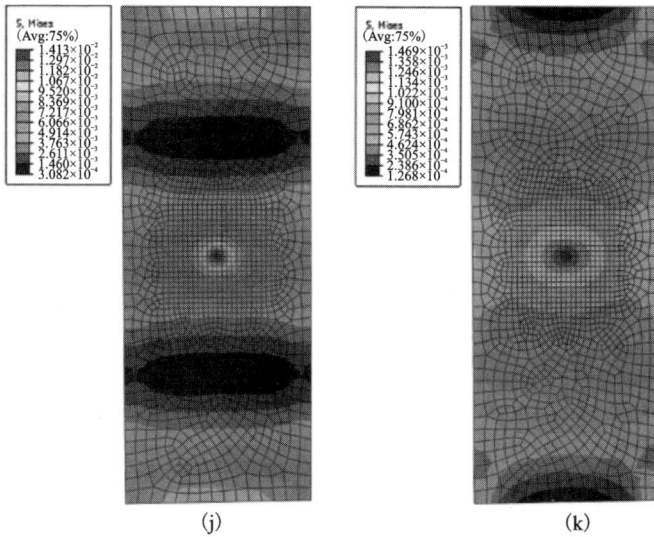

图 3-11　鼓膜在不同时刻变形应力分布云图

(a)$t=0$ s, (b)$t=0.5$ s, (c)$t=1.0$ s, (d)$t=1.5$ s, (e)$t=2.0$ s, (f)$t=2.5$ s,
(g)$t=3.0$ s, (h)$t=3.5$ s, (i)$t=4.0$ s, (j)$t=4.5$ s, (k)$t=5.0$ s

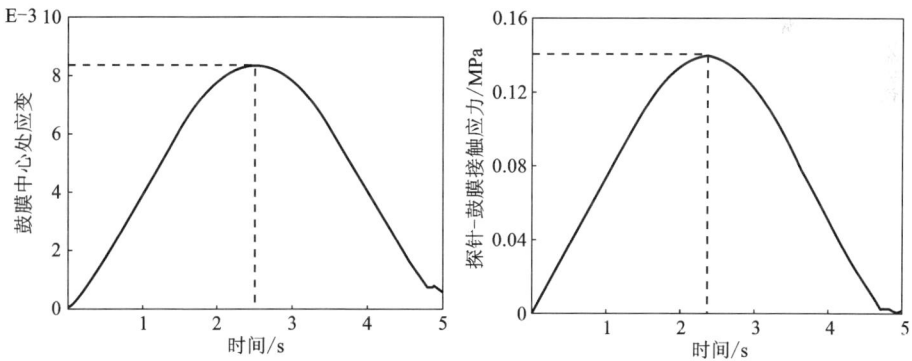

图 3-12　鼓膜应力与应变随时间变化曲线

由图 3-13 可知，在对鼓膜样本进行松弛试验时，加载过程曲线始终位于卸载过程曲线上方，说明鼓膜具有明显的黏弹性特性。同时，试验结果发现，不同的鼓膜样本的松弛曲线不同，说明鼓膜特性与样本的个体差异性有关。仿真得到的松弛曲线与试验鼓膜样本 3 的松弛曲线较为接近，说明本书重建得到

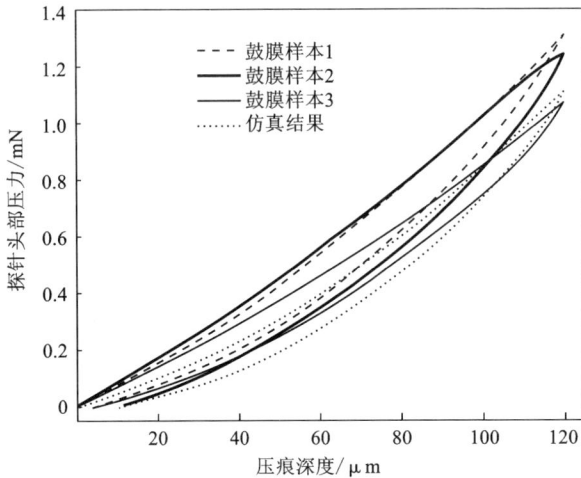

图 3-13　仿真所得的鼓膜的松弛曲线与试验曲线对比结果

的鼓膜模型与鼓膜样本 3 具有较为接近的生物力学特性。表 3-4 为优化反求后得到的 5 参数 Maxwell 黏弹性参数值。

表 3-4　优化后得到的 5 参数 Maxwell 黏弹性参数值

黏弹性参数	E_∞/MPa	E_1/MPa	τ_1/s	E_2/MPa	τ_2/s
数值	2.26	0.342	0.35	0.526	86.7

根据 Aernouts 等人的鼓膜黏弹性试验可知，鼓膜样本 3 的厚度为 (97±16) μm，其初始弹性模量为 2.1 MPa[93]。本书所建立的人耳鼓膜模型平均厚度约为 96 μm，且由试验仿真得到的鼓膜初始弹性模量为 2.26 MPa。如前面所述，对于厚度为 55～130 μm 的人耳鼓膜，其初始弹性模量为 2.1～4.4 MPa。因此，仿真结果表明：利用遗传优化算法得到的鼓膜黏弹性材料参数值与试验得到的鼓膜黏弹性参数值具有较好的一致性，可用于开展进一步研究。

表 3-5 为人耳各生物组织的材料参数。

表 3-5　听小骨、韧带/张肌组织的材料参数

中耳组织		密度/(×10³ kg·m⁻³)	弹性模量/MPa
锤骨	头部	2.55	14100
	颈部	4.53	
	柄部	3.7	
砧骨	砧骨体	2.36	14100
	砧骨短柄	2.26	
	砧骨长柄	5.08	
镫骨		2.2	14100
锤砧骨关节		3.2	14100
砧镫骨关节		1.2	0.6
鼓膜-锤骨柄连接组织		1.0	4700
锤骨前韧带		1.5	21
锤骨侧韧带		1.5	6.7
锤骨上韧带		1.5	4.9
砧骨上韧带砧骨上韧带		1.5	4.9
砧骨后韧带		1.5	6.5
镫骨张肌		1.5	52
鼓膜张肌		1.5	70
鼓膜环状韧带		1.5	0.6
镫骨底板			40 N/m 0.2

表格密度列与弹性模量列的表头为:

$密度/(×10^3 \text{ kg·m}^{-3})$ 和 弹性模量/MPa

3.4.5　韧带/张肌组织阻尼参数的确定

对于振动系统,阻尼特性用来描述系统的能量耗散特点。对于软组织器官,在进行有限元建模时其材料属性通常看作是黏弹性模型,而骨质结构器官如听小骨、鼓膜环状韧带则通常视为线弹性模型。

由于本书中,鼓膜采用黏弹性模型,而人耳结构中的软组织部分(锤骨前韧带、锤骨侧韧带、锤骨上韧带、砧骨上韧带、砧骨后韧带、鼓膜张肌、镫骨张

肌、砧镫骨关节、鼓膜-锤骨柄连接部分)由于自身的黏弹性特性使其在结构振动中发挥的阻尼作用不容忽视[109-110]，因此需要定义其阻尼特性。

除了采用黏弹性本构模型外，描述振动系统的阻尼特性通常采用三种方式进行定义：一种是给不同频率赋予不同的耗能系数值[111]，一种是对目标频域范围内的所有频率赋予统一的耗能系数值[112]，一种是采用 Rayleigh 阻尼进行定义[113]。De Greef 等通过试验和仿真结果对比发现：采用 Rayleigh 阻尼模拟鼓膜的黏弹性特性时得到的鼓膜频率响应曲线更加接近真实响应曲线[85]。同时，有文献指出：大部分学者在定义中耳软组织的黏弹性特性时，也都采用 Rayleigh 阻尼进行模拟[114-117]，其表达式为：

$$[C] = \alpha [M] + \beta [K] \tag{3-6}$$

式中：$[C]$、$[M]$ 和 $[K]$ 分别是指结构系统的阻尼矩阵、质量矩阵和刚度矩阵，α 和 β 分别是质量比例系数和刚度比例系数。

在 Abaqus 软件中定义人耳软组织结构的阻尼特性时，需要输入 α 和 β 的值。但是，对于不同的软组织结构，其数值也存在差别。因此需要采用与颞骨试验数据进行对比的方法来确定合适的 Rayleigh 阻尼系数值。

表 3-6 为通过参数修正后得到的人耳软组织结构的 Rayleigh 阻尼系数值。

表 3-6　人耳软组织结构的 Rayleigh 阻尼系数值[21-36]

软组织名称	优化前		数据来源	优化后	
	α/s^{-1}	β/s		α/s^{-1}	β/s
锤骨前韧带	0	1×10^{-4}	Ferris 和 Prendergast 等，2000	500	1.6E-5
锤骨上韧带	0	1×10^{-4}	Gan 等，2002	500	1.6E-5
锤骨侧韧带	0	1×10^{-4}	Gan 等，2002	500	1.6E-5
砧骨上韧带	0	1×10^{-4}	Gan 等，2002	500	1.6E-5
砧骨后韧带	0	1×10^{-4}	Ferris 和 Prendergast 等，2000	500	1.6E-5
镫骨张肌	0	1×10^{-4}	Ferris 和 Prendergast 等，2000	800	1.8E-5
镫骨环状韧带	0	1×10^{-4}	Ferris 和 Prendergast 等，2000	800	1.5E-5
鼓膜张肌	0	1×10^{-4}	Prendergast 等，1999	500	1.6E-5
鼓膜环状韧带	0	1×10^{-4}	无	800	1.2E-5
鼓膜松弛部	0	1×10^{-4}	无	800	1.2E-5
砧镫骨关节	0	1×10^{-4}	Ferris 和 Prendergast 等，2000	800	1.5E-5

将修正后得到的阻尼系数赋予各软组织结构,可得到鼓膜和镫骨底板在频域和时域内的响应曲线。

3.5　人耳生物力学模型在频域内有效性的验证方法

验证人耳生物力学模型在频域内的有效性,其目的是为开展人耳听力系统传声特性研究和听力损尖评估研究,主要考察人耳在 20~20000 Hz 频率范围内的频率响应特性。

3.5.1　验证方法

验证模型在频域内的有效性的方法为:采用频率响应法得到人耳在特定频率范围内鼓膜和镫骨底板的响应,同时将得到的响应结果与颞骨试验得到的人耳频率响应结果进行对比,验证模型的响应是否与试验结果一致。如果仿真结果和试验数据吻合度较好,说明人耳生物力学模型的可靠性满足要求;若吻合度较差或和实验数据不匹配,需要查明原因,明确造成误差较大的影响因素,并对模型作出相应的调整。

3.5.2　验证过程

对于重建得到的人耳有限元模型,其边界条件包括约束定义和载荷定义两个方面。验证频域内模型有效性的步骤如下:

首先,定义约束类型。锤骨韧带、砧骨韧带、鼓膜张肌和镫骨张肌等都与中耳腔内壁相连,可采用固定约束的方式。其方法是约束这些韧带/张肌组织端面上的所有节点的 6 个自由度。对于鼓膜、鼓膜环状韧带和松弛部分别于外耳道上皮组织和中耳腔内壁黏膜组织连接[11],因此可约束其最外侧面的所有节点的 6 个自由度。因此还需要约束鼓膜松弛部最外侧面的所有节点的 6 个自由度。图 3-14 为中耳不同组织结构的约束状态。

其次,定义载荷类型。由于验证模型时需要和颞骨试验数据对比,要求仿真的边界条件和试验工况一致。在人耳尸体颞骨试验中,Gan 等人利用 10 个颞骨样本研究了在 90 dB 的声压激励作用下,鼓膜和镫骨底板在 0.25~8 kHz 频率范围内的频率响应特点[48]。Aibara 等人利用 11 个颞骨样本对中耳传声特性和内耳声阻抗进行了分析,其声压值在 60~120 dB 范围内[118]。对于本书所采用的人耳生物力学有限元模型,其载荷边界条件为:在鼓膜外侧分别施加 0.2 Pa(80 dB)、0.63 Pa(90 dB)的均布压力,其方向为沿鼓膜外表面法线方向由鼓膜外侧指向鼓膜内侧。

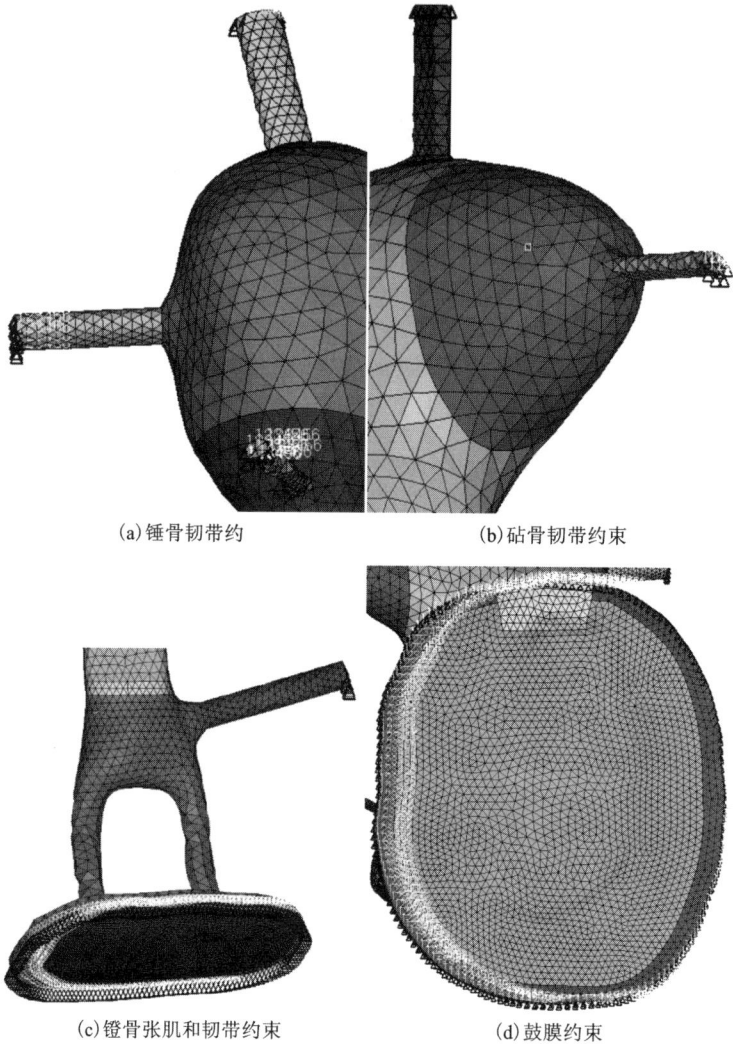

(a)锤骨韧带约 (b)砧骨韧带约束

(c)镫骨张肌和韧带约束 (d)鼓膜约束

图 3-14 中耳有限元模型约束边界条件

最后，设置分析类型和输出结果类型。在评价中耳传声特性时，常采用鼓膜和镫骨底板的响应曲线作为的评价对象，因此分析类型和结果输出设置如下：

①选择输出节点。在分析中耳传声特性时，鼓膜和镫骨底板是重要的研究对象。对于鼓膜，通常选用鼓膜脐部作为研究对象来评价鼓膜的整体振动特性[106]。创建一个 Entity Set，命名为 TM_Umbo_Output，表示鼓膜脐部输出结

果，在鼓膜脐部周围选择3个单元节点作为鼓膜振动结果输出单元。创建一个
Entity Set，命名为SFP_Output，表示镫骨底板输出结果，在镫骨底板中心位置
附近选择3个节点作为镫骨底板结果输出单元。

②将在Hypermesh中得到的人耳有限元模型导出为.inp格式文件后导入到
Abaqus中，分别输入各组织结构的材料属性。

③选择分析类型为线性摄动分析（linear perturbation），分析频率范围为
0.1~8 kHz，输出方式为对数形式，输出步数为10（输出频率分别为：0.1 kHz、
0.16 kHz、0.27 kHz、0.43 kHz、0.70 kHz、1.05 kHz、1.86 kHz、3.02 kHz、
4.92 kHz、8 kHz）。开启几何非线性模拟分析按钮，模拟人耳有限元模型在频
率响应中可能产生的大变形。

④选择结果输出内容包括鼓膜位移、镫骨底板位移和镫骨底板振动速度共
3个响应指标。

⑤检查模型设置是否正确，若检查无误后即可提交计算得到人耳有限元模
型在声学激励作用下的频率响应曲线。

鼓膜位移传递函数（tympanic membrane displacement transfer Function，
TM-DTF）和镫骨底板位移传递函数（stapes footplate displacement transfer
function，SFP-DTF）通常被用来评价中耳传声特性的好坏[48]。此外，镫骨底板
振动速度传递函数（stapes footplate velocity transfer function，SFP-VTF）是用来衡
量中耳振动能量向内耳传递的重要评价指标[42]。各传递函数的计算公式如下
所示：

$$TM - DTF = \frac{D_{TM}}{P_{TM}} \tag{3-7}$$

$$SFP - DTF = \frac{D_{STP}}{P_{TM}} \tag{3-8}$$

$$SFP - VTF = \frac{V_{SFP}}{P_{TM}} \tag{3-9}$$

式中：D_{TM}是鼓膜脐部位移；P_{TM}是鼓膜外侧声压值；D_{SFP}是镫骨底板位移，V_{SFP}
是镫骨底板振动速度。

值得注意的是，镫骨底板VTF是定义镫骨底板体积位移和中耳声阻抗的重
要算子[119]。镫骨底板体积位移是指镫骨底板振动速度与其面积的乘积。
Zwislocki等人的研究中将内耳声阻抗定义为镫骨底板处的声压值与其体积位移
的商[120]。可以看出，镫骨底板振动速度是衡量中耳和内耳声传递特性的重要
指标。

3.5.3 验证结果

图 3-15 和图 3-16 分别为鼓膜和镫骨底板的频率响应曲线与颞骨试验得到的人耳频率响应曲线对比结果。

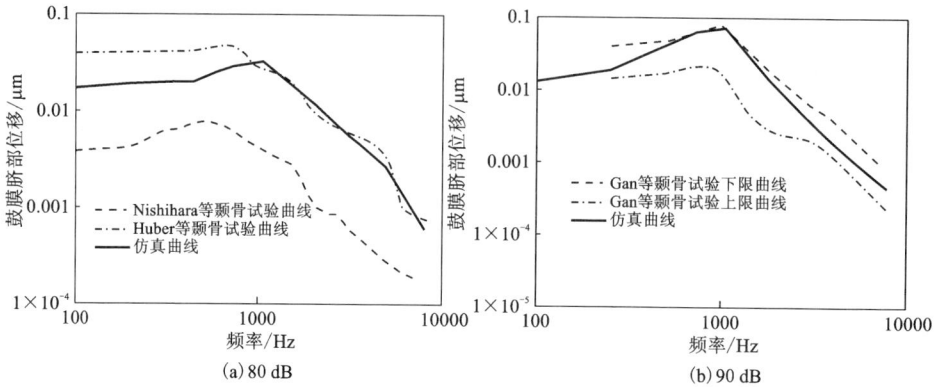

图 3-15 仿真和颞骨试验所得鼓膜位移响应曲线对比结果

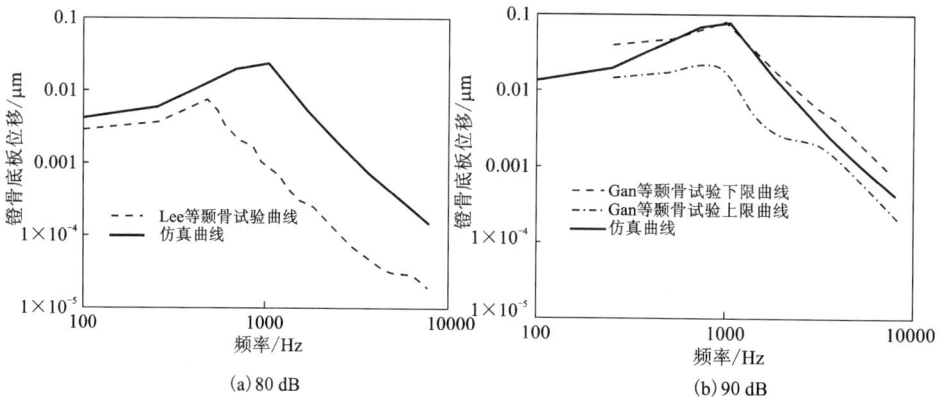

图 3-16 仿真和颞骨试验所得镫骨底板位移响应曲线对比图

由图 3-15 可知,当声压激励为 80 dB 时,鼓膜脐部位移在 $f \leqslant 1$ kHz 的频率段的响应曲线介于 Nishihara 等[121]和 Huber 等[123]的试验曲线之间,在 $f > 1$ kHz 时,仿真曲线与 Nishihara 等人的试验曲线接近。当声压激励为 90 dB 时,鼓膜脐部位移响应曲线与 Gan 等人[33]的颞骨试验数据的平均值曲线接近。由图 3-16 可知,镫骨底板在 80 dB 声压激励作用下的位移响应曲线在 $f = 1$ kHz 时达到峰值,而 Lee 等人的颞骨试验曲线表明镫骨底板在 $f = 0.5$ kHz 时达到峰值[81]。但是，当声学激励为 90 dB 时，镫骨底板的位移响应曲线则位于 Gan 等人的颞骨试验数据的上下限范围内[40]。图 3-17 为镫骨底板振动速度传递函数响应曲线与颞骨试验曲线对比结果。

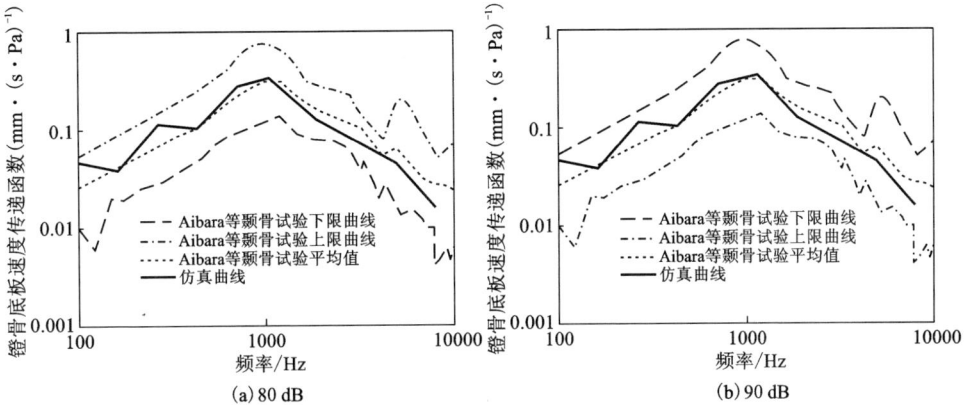

图 3-17　仿真和颞骨试验所得镫骨底板振动速度传递函数响应曲线对比结果

对于正常人耳的频率响应曲线，在中低频率段（0.2 kHz ≤ f ≤ 1 kHz）镫骨底板振动速度传递函数均呈现逐渐上升趋势，且在 1 kHz 频率左右达到响应峰值。在 f>1 kHz 频率段时，响应曲线不断下降。

通过与颞骨试验得到的响应曲线进行对比发现：仿真曲线在 f<1 kHz 时缓慢上升，随后曲线呈现急剧下降的趋势。在中低频范围内（f≤1 kHz），仿真得到的鼓膜位移值低于试验平均值，在中高频范围内（1 kHz<f≤6 kHz），仿真得到的鼓膜位移值高于试验平均值，在高频范围内（f>6 kHz），仿真曲线低于试验平均值曲线。对于镫骨底板位移响应曲线，在低频（f≤0.7 kHz）和高频（f>3 kHz）范围内，仿真曲线更加接近试验曲线下限，在其它频率范围内（0.7 kHz<f≤3 kHz）时，仿真曲线更加接近试验曲线上限。

综上所述，仿真得到的鼓膜和镫骨底板的响应曲线在 0.1~8 kHz 的整个频率范围均处于颞骨试验数据的下限和上限范围内，且曲线保持较好的一致性。

同时，通过对比图 3-16 和图 3-17 中仿真所得的响应曲线可发现：鼓膜和镫骨底板位移在 80 dB 和 90 dB 声学激励作用下的响应曲线变化趋势完全一致，区别在于对应频率下的响应值不同。

对比图 3-17 中两幅图可知：镫骨底板振动速度传递函数曲线在 80 dB 和 90 dB 声学激励作用下的频率响应曲线不仅变化趋势完全一致，而且响应值也差别很小。为更加直观的对比 80 dB 和 90 dB 的声学激励作用下的鼓膜和镫骨

底板响应曲线,利用位移增益和速度传递函数增益的方式进行说明,其计算公式如下所示:

$$Gain = 20\lg \frac{R_{90}}{R_{80}} \tag{3-10}$$

式中:R_{90} 和 R_{80} 为鼓膜或镫骨底板在 90 dB 和 80 dB 声学激励作用下的响应值。

表 3-7~表 3-9 分别为鼓膜和镫骨底板响应曲线对比结果。

表 3-7　鼓膜位移响应结果对比结果

声学激励 /dB	位移值/($\times 10^{-3} \mu m$)							
	0.1 kHz	0.43 kHz	0.7 kHz	1.05 kHz	1.86 kHz	3.02 kHz	4.92 kHz	8 kHz
80 dB	17.3	20.1	29	32.9	13.9	6.03	2.67	0.61
90 dB	54.54	63.36	91.6	104.03	44.05	19.04	8.45	1.92
声压增益	9.97	9.97	9.99	10	10	9.99	10	9.99

表 3-8　镫骨底板位移响应结果对比结果

声学激励 /dB	位移值/($\times 10^{-3} \mu m$)							
	0.1 kHz	0.43 kHz	0.7 kHz	1.05 kHz	1.86 kHz	3.02 kHz	4.92 kHz	8 kHz
80	4.13	11.00	19.50	22.90	4.26	1.18	3.86	1.44
90	13.05	34.80	61.73	72.31	13.46	3.73	1.22	0.46
声压增益	9.99	10	10	9.99	9.99	10	10	9.98

表 3-9　镫骨底板振动速度传递函数响应结果对比表

声学激励 /dB	位移值/($\times 10^{-3} \mu m$)							
	0.1 kHz	0.43 kHz	0.7 kHz	1.05 kHz	1.86 kHz	3.02 kHz	4.92 kHz	8 kHz
80	46.3	113	103	264	331	130	45.6	16.7
90	46.4	113.7	103.4	264.9	331.6	130.7	45.8	16.8
声压增益	0.02	0.05	0.03	0.03	0.02	0.05	0.03	0.05

由表 3-7 和表 3-8 可知,在鼓膜外侧施加 90 dB 的声学激励所引起的鼓膜和镫骨底板的位移比 80 dB 声学激励所引起的位移增益高出 10 dB,说明鼓膜和镫骨底板位移与外界声学激励呈线性关系,声压值越高位移值越大。由

表 3-9 可知：在 80 dB 声学激励作用下所引起的镫骨底板振动速度传递函数与 90 dB 声学激励所引起的镫骨底板振动速度传递函数值接近，其增益值几乎为 0，说明镫骨底板振动速度传递函数仅与声音的频率有关，而与声压大小无关。

3.6　人耳生物力学模型在时域内有效性的验证方法

人耳不仅对频率信号敏感，同时也可通过鼓膜振动和听骨链的能量传递感知外界压力的变化。因此，针对本书所建立的人耳生物力学模型，还需要同时验证其在时域内的有效性。

3.6.1　验证方法

验证模型在时域内的有效性的方法为：通过在鼓膜外侧施加一定时间历程的压力载荷，分析人耳在交变压力作用下的动力学响应曲线是否和试验所得到的响应曲线一致。如果仿真结果和试验数据吻合度较好，说明人耳生物力学模型可靠性满足要求；若吻合度较差或和实验数据不匹配，需要查找原因，确定造成误差较大的影响因素，并对模型作出相应的调整。

3.6.2　验证过程

为验证人耳生物力学模型在时域内的有效性，还需要对比分析人耳生物力学模型在交变压力作用下的动力学响应是否和试验所得到的响应曲线一致。其具体步骤为：

（1）在 Abaqus 中建立新的分析模型，并将分析类型改为动力学响应分析，分析时间为 20 s，最小时间步长为 $1×10^{-7}$，最大步数为 $1×10^7$ s。

（2）创建一个压力载荷，命名为 Pressure_Load，其变化规律满足正弦变化曲线，周期 $T=20$ s，正压幅值为 $+2$ kPa，负压幅值为 -2 kPa，将压力载荷均匀分布并作用在鼓膜外侧表面，方向为沿法线方向指向中耳腔。

（3）选鼓膜脐部周围的节点作为输出节点。

（4）设置输出时间间隔为 0.1 s，输出步数为 200，输出类型为鼓膜脐部节点的位移值。

（5）约束边界条件与人耳生物力学模型在频域内的有效性验证时的边界条件相同。

（6）对比仿真所得的鼓膜脐部输出节点的动力学响应曲线是否和试验所得曲线一致，若结果一致，则证明模型在时域内的具有可靠性，否则，需要进一步对模型进行修正。

3.6.3 验证结果

图 3-18 为鼓膜在交变压力载荷作用下的动力学响应曲线。

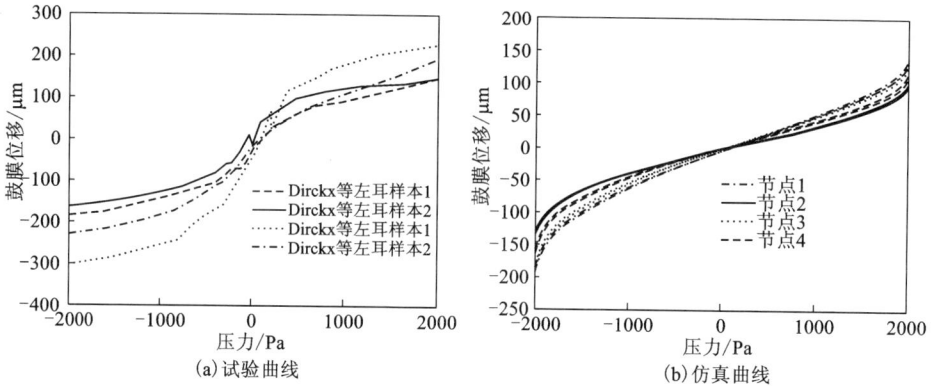

图 3-18 鼓膜在交变压力载荷作用下的动力学响应曲线[122]

由图 3-18 中的(a)图可知,不同的人耳鼓膜样本的位移在-2 kPa 负压作用下的位移值为-300～-160 μm,在 2 kPa 正压作用下的位移值为 100～230 μm,且在相同压力幅值作用下负压所引起的鼓膜位移的绝对值高于正压作用下所引起的鼓膜位移值。由图 3-18 中的(b)图可知,采用仿真所得的鼓膜的位移值在正弦交变压力作用下的位移值为-210～140 μm,而且负压所引起的鼓膜变形量也高于正压所引起的鼓膜变形量。

通过对比鼓膜位移曲线可发现,仿真所得鼓膜脐部节点 1 的位移曲线与 Dirckx 等利用试验方法测试得到的左耳样本 1 的位移曲线更加接近,且仿真得到的鼓膜位移的上下限值处于试验所得数值范围内,说明人耳生物力学模型在时域内具有较好的可靠性。

3.7 人耳生物力学模型的适用性

由图 3-19～图 3-23 的仿真曲线与颞骨试验曲线对比可发现:仿真曲线与试验曲线变化趋势一致,且位于颞骨试验数据变化范围内,但是在响应数值上存在一定的偏差,其原因可能是:不同人耳样本之间存在个体差异性、材料属性和材料参数定义不同以及颞骨试验本身误差等,其中个体差异性被认为是影响模型验证结果好坏的直接原因。为解释本文所建立的人耳生物力学模型得到的响应曲线与试验曲线偏差的原因,通过与国内外有关人耳有限元模型的研究对比,说明该偏差的合理性。

3.7.1 国内外人耳有限元模型频率响应曲线对比

首先,对比国内外人耳有限元模型得到的鼓膜位移响应曲线。图 3-19 为不同研究者通过颞骨试验得到的鼓膜脐部的动力学响应曲线。

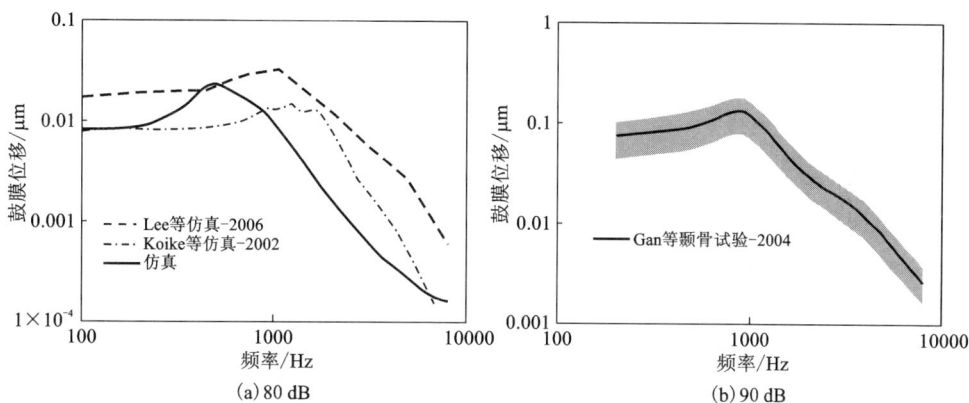

图 3-19 不同颞骨试验样本的鼓膜脐部的频率响应曲线[48, 121, 123-125]

通过对比可发现不同颞骨试验样本得到的鼓膜脐部的响应曲线不同,主要表现在以下方面:

(1)响应峰值频率不同。Nishihara、Huber、Gan 和 Kemper 等人的颞骨试验得到的峰值响应频率则分别为 0.5 kHz、0.7 kHz、1 kHz、3 kHz,而 Gyo 等人的颞骨试验得到的鼓膜脐部的响应曲线则无明显的峰值。

(2)曲线变化趋势不同。Nishimara、Huber 以及 Gan 等人的颞骨试验得到的鼓膜脐部的响应曲线在低频段($f \leqslant 1$ kHz)时,响应曲线随频率增大而增大,在高频段则不断下降。而 Gyo 等人的颞骨试验得到的鼓膜脐部的响应曲线则 0.1~4 kHz 随频率的增大不断下降,Kemper 等人的颞骨试验响应曲线则在 $f \leqslant 1$ kHz 的低频段下降,在频率 $f = 1$~3 kHz 时上升,在 $f > 3$ kHz 的高频段不断下降。

其次,对比国内外人耳生物模型得到的镫骨底板位移响应曲线。图 3-20 为不同颞骨样本试验得到的镫骨底板位移响应曲线。

图 3-20 中,利用新鲜颞骨试验得到的相同声学激励作用下的镫骨底板位移的响应曲线也不相同。图 3-21 为镫骨底板振动速度传递函数响应曲线对比图。

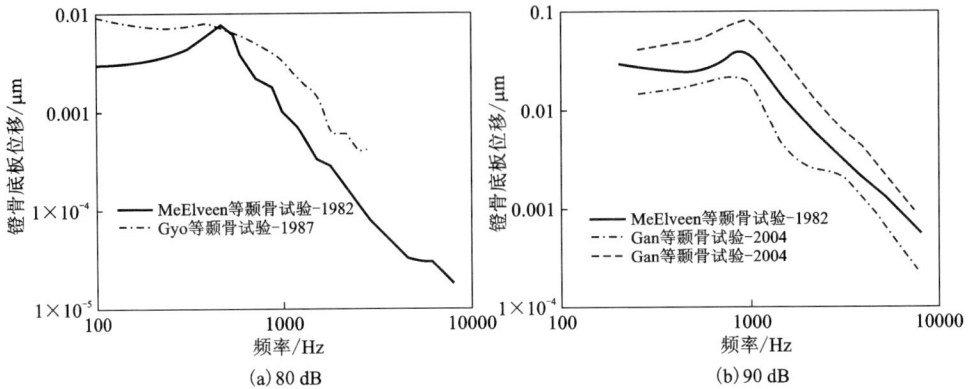

图 3-20 不同颞骨试验样本的镫骨底板的频率响应曲线[48, 124, 126]

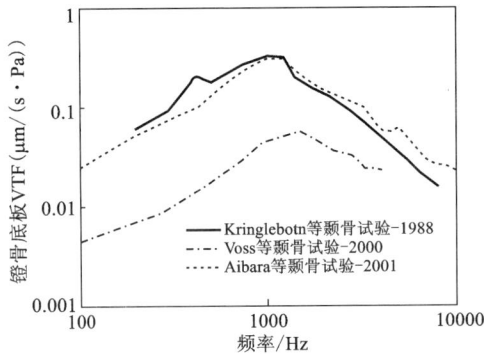

图 3-21 不同颞骨试验样本的镫骨底板振动速度传递函数的频率响应曲线[16, 26, 127]

　　需要说明的是，图 3-20 所得的试验曲线均由所有样本的频率响应值的平均值所代表。通过对比可以发现：镫骨底板振动速度传递函数响应曲线与在鼓膜外侧施加的施加的声学激励的大小无关，而与频率有关。不同研究者所得到的镫骨底板振动速度传递函数响应曲线变化趋势完全一致。同时，所有研究者所得到的镫骨底板振动速度传递曲线均呈现明显的 A 型变化趋势。由于正常的人耳听力测试曲线大部分表现为 A 型曲线，只有中耳和内耳出现病变时才会呈现出 B 型曲线[128-129]。这从一方面说明了利用颞骨试验样本测试所得的试验具有较好的真实可靠性。

　　此外，国内外学者利用所建立的人耳生物力学模型分析了中耳以及内耳的声传递特性，他们所得到人耳的频率响应结果也具有明显的差异性。图 3-22

为国内外学者重建所得到的人耳有限元模型的鼓膜频率响应曲线。

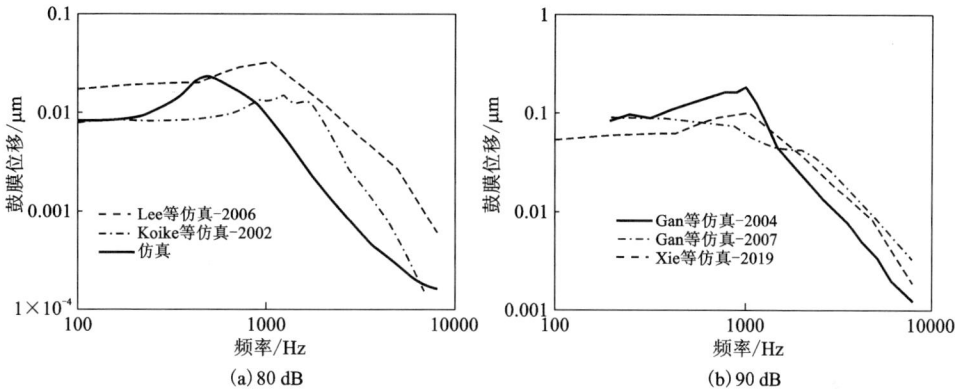

图 3-22　人耳有限元模型得到的鼓膜脐部的频率响应曲线[81, 33, 48, 42, 45]

　　利用人耳生物力学有限元模型所得到的鼓膜位移响应曲线在变化趋势上具有较好的一致性，但是在峰值响应频率上存在不同。如 Lee 等和 Koike 等的人耳有限元模型得到的鼓膜峰值位移所对应的频率分别为 0.5 kHz 和 1.2 kHz，而 Xie 等所建立的人耳有限元模型得到的鼓膜峰值位移所对应的频率在 1 kHz 左右。图 3-22(b) 中，Gan 等建立的人耳有限元模型在结构特征和材料参数定义上的不同导致模型的频率响应曲线存在明显的差异。图 3-23 为有限元模型仿真得到的镫骨底板位移的频率响应曲线。

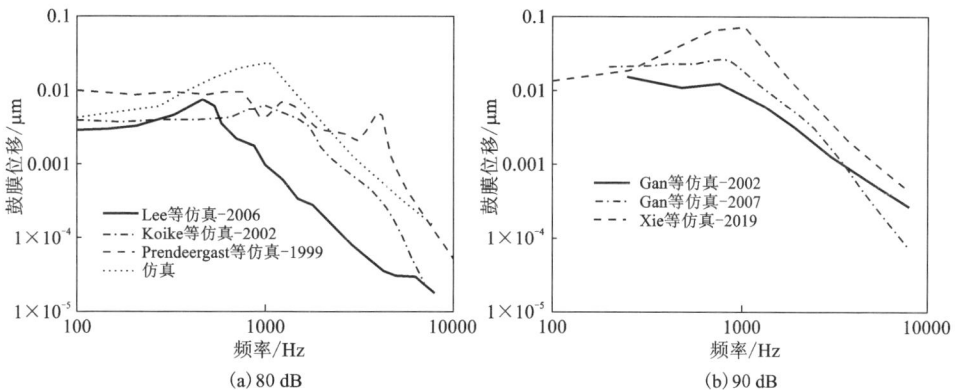

图 3-23　人耳有限元模型得到的镫骨底板的频率响应曲线[81, 83, 33, 42, 21, 45]

图 3-24 所示的镫骨底板在 80 dB 和 90 dB 声学激励下的频率响应曲线同样具有较好的一致性，即在中低频率范围内（$f \leqslant 1\ \text{kHz}$），镫骨底板位移随着频率的增大而缓慢上升，而在中高频率范围内（$f > 1\ \text{kHz}$）时，镫骨底板位移随着频率的增大而急剧下降。但是，在相同激励作用下的镫骨底板位移曲线也存在明显的差异性。图 3-25 为有限元模型仿真得到的镫骨底板振动速度传递函数响应曲线。

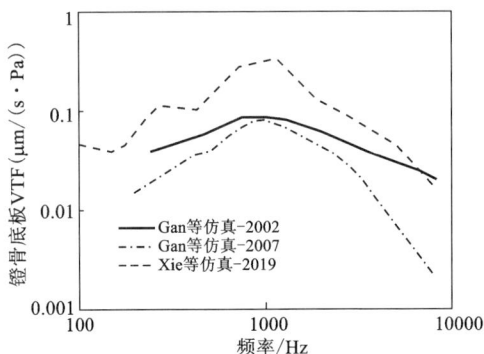

图 3-24　人耳有限元模型得到的镫骨底板振动速度传递函数的频率响应曲线[33, 42, 45]

如图 3-24 所示，镫骨底板振动速度传递函数与在鼓膜外侧施加的声学激励的大小无关，而与频率有关，而且镫骨底板振动速度传递函数响应曲线也明显符合 A 型听力曲线。

综合以上对比结果可知，研究者们利用尸体颞骨样本测试所得到的鼓膜和镫骨底板的响应曲线具有明显的个体差异性。此外，针对研究者们重建得到的人耳有限元模型在结构和材料参数定义上也存在不同。如 O'Connor 等所建立的人耳有限元模型中不包含锤骨上韧带和砧骨后韧带，同时也并未区分鼓膜张紧部和松弛部[130]；Cheng 等对镫骨张肌和锤骨前韧带样本进行拉伸试验来获取其材料参数特性，并假设它们满足超弹性 Odgen 模型[51]。在材料参数属性定义方面，研究者们的不同之处在于对鼓膜结构划分的不同[131]、材料本构模型的选择[111, 113]、鼓膜泊松比的取值等[81]。

因此，个体差异性是一个不可避免的客观因素。在验证人耳生物力学模型的有效性时，如果仿真得到的人耳响应曲线与颞骨试验数据之间具有较好的一致性且偏差在一定范围内，可以认为人耳生物力学模型具有较好的可靠性。

3.7.2　人耳生物力学模型适用范围

严格意义上讲，在对人耳进行三维重建时应当要对外耳、外耳道和中耳腔进行重建并对其进行网格划分和边界条件定义。但是，通过对比研究者们所建立的人耳有限元模型可发现，有无外耳道和中耳腔结构并不完全影响模型有效性的验证结果。如 Gan 等分别建立了无外耳道和中耳腔结构的人耳有限元模型和包含这两个结构的人耳有限元模型，并对其有效性进行了验证，两种模型的仿真结果均表明：仿真得到的频率响应曲线均在颞骨试验数据的范围内[125]。同时，Gan 等还指出中耳腔压力变化对鼓膜和镫骨底板的振动影响不大。

此外，尽管研究者们所建立的人耳生物力学模型存在差异性，但是他们在对有限元模型进行验证时均通过与颞骨试验数据进行对比，在保证响应曲线变化规律一致的基础上控制仿真曲线与试验曲线之间的误差在合理范围内，进而证明其所建立的人耳生物力学有限元模型的可靠性，并应用于人耳声传导特性以及由病变引起的听力损失预测等领域的研究[132-135]。我们发现，只要利用人耳有限元模型得到的响应曲线和颞骨试验曲线保持较好的一致性，个体差异性、材料参数不同或是结构差异性都是可接受的可变因素。

在验证人耳生物力学有限元模型在频域内的有效性时，如图 3-15～图 3-17 所示，仿真所得到的鼓膜位移响应曲线、镫骨底板位移响应曲线和镫骨底板振动速度传递函数响应曲线均与颞骨试验曲线保持较好的一致性，且仿真曲线始终位于颞骨试验数据的下限和上限范围内。另一方面，镫骨底板振动速度传递函数响应曲线满足正常人耳的 A 型听力曲线，说明本书所建立的人耳生物力学有限元模型在频域内有效。

在验证人耳生物力学有限元模型在时域内的有效性时，如图 3-18 所示，在 -2～2 kPa 的交变压力作用下，仿真得到的鼓膜脐部的变形量处于利用多普勒振动仪测试得到的不同鼓膜样本的位移范围内，说明本研究所建立的人耳生物力学有限元模型在时域内同样有效，可以用于开展由外界压力变化引起的耳气压不舒适性和耳气压损伤等方面的研究。

综上所述，本研究所建立的人耳生物力学模型在频域和时域内均具有较好的可靠性和有效性，可以用于开展人耳听力、气压舒适性以及损伤方面的研究工作。利用本章所建立的人耳生物力学模型，我们可以开展中耳传声特性分析，如模拟鼓膜穿孔和韧带/张肌断裂等中耳疾病引起的听力损失预测研究以及高速列车车内耳气压舒适性评估研究。

参考文献

［1］Zwislocki J. Analysis of the middle‑ear function. Part I: Input Impedance［J］. The journal of the Acoustical Society of America, 1962, 34(9B): 1514-1523.

［2］Hudde H, Weistenhöfer C. A three-dimensional circuit model of the middle ear［J］. Acta Acustica united with Acustica, 1997, 83(3): 535-549.

［3］Onchi Y. Mechanism of the middle ear［J］. The Journal of The Acoustical Society of America, 1961, 33(6): 794-805.

［4］Shera C A, Zweig G. Phenomenological characterization of eardrum transduction［J］. The Journal of the Acoustical Society of America, 1991, 90(1): 253-262.

［5］Peake W T, Rosowski J J, Lynch III T J. Middle-ear transmission: acoustic versus ossicular coupling in cat and human［J］. Hearing Research, 1992, 57(2): 245-268.

［6］Goode R L, Killion M, Nakamura K. New knowledge about the function of the human middle ear: development of an improved analog model［J］. American Journal of Otology, 1994, 15 (2): 145-154.

［7］Rosowski J J, Merchant S N. Mechanical and acoustic analysis of middle ear reconstruction［J］. The American journal of otology, 1995, 16(4): 486-497.

［8］Puria S, Allen J B. Measurements and model of the cat middle ear: evidence of tympanic membrane acoustic delay［J］. The Journal of the Acoustical Society of America, 1998, 104 (6): 3463-3481.

［9］Rabbitt R D, Holmes M H. A fibrous dynamic continuum model of the tympanic membrane ［J］. The Journal of the Acoustical Society of America, 1986, 80(6): 1716-1728.

［10］Eiber A, Freitag H G, Schimanski G, Zenner H P. On the coupling of prostheses to the middle ear structure and its influence on sound transfer. In: Rosowski JJ, Merchant SN, editors. The function and mechanics of normal, diseased and reconstructed middle ears. The Hague: Kugler Publications; 2000, 297-308.

［11］Nishihara S, Aritomo H, Goode R L. Effect of changes in mass on middle ear function［J］. Otolaryngology-Head and Neck Surgery, 1993, 109(5): 899-910.

［12］Kurokawa H, Goode R L. Sound pressure gain produced by the human middle ear［J］. Otolaryngology-Head and Neck Surgery, 1995, 113(4): 349-355.

［13］Merchant S N, Ravicz M E, Puria S, et al. Analysis of middle ear mechanics and application to diseased and reconstructed ears［J］. Otology & Neurotology, 1997, 18(2): 139-154.

［14］Merchant S N, Ravicz M E, Rosowski J J. Acoustic input impedance of the stapes and cochlea in human temporal bones［J］. Hearing Research, 1996, 97(1-2): 30-45.

［15］Merchant S N, Ravicz M E, Rosowski J J. Mechanics of type IV tympanoplasty: experimental findings and surgical implications［J］. Annals of Otology, Rhinology & Laryngology, 1997, 106(1): 49-60.

[16] Voss S E, Rosowski J J, Merchant S N, et al. Acoustic responses of the human middle ear[J]. Hearing research, 2000, 150(1-2): 43-69.

[17] Nakajima H H, Ravicz M E, Merchant S N, et al. Experimental ossicular fixations and the middle ear′s response to sound: evidence for a flexible ossicular chain[J]. Hearing research, 2005, 204(1-2): 60-77.

[18] Aritomo, H., and Goode, R. L. 1987. Cochlear input impedance in fresh human temporal bones, 91 st Meeting, American Academy of Otolaryngology, Chicago Research Forum.

[19] Lynch III T J, Nedzelnitsky V, Peake W T. Input impedance of the cochlea in cat[J]. The Journal of the Acoustical Society of America, 1982, 72(1): 108-130.

[20] Zwislocki, J.. Analysis of some auditory characteristics in Handbook of Mathematical Psychology III, edited by R. D. Luce, R. R. Bush, and E. Galanter ~Wiley, New York, 1965: 66.

[21] Prendergast P J, Ferris P, Rice H J, et al. Vibro-acoustic modelling of the outer and middle ear using the finite-element method[J]. Audiology and Neurotology, 1999, 4 (3-4): 185-191.

[22] Chandler D W, Edmond C V. Effects of blast overpressure on the ear[J]. Journal-American Academy of Audiology, 1997, 8: 81-88

[23] Funnell W R J, Laszlo C A. Modeling of the cat eardrum as a thin shell using the finite-element method[J]. The Journal of the Acoustical Society of America, 1978, 63(5): 1461-1467.

[24] Funnell W R J, Decraemer W F, Khanna S M. On the damped frequency response of a finite-element model of the cat eardrum[J]. The Journal of the Acoustical Society of America, 1987, 81(6): 1851-1859.

[25] Decraemer W F, Dirckx J J J, Funnell W R J. Three-dimensional modelling of the middle-ear ossicular chain using a commercial high-resolution X-ray CT scanner[J]. Journal of the Association for Research in Otolaryngology, 2003, 4(2): 250-263.

[26] Salih W H M, Buytaert J A N, Aerts J R M, et al. Open access high-resolution 3D morphology models of cat, gerbil, rabbit, rat and human ossicular chains [J]. Hearing Research, 2012, 284(1-2): 1-5.

[27] Soons J A M, Danckaers F, Keustermans W, et al. 3D morphometric analysis of the human incudomallear complex using clinical cone-beam CT [J]. Hearing research, 2016, 340: 79-88.

[28] Lee C F, Chen P R, Lee W J, et al. Computer aided modeling of human mastoid cavity biomechanics using finite element analysis [J]. EURASIP Journal on Advances in Signal Processing, 2010, 2010: 6.

[29] Koike T, Wada H, Kobayashi T. Modeling of the human middle ear using the finite-element method[J]. The Journal of the Acoustical Society of America, 2002, 111(3): 1306-1317.

[30] Wada H, Metoki T, Kobayashi T. Analysis of dynamic behavior of human middle ear using a finite - element method[J]. The Journal of the Acoustical Society of America, 1992, 92 (6): 3157-3168.

[31] Lee C F, Chen P R, Lee W J, et al. Computer aided three-dimensional reconstruction and modeling of middle ear biomechanics by high-resolution computed tomography and finite element analysis[J]. Biomedical Engineering: Applications, Basis and Communications, 2006, 18(05): 214-221.

[32] Lee C F, Chen P R, Lee W J, et al. Three - dimensional reconstruction and modeling of middle ear biomechanics by high - resolution computed tomography and finite element analysis[J]. The Laryngoscope, 2006, 116(5): 711-716.

[33] Sun Q, Gan R Z, Chang K H, et al. Computer-integrated finite element modeling of human middle ear[J]. Biomechanics and modeling in mechanobiology, 2002, 1(2): 109-122.

[34] Liu Y, Li S, Sun X. Numerical analysis of ossicular chain lesion of human ear[J]. Acta Mechanica Sinica, 2009, 25(2): 241-247.

[35] Gan R Z, Sun Q, Dyer Jr R K, et al. Three-dimensional modeling of middle ear biomechanics and its applications[J]. Otology & Neurotology, 2002, 23(3): 271-280.

[36] 刘艳艳, 刘业海, 邱建新等. 先天性外耳畸形婴儿的听力水平初探[J]. 中国听力语言康复科学杂志, 2018, 16(6): 433-435.

[37] Gan R Z, Sun Q, Feng B, et al. Acoustic-structural coupled finite element analysis for sound transmission in human ear-pressure distributions[J]. Medical engineering & physics, 2006, 28(5): 395-404.

[38] Gan R Z, Cheng T, Nakmali D, et al. Effects of middle ear suspensory ligaments on acoustic-mechanical transmission in human ear[M] Middle Ear Mechanics In Research And Otology. 2007: 212-221.

[39] Gan R Z, Wood M W, Dormer K J. Human middle ear transfer function measured by double laser interferometry system[J]. Otology & Neurotology, 2004, 25(4): 423-435.

[40] Gan R Z, Wang X. Multifield coupled finite element analysis for sound transmission in otitis media with effusion[J]. The Journal of the Acoustical Society of America, 2007, 122(6): 3527-3538.

[41] Gan R Z, Reeves B P, Wang X. Modeling of sound transmission from ear canal to cochlea[J]. Annals of biomedical engineering, 2007, 35(12): 2180-2195.

[42] Wang X, Cheng T, Gan R Z. Finite-element analysis of middle-ear pressure effects on static and dynamic behavior of human ear[J]. The Journal of the Acoustical Society of America, 2007, 122(2): 906-917.

[43] Beer H J, Bornitz M, Hardtke H J, et al. Modelling of components of the human middle ear and simulation of their dynamic behaviour[J]. Audiology and Neurotology, 1999, 4(3-4): 156-162.

[44] Xie P P, Peng Y, Hu J J, et al. A study on the effect of ligament and tendon detachment on human middle ear sound transfer using mathematic model[J]. Proceedings of the Institution of Mechanical Engineers, Part H: Journal of Engineering in Medicine, 2019: 0954411919853364.

[45] Xie P P, Peng Y, Hu J J, et al. Assessment methodology for pressure – related aural discomfort in high-speed trains using airtightness experiments and mathematical models[J]. Proceedings of the Institution of Mechanical Engineers, Part F: Journal

[46] Kelly D J, Prendergast P J, Blayney A W. The effect of prosthesis design on vibration of the reconstructed ossicular chain: a comparative finite element analysis of four prostheses[J]. Otology & neurotology, 2003, 24(1): 11–19.

[47] Gan R Z, Feng B, Sun Q. Three-dimensional finite element modeling of human ear for sound transmission[J]. Annals of biomedical engineering, 2004, 32(6): 847–859.

[48] Wang X, Guan X, Pineda M, et al. Motion of tympanic membrane in guinea pig otitis media model measured by scanning laser Doppler vibrometry [J]. Hearing research, 2016, 339: 184–194.

[49] Gan R Z, Wood M W, Dyer R K, et al. Mass loading on the ossicles and middle ear function [J]. Annals of Otology, Rhinology & Laryngology, 2001, 110(5): 478–485.

[50] Cheng T, Gan R Z. Mechanical properties of stapedial tendon in human middle ear[J]. Journal of Biomechanical Engineering, 2007, 129(6): 913–918.

[51] Cheng T, Gan R Z. Mechanical properties of anterior malleolar ligament from experimental measurement and material modeling analysis [J]. Biomechanics and modeling in Mechanobiology, 2008, 7(5): 387–394.

[52] Gan R Z, Yang F, Zhang X, et al. Mechanical properties of stapedial annular ligament[J]. Medical engineering & physics, 2011, 33(3): 330–339.

[53] Böhnke F, Arnold W. 3d-finite element modelof the human cochlea including fluid-structure couplings[J]. ORL, 1999, 61(5): 305–310.

[54] De Boer E. On active and passive cochlear models-toward a generalized analysis[J]. The Journal of the Acoustical Society of America, 1983, 73(2): 574–576.

[55] Lim K M, Steele C R. A three-dimensional nonlinear active cochlear model analyzed by the WKB-numeric method[J]. Hearing research, 2002, 170(1–2): 190–205.

[56] Steele C R. Toward three-dimensional analysis of cochlear structure[J]. ORL, 1999, 61 (5): 238–251.

[57] Huber A, Koike T, Nandapalan V, et al. Fixation of the anterior mallear ligament: diagnosis and consequences for hearing results in stapes surgery[J]. Annals of otology, rhinology & laryngology, 2003, 112(4): 348–355.

[58] 刘后广, 塔娜, 饶柱石. 悬浮振子对中耳声传播特性影响的数值研究[J]. 力学学报, 2010, 42(1): 109–114.

[59]刘后广，塔娜，饶柱石. 新型人工中耳压电振子设计[J]. 振动与冲击，2011，30（7）：112-115+126.

[60]刘后广，闵小峰，塔娜，等. 基于耦合模型的人工中耳压电振子设计[J]. 噪声与振动控制，2010，30（002）：130-133.

[61]黄新生，姚文娟，付黎杰，等. 不同材料镫骨赝复体术后听力效果的有限元分析[J]. 复旦学报（医学版），2008，35（6）：815-818.

[62]黄新生，姚文娟，刘骏帧，等. 人工听骨传声特性的有限元分析[J]. 中国临床医学，2018，15（2）：236-238.

[63]姚文娟，黄新生，李武，等. 人工听骨不同接入方式对耳结构动力响应的影响[J]. 医用生物力学，2010，25（3）：175-181.

[64]王振龙，王学林，胡于进，等. 基于中耳与耳蜗集成有限元模型的耳声传递模拟[J]. 中国生物医学工程学报，2011，30（1）：60-66.

[65]姚文娟，李晓青，李武，等. 中耳病变及人工镫骨形体研究[J]. 医用生物力学，2009，24（2）：118-122.

[66]黄新生，姚文娟，李晓青，等. 中耳积液对声音传导的影响[J]. 中国临床医学，2010，17（4）：470-473.

[67]李生，刘迎曦，孙秀珍. 人耳鼓膜置管数值分析[J]. 力学与实践，2009，31（2）：60-64.

[68]孙秀珍，李生，刘迎曦. 人耳鼓膜穿孔对中耳传声影响的数值模拟[J]. 计算力学学报，2010，27（6）：1102-1106.

[69]李生，刘迎曦，孙秀珍. 人中耳听骨链置换数值模型[J]. 大连理工大学学报，2012，52（1）：6-10.

[70]Bonifasi - Lista C, Lakez S P, Small M S, et al. Viscoelastic properties of the human medial collateral ligament under longitudinal, transverse and shear loading [J]. Journal of Orthopaedic Research, 2005, 23(1): 67-76.

[71]Williams K R, Lesser T H J. A finite element analysis of the natural frequencies of vibration of the human tympanic membrane. Part I [J]. British journal of audiology, 1990, 24 (5): 319-327.

[72]Sun Q, Chang K H, Dormer K J, et al. An advanced computer-aided geometric modeling and fabrication method for human middle ear[J]. Medical engineering & physics, 2002, 24(9): 595-606.

[73]Van der Jeught S, Dirckx JJJ, Aerts JRM, et al. Full-field distribution of human tympanic membrane obtained with optical coherence tomography [J]. Journal of the Association for Research in Otolaryngology, 2013, 14(4): 483-494.

[74]Ladak H M, Funnell W R J, Decraemer W F, et al. A geometrically nonlinear finite-element model of the cat eardrum[J]. The Journal of the Acoustical Society of America, 2006, 119 (5): 2859-2868.

[75]Kwacz M, Rymuza Z, Michałowski M, et al. Elastic properties of the annular ligament of the human stapes – AFM measurement [J]. Journal of the Association for Research inOtolaryngology, 2015, 16(4): 433-446.

[76]Gan R Z, Sun Q. Finite element modeling of human ear with external ear canal and middle ear cavity[C]. Proceedings of the Second Joint 24th Annual Conference and the Annual Fall Meeting of the Biomedical Engineering Society][Engineering in Medicine and Biology. IEEE, 2002, 1: 264–265. [77] Sedef M, Samur E, Basdogan C. Real–time finite–element simulation of linear viscoelastic tissue behavior based on experimental data [J]. IEEE Computer Graphics and Applications, 2006, 26(6): 59-68.

[78]Taylor D C, Dalton JR J D, Seaber A V, et al. Viscoelastic properties of muscle–tendon units: the biomechanical effects of stretching[J]. The American journal of sports medicine, 1990, 18(3): 300-309.

[79]Gennisson J L, Deffieux T, Macé E, et al. Viscoelastic and anisotropic mechanical properties of in vivo muscle tissue assessed by supersonic shear imaging[J]. Ultrasound in medicine & biology, 2010, 36(5): 789-801.

[80]蔡坤宝, 江泽佳, 杨瑞芳等. 生物组织黏弹性动力学分析的有限元新方法[J]. 中国生物医学工程学报, 2001, 03: 211-216.

[81]Fay J, Puria S, Decraemer W F, et al. Three approaches for estimating the elastic modulus of the tympanic membrane[J]. Journal of biomechanics, 2005, 38(9): 1807-1815.

[82]Gan R Z, Nakmali D, Ji X D, et al. Mechanical damage of tympanic membrane in relation to impulse pressure waveform – A study in chinchillas [J]. Hearing Research, 2016: S0378595515301003.

[83]Sarma P A, Pidaparti R M, Moulik P N, et al. Non - linear material models for tracheal smooth muscle tissue[J]. Bio-medical materials and engineering, 2003, 13(3): 236-245.

[84]Freeman D M, Abnet C C, Hemmert W, et al. Dynamic material properties of the tectorial membrane: a summary[J]. Hearing Research, 2003, 180(1-2): 0-10.

[85]De Greef D, Aernouts J, Aerts J, et al. Viscoelastic properties of the human tympanic membrane studied with stroboscopic holography and finite element modeling[J]. Hearing Research, 2014, 312(Complete): 69-80.

[86]Aernouts J, Soons J A M, Dirckx J J J. Quantification of tympanic membrane elasticity parameters from in situ point indentation measurements: Validation and preliminary study[J]. Hearing Research, 2010, 263(1-2): 0-182.

[87]Junfeng Liang, Huiyang Luo, Don Nakmali, et al. Characterization of the Nonlinear Elastic Behavior of Chinchilla Tympanic Membrane Using Micro-fringe Projection[M]. Mechanics of Composite and Multi - functional Materials, Volume 7. Springer International Publishing, 2016.

[88]Lim D J. Structure and function of the tympanic membrane: a review[J]. Acta oto-rhino-

laryngologica belgica, 1995, 49(2): 101-115.

[89]Lim D J. Tympanic membrane: electron microscopic observation part I: pars tensa[J]. Acta oto-laryngologica, 1968, 66(1-6): 181-198.

[90]Lim D J. Tympanic Membrane Part II.: Pars Flaccida[J]. Acta oto-laryngologica, 1968, 66 (1-6): 516-532.

[91]Funnell W R J. High-frequency time-domain behaviour of a finite-element model of the eardrum [C] 24th Midwinter Research Meeting of the Association for Research in Otolaryngology, St. Petersburg Beach, FL. 2001.

[92]Funnell W R J, Laszlo C A. A critical review of experimental observations on ear-drum structure and function[J]. ORL, 1982, 44(4): 181-205.

[93]Gentil F, Jorge R N, Ferreira A J M, et al. Biomechanical study of middle ear[J]. Proc. COMPLAS VIII, 2005, 2: 786-788.

[94]Kuypers L C, Decraemer W F, Dirckx J J J. Thickness distribution of fresh and preserved human eardrums measured with confocal microscopy[J]. Otology & Neurotology, 2006, 27 (2): 256-264.

[95]Ladak H M, Funnell W R J. On the effects of geometric nonlinearities in a finite-element model of the cat eardrum [C]//Proceedings of 17th International Conference of the Engineering in Medicine and Biology Society. IEEE, 1995, 2: 1439-1440.

[96]Le C D, Huynh Q L. Mathematical models of human middle ear in chronic otitis media[C]. 2008 International Conference on Information Technology and Applications in Biomedicine. IEEE, 2008: 426-429.

[97]Lee C F, Chen J H, Chou Y F, et al. Optimal graft thickness for different sizes of tympanic membrane perforation in cartilage myringoplasty: a finite element analysis [J]. The Laryngoscope, 2007, 117(4): 726-730.

[98]Mikhael C S, Funnell W R J, Bance M. Middle-ear finite-element modelling with realistic geometry and a priori material-property estimates[J]. CMBES Proceedings, 2005, 28.

[99]Wen Y H, Hsu L P, Chen P R, et al. Design optimization of cartilage myringoplasty using finite element analysis[J]. Tzu Chi Med J, 2006, 18(5): 370-377.

[100]Abel E W, Lord R M. A finite-element model for evaluation of middle ear mechanics[C]// 2001 Conference Proceedings of the 23rd Annual International Conference of the IEEE Engineering in Medicine and Biology Society. IEEE, 2001, 2: 2110-2112.

[101]Ferrazzini, M. Virtual middle ear: a dynamic mathematical model based on the finite element method[D]. ETH Zurich, 2003.

[102]Daphalapurkar N P, Dai C, Gan R Z, et al. Characterization of the linearly viscoelastic behavior of human tympanic membrane by nanoindentation[J]. Journal of the mechanical behavior of biomedical materials, 2009, 2(1): 82-92.

[103]Elkhouri N, Liu H, Funnell W R J. Low-frequency finite-element modeling of the gerbil

middle ear[J]. Journal of the Association for Research in Otolaryngology, 2006, 7(4): 399 -411.

[104]Huang G, Daphalapurkar N P, Gan R Z, et al. A method for measuring linearly viscoelastic properties of human tympanic membrane using nanoindentation[J]. Journal of biomechanical engineering, 2008, 130(1): 014501.

[105]Lesser T H J, Williams K R. The tympanic membrane in cross section: a finite element analysis[J]. The Journal of Laryngology & Otology, 1988, 102(3): 209-214.

[106]Tuck - Lee J P, Pinsky P M, Steele C R, et al. Finite element modeling of acousto - mechanical coupling in the cat middle ear[J]. The Journal of the Acoustical Society of America, 2008, 124(1): 349-362.

[107]田四朋, 雷勇军, 李道奎, 等. 固体火箭发动机药柱不可压和近似不可压三维分析 [J]. 固体火箭技术, 2006, 06: 396-399.

[108]田四朋, 雷勇军, 唐国金. 黏弹性谱随机有限元[J]. 国防科技大学学报, 2006(06): 1-5.

[109]Pain M T G, Challis J H. The influence of soft tissue movement on ground reaction forces, joint torques and joint reaction forces in drop landings[J]. Journal of biomechanics, 2006, 39(1): 119-124.

[110]Pain M T G, Challis J H. Soft tissue motion during impacts: their potential contributions to energy dissipation[J]. Journal of Applied Biomechanics, 2002, 18(3): 231-242.

[111]Zhang X, Gan R Z. Dynamic properties of human tympanic membrane - experimental measurement and modelling analysis [J]. International Journal of Experimental and Computational Biomechanics, 2010, 1(3): 252-270.

[112]Volandri G, Di Puccio F, Forte P, et al. Biomechanics of the tympanic membrane[J]. Journal of biomechanics, 2011, 44(7): 1219-1236.

[113]Aernouts J, Aerts J R M, Dirckx J J J. Mechanical properties of human tympanic membrane in the quasi - static regime from in situ point indentation measurements [J]. Hearing research, 2012, 290(1-2): 46-54.

[114]Zhao F, Koike T, Wang J, et al. Finite element analysis of the middle ear transfer functions and related pathologies[J]. Medical engineering & physics, 2009, 31(8): 907-916.

[115]Wang X, Gan R Z. 3D finite element model of the chinchilla ear for characterizing middle ear functions [J]. Biomechanics and modeling in mechanobiology, 2016, 15 (5): 1263-1277.

[116]Ferris P, Prendergast P J. Middle-ear dynamics before and after ossicular replacement[J]. Journal of Biomechanics, 2000, 33(5): 581-590.

[117]Kelly D J. A study of middle ear biomechanics using the finite element method[D]. University of Dublin Trinity College, 2002.

[118]Aibara R, Welsh J T, Puria S, et al. Human middle - ear sound transfer function and

cochlear input impedance[J]. Hearing Research, 2001, 152(1-2): 100-109.

[119] Butler Robert A. The Auditory Periphery: Biophysics and Physiology. Peter Dallos[J]. The Quarterly of Biology, 1974.

[120] Zwislocki J J. The role of the external and middle ear in sound transmission[J]. The Nervous System, Vol. 3, Human Communication and its Disorders, 1975.

[121] Nishihara S, Goode R L. Measurement of tympanic membrane vibration in 99 human ears [J]. Middle ear mechanics in research and otosurgery. Dresden University of Technology, Dresden, Germany, 1996: 91-93.

[122] Dirckx J J J, Decraemer W F. Effect of middle ear components on eardrum quasi-static deformation[J]. Hearing Research, 2001, 157(1-2): 124-137.

[123] Huber A, Ball G, Asai M, et al. The vibration pattern of the tympanic membrane after placement of a total ossicular replacement prosthesis[C]. Proceeding of the International Workshop on middle ear mechanics in research and otosurgery. Dresden, Germany. 1997: 219-222.

[124] Gyo K, Aritomo H, Goode R L. Measurement of the ossicular vibration ratio in human temporal bones by use of a video measuring system[J]. Acta oto-laryngologica, 1987, 103 (1-2): 87-95.

[125] Kempe C, Stache N, Bormann M, et al. Laser Doppler velocimetry-a method supporting differential diagnosis of middle and inner ear disorders[J]. Middle Ear Mechanics in Research and Otosurgery, Technical University of Dresden: Dresden, 1997: 96-99.

[126] McElveen J T, Miller C, Goode R L, et al. Effect of mastoid cavity modification on middle ear sound transmission[J]. Annals of Otology, Rhinology & Laryngology, 1982, 91(5): 526-532.

[127] Kringlebotn M. Network model for the human middle ear[J]. Scandinavian audiology, 1988, 17(2): 76-85.

[128] Richardson M P, Reid A, Tarlow M J, et al. Hearing loss during bacterial meningitis[J]. Archives of Disease in Childhood, 1997, 76(2): 134-138.

[129] Wilson W R, Byl F M, Laird N. The efficacy of steroids in the treatment of idiopathic sudden hearing loss: a double-blind clinical study[J]. Archives of Otolaryngology, 1980, 106(12): 772-776.

[130] O'Connor K N, Cai H, Puria S. The effects of varying tympanic-membrane material properties on human middle-ear sound transmission in a three-dimensional finite-element model[J]. The Journal of the Acoustical Society of America, 2017, 142(5): 2836-2853.

[131] Krohn P L, Whitteridge D, Zuckerman S. Physiological effects of blast[J]. The Lancet, 1942, 239(6183): 252-259.

[132] Dai C, Wood M W, Gan R Z. Combined effect of fluid and pressure on middle ear function[J]. Hearing research, 2008, 236(1-2): 22-32.

[133] Gan R Z, Sun Q, Feng B, et al. Acoustic－structural coupled finite element analysis for sound transmission in human ear－pressure distributions[J]. Medical engineering & physics, 2006, 28(5): 396-404.

[134] Wang X, Cheng T, Gan R Z. Finite－element analysis of middle－ear pressure effects on static and dynamic behavior of human ear[J]. The Journal of the Acoustical Society of America, 2007, 122(2): 906-917.

[135] Wang X, Keefe D H, Gan R Z. Predictions of middle－ear and passive cochlear mechanics using a finite element model of the pediatric ear[J]. The Journal of the Acoustical Society of America, 2016, 139(4): 1736-1746.

第 4 章 ─────────────────────────

高速列车人耳气压舒适性评估方法的建立

　　本章内容简介：利用已验证的人耳生物力学模型，可开展高速列车在通过隧道时车内产生的瞬变压力对人耳舒适性的影响研究。但是，其前提条件是通过试验研究掌握外界压力变化对人耳舒适性的影响程度，建立人耳气压舒适性的生物力学评价准则。同时，结合人耳结构特点和传声特性，确立合适的生物力学评价指标，并建立各评价指标与人耳气压不舒适性生理学表征之间的映射关系。然后依据人耳气压舒适性压力舱试验结果，对耳气压舒适性进行了等级划分，利用人耳生物力学模型仿真得到各评价指标的动力学响应。最后，采用逻辑回归分析方法得到了各评价指标在不同舒适性等级下所对应的阈值范围，建立人耳气压舒适性预测的评估方法和评价准则。

4.1　高速列车人耳气压舒适性评价标准及压力舱试验

4.1.1　国内外的评价标准

　　当列车高速通过隧道或在隧道内交会时，其周围的空气流速和压力会发生急剧变化而形成压力波，且该压力波动会经车体缝隙进入车内，进而影响车内司乘人员的耳舒适性。针对该现象，一些国家制定了相应的标准并用于指导高速列车车体气密性设计，以此来满足司乘人员对耳舒适性的要求，主要标准有[1-2]：

　　(1)1964 年，日本在研制第 1 条高速线时，已经考虑了高速列车进出隧道引发的车内压力变化对乘客舒适性的影响问题。1966 年，日本建立了气密试验室并开展了压力波动对受试者耳舒适性与耳鸣发病率的影响研究，得到了耳感舒适度临界曲线，如图 4-1 所示。

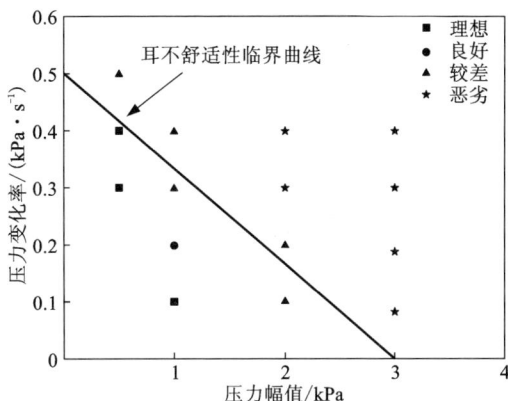

图 4-1　人耳气压舒适性等级划分图

（2）英国铁道研究所建立了瞬变压力试验室，用于测试分析人耳对瞬变压力的生理响应。该试验室不仅可以模拟特定压力变化对人耳的影响，还可模拟乘客在整个旅行过程中人耳收到的空气压力变化，真实反映旅客对空气压力变化的耳舒适性。同时，英国公铁路研究所参考海军和航空航天医学方面的研究成果，提出了车内压力波动对人耳生理舒适性的影响，如表 4-1 所示。

表 4-1　英国列车车内压力波动评价指标

压力变化/kPa	生理学现象
2	可忍受
3	开始不舒适的平均值
4	非常不舒适
5	不舒适的上限/有耳痛
8	很痛
>9	强烈疼痛
>13	耳膜可能有破裂
>23	肯定有耳膜破裂

此外，英国铁道研究所开展了志愿者压力舱试验，并提出了舒适性和安全性压力变化极限指标，如表 4-2 所示。

表4-2　英国铁路舒适性和安全性压力变化极限指标/kPa

压力变化情况	旅客舒适度	乘坐安全性
当很少发生变化时(3 s内)	3	5
当反复发生变化时(即30 min内每5~15 s发生一次时)	0.4	0.7

(3)欧洲铁路联盟(UIC)开展了线路试验和实验室压力舱试验研究列车高速通过隧道时车内压力变化对人耳的影响,试验结果表明:英国铁路研究所提出的舒适性标准符合人体舒适性要求,因此并未进行修改。

(4)慕尼黑德国联邦铁路总局(BZA)通过开展实验室压力舱试验和新建线路试验,采集了志愿者对车内压力变化的主观评价,研究结果指出:旅客耳舒适性与压力变化幅值、压力变化梯度和变化频繁性有关,并构建了人耳气压舒适性的评价标准,如图4-2所示。

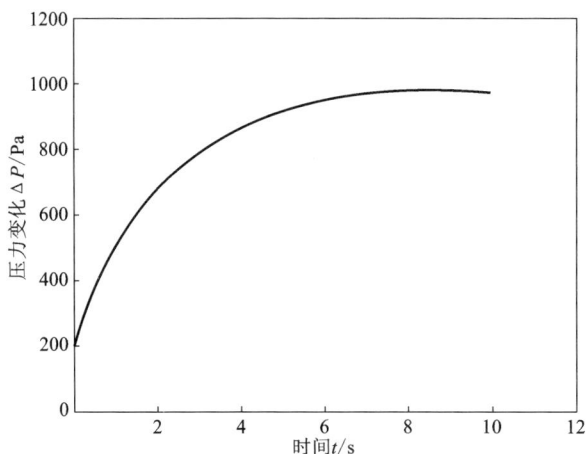

图4-2　耳感不舒适度评定曲线

世界各国根据自己的试验研究结果和线路条件,制定了不同的标准。例如,日本新干线的标准为最大压力变化幅值为1 kPa,最大压力变化率为0.3 kPa/s;英国铁路标准为最大压力变化率4 kPa/4 s;德国铁路标准为最大压力变化幅值为1 kPa,最大压力变化率为0.3~0.4 kPa/s;美国运输部建议的气密性标准为1.7 s内最大压力变化幅值为0.7 kPa。

4.1.2　压力舱试验

由于日本开展的志愿者压力舱试验不仅揭示了压力变化与耳舒适性之间的关系，而且对人耳舒适性进行了等级划分，因此本书采用其作为研究人耳舒适性的参考依据。该试验模拟的交变压力的变化范围是：压力变化率为 0.1 ~ 0.5 kPa/s，压力变化幅值为 1~3 kPa。依据志愿者的主观评价，通过试验研究得到了人耳产生耳鸣感的初始气压变化阈值并对舒适性程度进行了等级划分[3-5]。

研究结果按舒适性程度从好到坏排列依次划分为理想、良好、较差和恶劣。理想等级表示人耳对外界压力变化无感觉或感觉微弱，即外界压力变化对人耳舒适性的影响很小；良好等级表示人耳可较明显感受外界压力变化，但并无不舒适感产生；较差等级表示人耳产生明显的不舒适感，存在出现暂时性听力损失的风险，但仍处于生理承受限度内；恶劣等级表示人耳出现耳胀、耳鸣、暂时性听力损失的风险显著增加。其中，理想和良好属于舒适性范围，而较差和恶劣则属于不舒适性范围。

4.2　高速列车人耳气压舒适性评价指标的确定

4.2.1　人耳不舒适性的产生机理

在研究人耳生物力学时，通常采用鼓膜位移、鼓膜速度、镫骨底板位移、镫骨底板振动速度、镫骨底板位移传递函数、镫骨底板振动速度传递函数、镫骨底板体积位移等指标对人耳传声特性进行评价[6-13]。

对于软组织而言，它们在外力作用下极易产生变形。鼓膜作为人体软组织结构之一，会因为外界压力波动导致的鼓室内外压力不平衡而被迫使发生形变。外界压力变化幅值越大，鼓膜变形越严重，其对应的位移和应力值也越大。由鼓膜变形产生的耳不舒适性在生理学上通常表现为耳痛、耳胀、耳闷、鼓膜出血甚至是穿孔。

在完整的听骨链结构中，镫骨底板是向内耳传递振动能量的重要结构。镫骨底板和位于前庭阶的前庭窗连接，因此来自听骨链的振动能量直接通过镫骨底板传至前庭窗。前庭窗的振动直接迫使前庭阶内的外淋巴液流动，同时位于圆窗处的鼓阶内的内淋巴液也将出现流动。前庭阶内的外淋巴液和位于鼓阶内的内淋巴液流动速度的标量值相同，但相位相差约 $180°$[14-15]。由于前庭窗和圆窗之间的声阻抗差，将会在前庭阶与鼓阶之间产生压力梯度信号，激励基底膜上产生行波信号，进而迫使 Corti 器内的毛细胞不断摆动而产生生物电信号，最终通过神经元传递给神经末梢直至大脑[16-17]。

在镫骨底板的机械振动能转化为大脑接收的生物电信号的过程中，人耳之所以能够感知声音信号并其进行物理放大，有两个环节必须满足[18]：一个是前庭窗与圆窗之间压差的产生，另外一个是生物电信号的放大。对于前者，两窗之间压差越大，淋巴液流动能力越强，在基底膜上产生的行波信号也越强烈。对于圆窗内的外淋巴液而言，压差主要与前庭窗声阻抗值、前庭窗膜面积和镫骨底板振动速度三个物理参数有关。前两个物理参数是前庭窗自身的物理属性，其数值可以视为定值[19]。因此，前庭阶内的压差信号则取决于镫骨底板的振动速度。对于生物电信号的放大，其主要取决于内耳的频率选择特性和基底膜的共振特性，两者与内耳自身的结构和构造属性有关，且不同个体之间存在明显的差异性[19]。

由于镫骨底板通过镫骨环状韧带与内耳相连，其振动特点直接影响到内耳。当镫骨底板振动位移较大时，将会向内压迫或者向外抽拉前庭窗。同时，由于淋巴液的不可压缩性，将使得内耳前庭半规管产生较大的摆动，严重时将导致圆窗破裂而产生淋巴瘘管，而眩晕感的产生大多是由于前庭功能紊乱、淋巴瘘管或剧烈不规则摆动[20-21]。

4.2.2 生物力学评价指标

鼓膜作为外界压力波动的最直接接收者，同时又作为能量转化和能量传递的软组织单元，对压力变化最敏感[21-25]。它是最直接、最容易被影响，也是发病概率最高的损伤组织[26-29]。由于锤骨柄和鼓膜仅在鼓膜脐部和锤骨侧部处存在紧密连接[30]，在以往的研究中通常将鼓膜脐部作为评价中耳传声性能好坏的一个重要评价指标[31]。因此选用鼓膜作为评估耳气压舒适性和气压损伤研究的对象，并以鼓膜脐部位移和应力作为生物力学评价指标。

镫骨底板作为机械振动能量输出的结构单元，它与内耳前庭窗直接相连，其振动特性直接关系到内耳的工作状态，如耳蜗内外淋巴液和内淋巴液的流动状态、前庭半规管的运动状态等[32-33]。对于节点选择问题，有研究表明镫骨底板的振动类似于活塞运动，且各位置处的振动特点接近。因此，选用人耳生物力学模型中镫骨底板中心处的节点作为舒适性评估的评价指标。

4.3　高速列车压力变化环境对人耳动力学响应的影响分析

4.3.1　人耳生物力学模型的动力学响应

为了应用志愿者压力舱试验结果构建基于人耳生物力学模型的耳气压舒适性评估方法和评价标准,将压力舱试验中各工况对应的压力变化载荷作用在人耳生物力学模型的鼓膜外侧,分析了鼓膜和镫骨底板振动特性。

1. 理想等级下人耳的动力学响应

图 4-3 为理想舒适性等级条件下各评价指标的响应曲线。

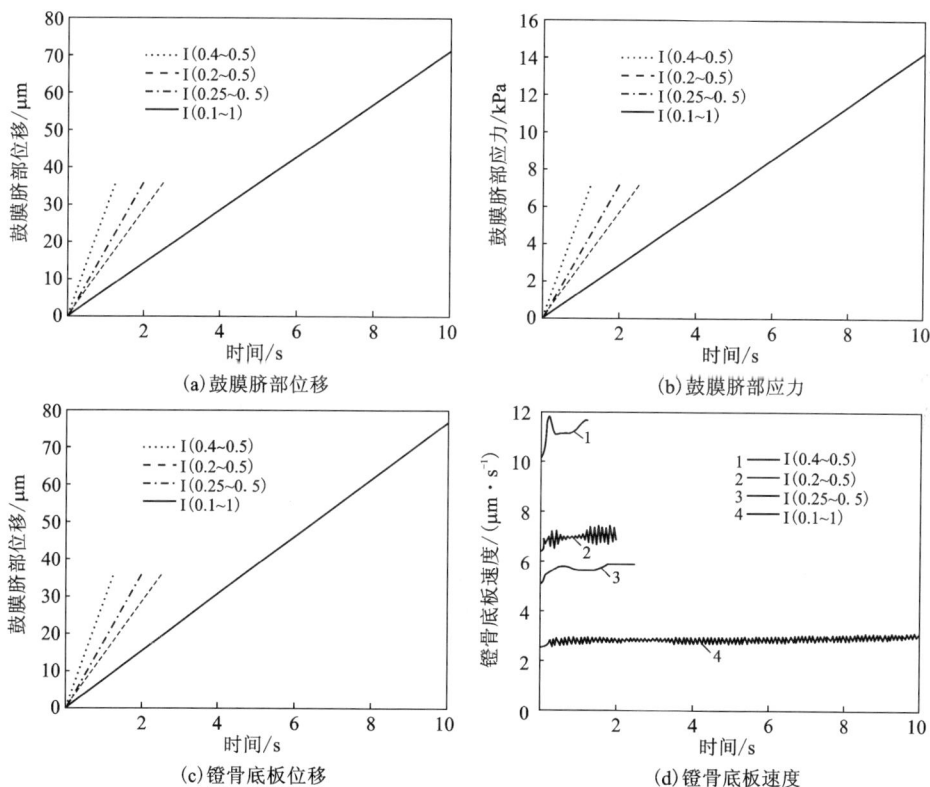

图 4-3　理想舒适性等级下各评价指标的响应曲线

如图 4-3 可知,由于各工况压力变化率和压力变化幅值的不同,其作用时间也不同。鼓膜位移随着压力幅值的增大也不断增大,且压力变化率越大,鼓膜位移值的增长速率越快。此外，鼓膜应力和镫骨底板位移与压力变化幅值和压力变化率也成正比。经观察可知，鼓膜位移、鼓膜应力和镫骨底板位移均在加载结束时达到最大值，其最大值分别为 71.37 μm、14.08 kPa 和 28.92 μm。

对于镫骨底板振动速度，不同的压力幅值、压力变化率以及舒适性等级所对应的响应曲线变化规律不完全相同。由图 4-3 可知，当舒适性等级为理想时，各响应曲线存在相似之处：在初始时刻出现较大的脉冲峰值，随后一直维持较长的平台期，且压力变化率越大，脉冲峰值越大。

2. 良好等级下人耳的动力学响应

图 4-4 为良好舒适性等级条件下各评价指标的响应曲线。

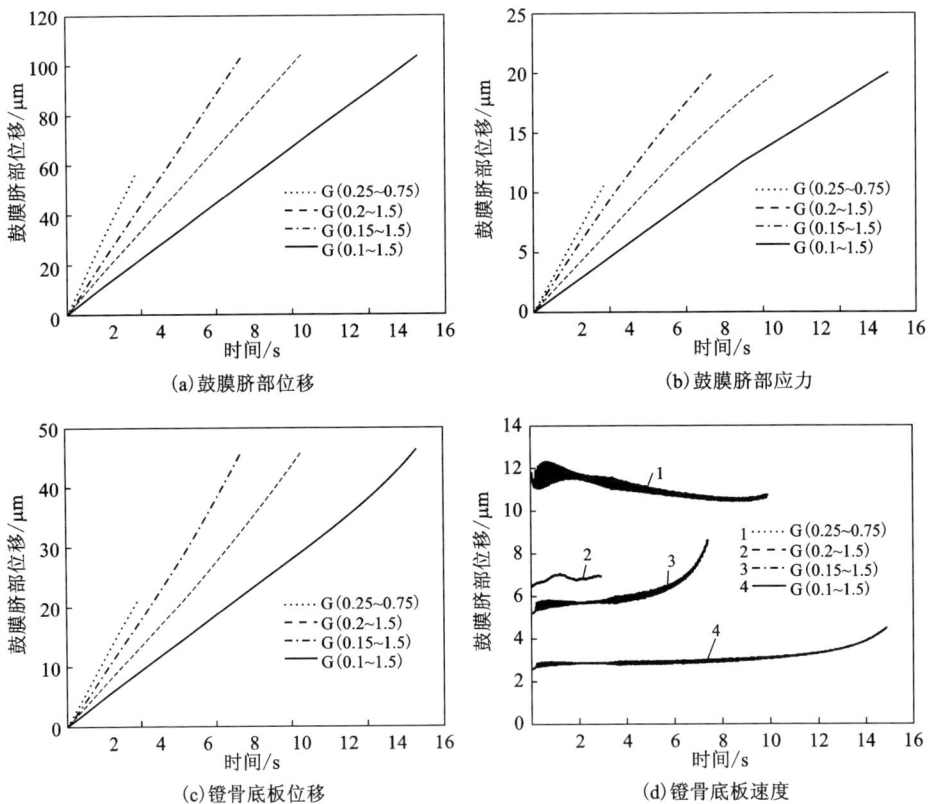

(a) 鼓膜脐部位移

(b) 鼓膜脐部应力

(c) 镫骨底板位移

(d) 镫骨底板速度

图 4-4 良好舒适性等级下各评价指标的响应曲线

由图 4-4 可知，当舒适性等级为良好时，鼓膜位移、鼓膜应力和镫骨底板位移与压力幅值和压力变化率成正比，且在加载结束时，三个评价指标的响应曲线达到最大值。当压力变化幅值为 1.5 kPa 时，三个评价指标的最大响应值分别为 105.39 μm、20.04 kPa 和 46.36 μm。各压力工况下的镫骨底板振动速度在初始时刻均出现较大的脉冲峰值。当压力变化率为 0.25 kPa/s，压力变化幅值为 0.75 kPa 时，镫骨底板振动速度响应曲线在达到脉冲峰值后一直处于较为平稳的平台阶段；当压力变化分别为 0.2 kPa/s 和 0.15 kPa/s，压力变化幅值为 1.5 kPa 时，镫骨底板振动速度响应曲线在达到脉冲峰值后处于较为平稳的平台阶段，随后响应曲线呈现上升趋势；当压力变化率为 0.1 kPa/s，压力变化幅值为 1.5 kPa 时，镫骨底板振动速度响应曲线在达到脉冲峰值后则逐渐下降。

3. 较差等级下人耳的动力学响应

图 4-5 为较差舒适性等级条件下各评价指标的响应曲线。

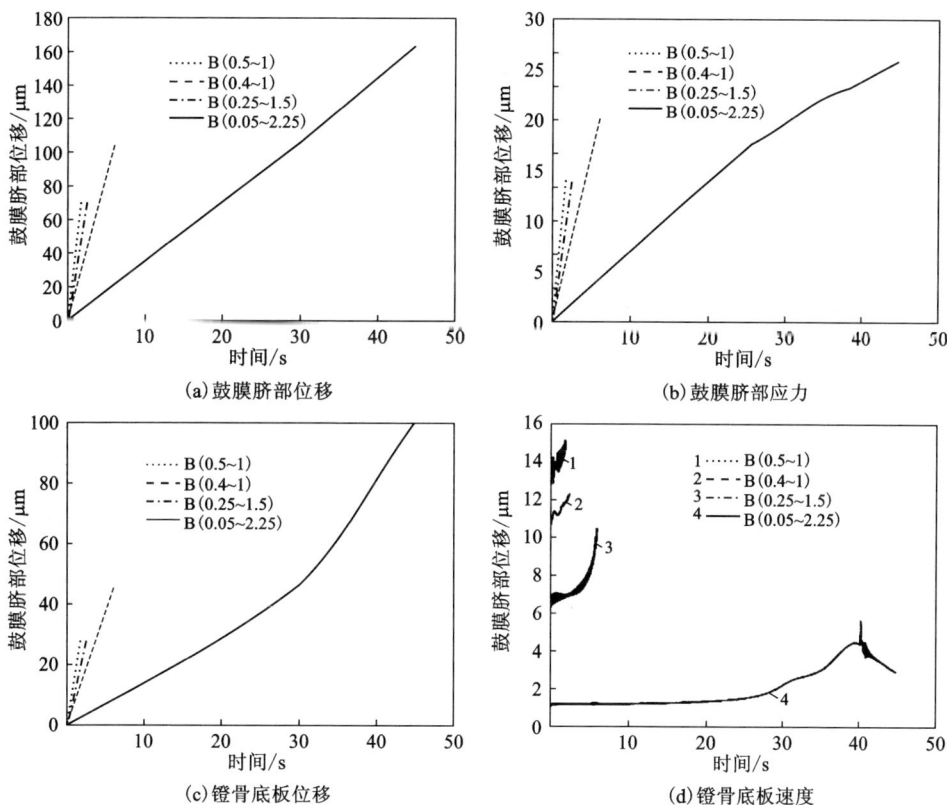

图 4-5　较差舒适性等级下各评价指标的响应曲线

由图 4-5 可知，当舒适性等级为较差时，鼓膜位移、鼓膜应力和镫骨底板位移响应均与压力变化幅值和压力变化率成正比，且响应曲线呈现明显的非线性变化特性。三个评价指标的响应曲线在加载结束阶段达到最大值，分别为 166.30 μm、25.89 kPa 和 100.64 μm。当压力变化分别为 0.25 kPa/s、0.4 kPa/s 和 0.5 kPa/s，压力变化幅值分别为 1 kPa 和 1.5 kPa 时，镫骨底板振动速度响应曲线均是在达到脉冲峰值后再经历短暂的平台期，然后呈现出上升状态，而当压力变化率为 0.25 kPa/s，压力变化幅值为 2.25 kPa 时，速度响应曲线在达到脉冲峰值后经历了相对较长阶段的平台期，然后再次出现脉冲峰值，最后曲线不断下降直至加载完成。

4. 恶劣等级下人耳的动力学响应

图 4-6 为恶劣舒适性等级条件下各评价指标的响应曲线。

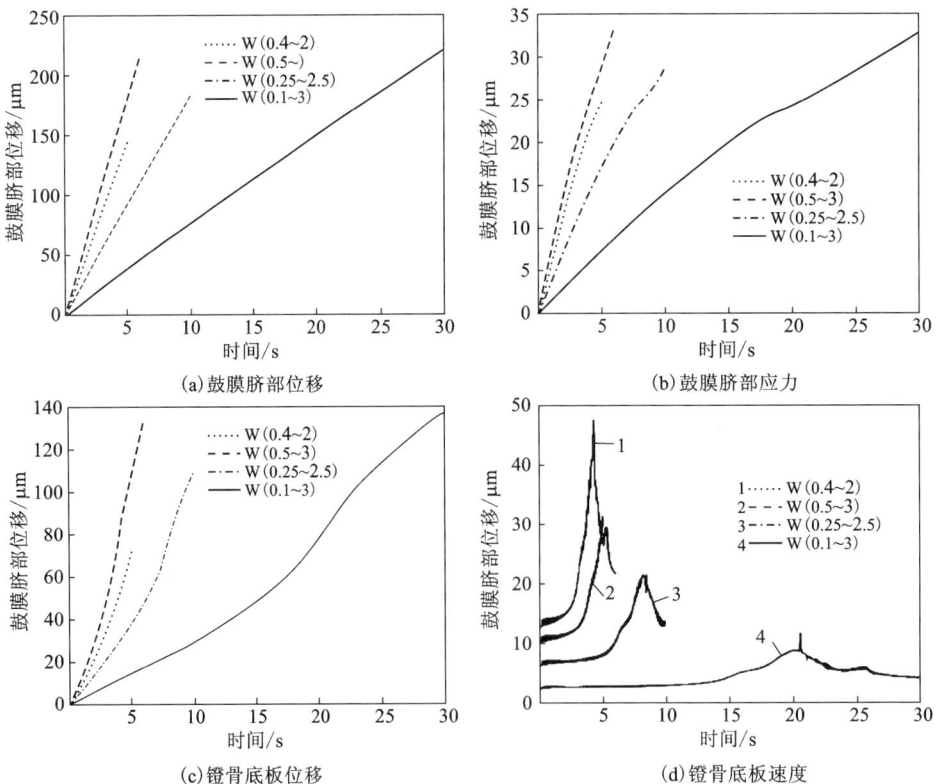

(a) 鼓膜脐部位移

(b) 鼓膜脐部应力

(c) 镫骨底板位移

(d) 镫骨底板速度

图 4-6 恶劣舒适性等级下各评价指标的响应曲线

当舒适性等级为恶劣时，鼓膜位移、鼓膜应力和镫骨底板位移响应曲线均呈现明显的非线性变化特性，且均与压力变化幅值和压力变化率成正比。在加载结束阶段，3 个评价指标的响应曲线达到最大值，分别为 219.81 μm、32.88 kPa 和 136.43 μm。当压力变化率为 0.4 kPa/s，压力变化幅值为 2 kPa 时，镫骨底板振动速度响应曲线在达到脉冲峰值后经历了一定阶段的平台期，随后不断上升，而在其他压力工况下响应曲线则经历平台期后再次出现脉冲峰值，然后开始下降直至加载结束。

4.4　高速列车各舒适性等级之间的临界值的确定

随着舒适性等级的不断恶化，鼓膜位移、鼓膜应力和镫骨底板位移曲线开始呈现明显的黏弹性特性。同时，在舒适性等级范围内镫骨底板位移曲线呈现不明显的黏弹性特性，但是在不舒适性等级范围内镫骨底板位移曲线则呈现明显的黏弹性特性。鼓膜位移、鼓膜应力和镫骨底板位移曲线均随着压力幅值和压力变化率的增大而上升，而镫骨底板振动速度则主要受压力变化率影响较大。

4.4.1　高速列车不同舒适性等级的理论阈值

对于舒适范围内的理想和良好等级，由于在整个压力变化阶段人耳一直处于舒适阶段，我们认为即使四个评价指标达到最大值，人耳始终处于舒适状态，即在理想和良好等级下，将各评价指标的响应曲线的最大值作为评价舒适性的参考阈值。

但是，对于较差和恶劣等级下的舒适性评估，需要首先判断人耳开始出现不舒适感的时间，然后将该时间点所对应的各评价指标的响应值作为评价舒适性的参考阈值。由于镫骨底板振动速度是影响内耳感受外界压力变化强度和声音强度的重要指标，因此将镫骨底板速度响应曲线出现最大值的时刻作为人耳不舒适性产生的初始时刻，且把该时刻所对应的其余三个评价指标的响应值作为评价舒适性的参考阈值。图 4-7 为各评价指标在不同舒适性等级所对应的参考阈值。

各评价指标随着舒适性等级的变化呈现出明显的分层特性，最底层为理想等级，最上层为恶劣等级。为更加直观比较，表 4-3 列出了部分压力变化工况下的参考阈值。

(a) 鼓膜脐部位移

(b) 鼓膜脐部应力

(c) 镫骨底板位移

(d) 镫骨底板速度

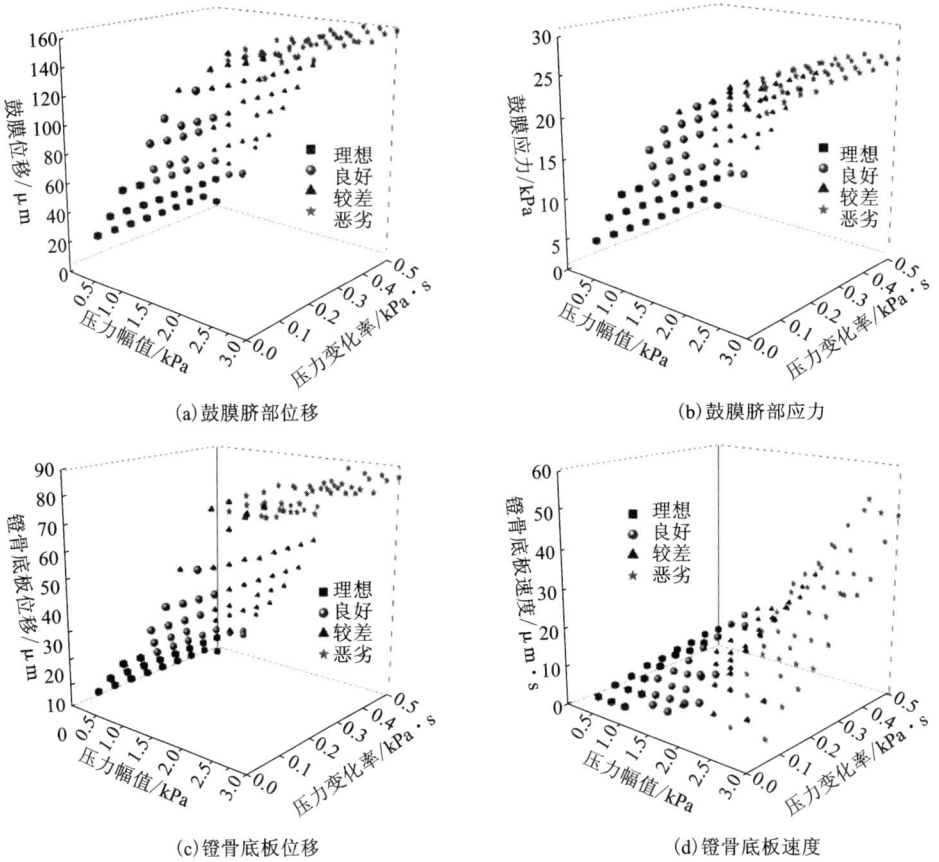

图 4-7　各评价指标不同压力工况下的参考阈值

表 4-3　不同压力工况下各评价指标的参考阈值

舒适性等级	压力工况	鼓膜位移/μm	鼓膜应力/kPa	镫骨底板位移/ μm	镫骨底板速度/ μm/s
理想	I(0.4~0.5)	35.57	7.36	13.88	7.88
	I(0.2~0.5)	36.14	7.36	14.07	5.94
	I(0.25~0.5)	35.98	7.36	14.02	7.45
	I(0.1~1)	71.37	14.08	28.92	4.13

续表4-3

舒适性等级	压力工况	鼓膜位移/μm	鼓膜应力/kPa	镫骨底板位移/ μm	镫骨底板速度/ μm/s
良好	G(0.25~0.75)	56.68	10.80	21.20	7.02
	G(0.2~1.5)	104.31	20.07	45.75	8.62
	G(0.15~1.5)	104.73	20.06	45.99	10.32
	G(0.1~1.5)	105.39	20.04	46.36	4.48
较差	B(0.5~1)	68.00	13.77	27.55	15.31
	B(0.4~1)	69.99	14.09	28.41	12.50
	B(0.25~1.5)	104.00	20.08	45.56	10.67
	B(0.05~2.25)	148.13	24.13	83.42	7.88
恶劣	W(0.4~2)	145.14	24.64	73.10	31.43
	W(0.5~3)	157.94	25.93	86.00	47.63
	W(0.25~2.5)	156.39	25.36	85.38	18.77
	W(0.1~3)	155.21	24.72	84.44	11.87

4.4.2 高速列车各舒适性等级理论阈值范围的确定方法

回归分析是一种通过一组预测变量（自变量），来预测一个或多个响应变量（因变量）的统计分析方法，它也可用于评估预测变量对响应变量的预期效果[1-3]。在大多数的实际问题中影响因变量的因素不是一个而且是很多个，这类问题被称为多元回归分析问题，它是多元统计分析方法中应用最广泛的一种。多元回归分析，是经济统计预测中常用的一种方法，通过建立经济变量与解释变量之间的数学模型，对建立的数学模型进行 R 检验、F 检验、t 检验，在符合判定条件的情况下把给定的解释变量的数值代入回归模型，通过软件计算出经济变量的未来值即预测值[4]。在实际应用中，采取将因变量因子和解释变量按一定标准分等级，更能揭示因变量因子与解释变量的关系，解释效果比采用数值统计方法有明显的提高，在实际应用中具有一定现实意义[5]。线性回归模型的一个局限性是要求因变量是定量变量，而不是定性变量。但许多实际问题中，经常出现因变量是定性变量的情况。Logistic 回归分析，Probit 分析，判别分析，对数线性模型等是处理分类因变量的统计方法。其中 Logistic 回归分析，Probit 分析是当前常用的用来处理分类因变量的统计方法。前者是根据单个或多个连续型或离散型自变量来分析和预测离散型因变量的多元分析方法[6]。

Logistic 概率函数又称增长函数，由 1838 年比利时 P. F. V erhuist 首次提出[7]。他用 logistic 函数作增长曲线后，利用该曲线进行人口统计学的研究一直持续到 19 世纪末。"Logistic 回归分析作为一种有效的数据处理方法在很多领域都有广泛的应用，如生物医学、犯罪学、生态工程、健康学、野生动物学和传染学[8]等方面"。Logistic 回归模型在统计学也取得了同样的成就。在国内，对 Logistic 回归的研究主要集中在应用方面。近年来，国外开始将其应用于多实例标签分类问题的研究。国内也开始应用累积 Logistic 回归分析尤其是多分类累积 Logistic 回归分析和处理的相应问题[9]。邹基于 Logistic 回归方法建立了一种水质级别预测模型，利用长江流域的水质监测数据，进行水质建模，对水质级别做出预测。研究结果表明利用 Logistic 回归进行水质分析，具有良好的拟合和预测效果[10]。王和张针对具有相关关系的分类数据的统计分析，介绍了两类 Logistic 回归模型，并分析了他们的联系与区别[11-12]。任和吕在判别分析时取得了较高的准确性和较好的预测效果[13-14]。庞在信用风险分析中运用 Logistic 回归模型准确建立信用评价模型[15]。张和陈利用 Logistic 回归模型建立财务预警模型从而对财务安全起到了非常大的作用[16-17]。Logistic 函数与 Logistic 分布在各个领域内应用研究的同时，关于 Logistic 分布的参数估计及其分布的拟合优度检验的方面的理论研究也取得了一系列重要的成果。例如，文献[18-21]给出了 Logistic 分布与极值分布的多种关系，文献[22-23]先后给出了 Logistic 分布于指数分布之间的关系。这些理论研究成果的取得对 Logistic 分布的参数估计及其分布的拟合优度检验等理论问题的研究起了极大的推动作用。文献[24-25]给出了基于完全数据和结尾数据，给出了两个参数的最优线性无偏估计。文献[26]考虑了基于 Logistic 分布参数的估计问题。文献[27]给出了 Logistic 分布参数的近似最优线性估计等。

为获取不同舒适性等级之间的临界阈值，采用二元逻辑回归分析的方法，对舒适性等级进行二进制处理，如：为得到理想和良好等级之间的临界阈值，将两个舒适性等级作为因变量，同时理想等级下的参考阈值取值为 0，良好等级下的参考阈值取值为 1。然后通过逻辑回归模型建立各评价指标与舒适性等级之间的概率模型，并取 50 百分位对应的横坐标值作为相邻舒适性等级之间的临界阈值。逻辑回归模型的数学表达式为：

$$P = \frac{1}{1 + e^{-(A+Bx)}} \tag{4-1}$$

式中：A 为逻辑回归分析模型的截距项；B 为回归系数；P 为各舒适性等级的概

率预测值，即某一评价指标取某一定值时人耳处在某一舒适性等级的概率；x为某一评价指标的数值。

为获取理想与良好等级之间的临界阈值，将理想和良好等级作为因变量，取值分别为 0 和 1，同时将理想等级下的四个评价指标的参考阈值分别作为自变量，利用二元逻辑回归分析模型得到式（4-1）中各参数值。

同理，按照上述方法可以得到良好和较差等级、较差和恶劣等级之间的临界阈值。此外，将理想和良好等级作为一个整体划分到舒适性范围，较差和恶劣等级作为一个整体划分到不舒适性范围，作为因变量并分别取值为 0 和 1，再利用二元逻辑回归分析模型得到各待求参数。表 4-4 为回归分析得到的结果。

表 4-4　各评价指标的逻辑回归分析结果（95% CI）

	鼓膜位移			鼓膜应力			镫骨底板位移			镫骨底板振动速度		
	A	B	p	A	B	p	A	B	p	A	B	p
T-1	5.50	0.12	0.00	6.24	0.69	0.00	5.55	0.31	0.00	2.02	0.35	0.03
T-2	3.09	0.04	0.00	3.74	0.25	0.00	2.43	0.08	0.00	4.94	0.55	0.00
T-3	34.50	0.25	0.00	104.04	4.24	0.00	24.39	0.32	0.00	2.19	0.11	0.00
T-4	4.64	0.06	0.00	5.54	0.36	0.00	3.71	0.11	0.00	6.31	0.69	0.00

注：CI（confidence interval），表示置信区间。

表 4-4 中，T-1、T-2、T-3 和 T-4 分别表示的是理想和良好、良好和较差、较差和恶劣舒适和不舒适之间的临界阈值。逻辑回归分析模型得到的各评价指标所对应的各舒适性等级之间的临界阈值的显著水平 $p < 0.05$，说明仿真得到的各舒适性等级的参考阈值具有显著的统计学意义。

4.4.3　高速列车不同的耳舒适性等级之间的临界阈值

将预测模型得到的截距项 A 和回归系数 B 代入式（4-1），可得到相应的 S 形回归曲线，如图 4-8 所示。

图 4-9 中，X 轴表示各评价指标的响应值，Y 轴表示当评价指标为某一定值时，人耳舒适性处于某一等级时的概率。采用 50 百分位作为相邻舒适性等级之间临界阈值的确定依据，即当评价指标为某一定值时，两舒适性等级的概率各占 50%。图 4-9 中，用点虚线表示 50 百分位线，它与回归曲线的交点在 X 轴上的投影即为临界阈值。

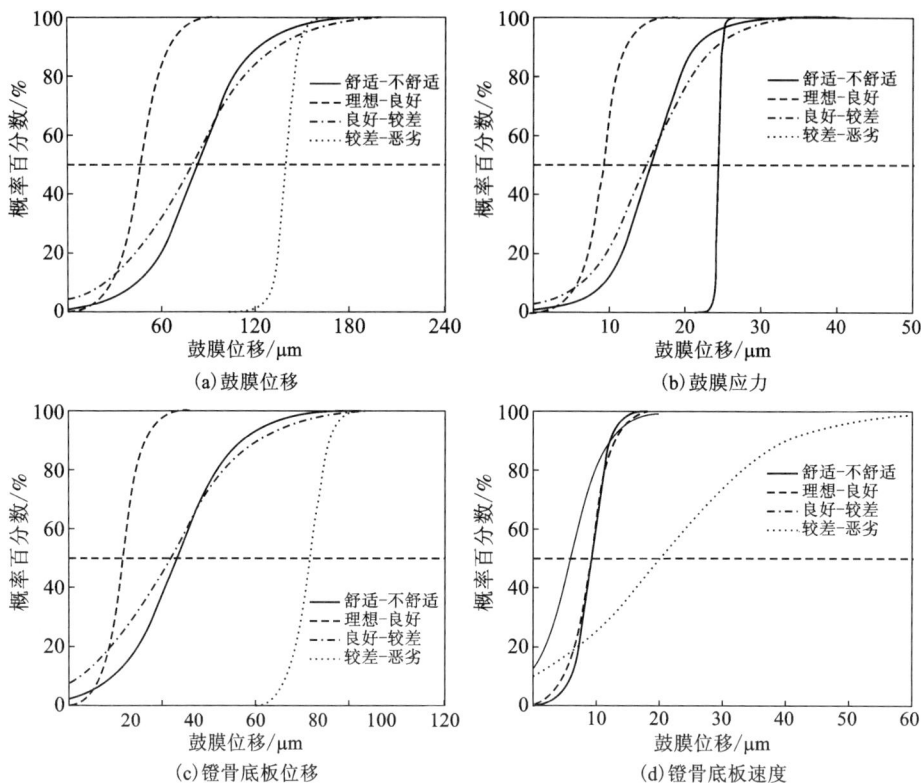

图 4-8　各评价指标的 S 形逻辑回归曲线

观察图 4-9 可发现：随着舒适性等级的降低，回归曲线不断向右移动，说明临界阈值不断增大。需要说明的是，舒适-不舒适性回归曲线与良好-较差回归曲线都可以用来决定人耳是否产生不舒适感的临界阈值，两条曲线并不重合但非常接近。造成两条曲线差异的主要原因是样本的数量不同导致回归分析结果中的回归参数不同，因此回归曲线不完全重合。

由图 4-9 可知，由逻辑回归分析共得到 4 个临界阈值，即(T-1)~(T-4)。表 4-5 列出了 4 个评价指标对应的 4 个临界阈值的数值。

表 4-5　不同舒适性等级之间的临界阈值

评价指标	T-1	T-2	T-3	T-4	Tc *
鼓膜位移/ μm	46.61	78.87	139.87	82.74	80.81
鼓膜应力/ kPa	9.07	14.95	24.51	15.42	15.19
镫骨底板位移/ μm	17.76	32.31	77.51	33.63	32.97
镫骨底板振动速度/(μm·s⁻¹)	5.84	8.98	20.45	9.10	9.04

注: Tc 为 T-2 与 T-4 的平均值, 表示舒适与不舒适的临界阈值。

　　表 4-5 中, T-2 和 T-4 均可用来判定人耳是否产生不舒适感, 且两者相对误差小于 5%, 因此用两者的平均值作为良好-较差或舒适与不舒适的临界阈值, 并用 Tc 表示。

4.5　高速列车人耳气压舒适性的评估方法和评价准则

　　表 4-5 给出了鼓膜位移、鼓膜应力、镫骨底板位移和镫骨底板振动速度 4 个生物力学评价指标对应的相邻舒适性等级之间的临界阈值。根据表 4-5 可以确定不同舒适性等级的阈值范围。

　　对于理想等级, 其所对应的 4 个生物力学评价指标的阈值范围分别是: $\leqslant 46.61$ μm、$\leqslant 9.07$ kPa、$\leqslant 17.76$ μm 和 < 5.84 μm/s。同理, 良好等级所对应的 4 个评价指标的阈值范围分别是: $46.61 \sim 80.81$ μm、$9.07 \sim 15.19$ kPa、$17.76 \sim 32.97$ μm 和 $5.84 \sim 9.04$ μm/s; 较差等级所对应的 4 个评价指标的阈值范围分别是: $80.81 \sim 139.87$ μm、$15.19 \sim 24.51$ kPa、$32.97 \sim 77.51$ μm 和 $9.04 \sim 20.45$ μm/s; 恶劣等级所对应的 4 个评价指标的阈值范围分别是: > 139.87 μm、> 24.51 kPa、> 77.51 μm 和 > 20.45 μm/s。同时, 结合前面所建立的人耳气压不舒适性生理表征与生物力学评价指标之间的映射关系, 确定人耳气压舒适性的评价方法和评价标准。表 4-6 为各舒适性等级所对应的四个评价指标的阈值范围。

表 4-6 耳气压舒适性的评价标准

评价指标	舒适性等级			
	理想	良好	较差	恶劣
鼓膜位移/μm	≤46.61（无耳痛、耳胀感）	46.61~80.81（轻微耳痛、耳胀感）	80.81~139.87（耳痛或耳胀感明显）	>139.87（耳痛或耳胀感加重甚至鼓膜出血）
鼓膜应力/kPa	≤9.07（无耳痛、耳胀感）	9.07~15.19（轻微耳痛、耳胀感）	15.19~24.51（耳痛或耳胀感明显）	>24.51（耳痛或耳胀感加重甚至鼓膜出血）
镫骨底板位移/μm	≤17.76（无眩晕感）	17.76~32.97（无或轻微眩晕感）	32.97~77.51（可能产生眩晕感）	>77.51眩晕感明显
镫骨底板速度/(μm·s⁻¹)	≤5.84（无听力损失风险）	5.84~9.04（轻微听力损失风险）	9.04~20.45（暂时性听力损失）	>20.45（暂时性听力损失甚至听器损伤）

根据表 4-6 可以确定人耳气压舒适性的评估方法为：首先将获取的车内压力变化数据作用在人耳生物力学模型上，然后输出各评价指标的动力学响应结果，通过与表 4-6 中的耳气压舒适性评价准则进行对比，预测高速列车在通过隧道的整个过程中的耳舒适性的变化历程以及各阶段所处的耳舒适性等级。同时，依照各评价指标所对应的耳不舒适性的生理表征，对车内乘员的耳舒适性进行判断和分析。

参考文献

[1]王悦明.铁路客车空气压力密封性问题[J].铁道机车车辆，2000，4：4-7.

[2]苏晓峰，程建峰，韩增盛.高速列车气密性研究综述[J].铁道车辆，2004，42（5）：16-19.

[3]铃木浩明，高魁源.车内压力波动引起耳鸣的研究[J].国外铁道车辆，1999，05：15-18.

[4]铃木浩明.列车舒适度的评价[J].国外铁道车辆，1999（02）：28-34.

[5]福嶋直樹，铃木浩明，下村隆行.トンネル走行時の耳つん感覚の規定要因に関する実験的研究[J].鉄道総研報告，1996，10（10）：27-30.

[6] Guan X, Gan R Z. Mechanisms of tympanic membrane and incus mobility loss in acute otitis media model of guinea pig[J]. Journal of the Association for Research in Otolaryngology, 2013, 14(3): 295-307.

[7] Voss S E, Rosowski J J, Peake W T. Is the pressure difference between the oval and round windows the effective acoustic stimulus for the cochlea? [J]. The Journal of the Acoustical Society of America, 1996, 100(3): 1602-1616.

[8] Zwislocki J. Analysis of the middle - ear function. Part I: Input Impedance[J]. The journal of the Acoustical Society of America, 1962, 34(9B): 1514-1523.

[9] Rosowski J J, Merchant S N. Mechanical and acoustic analysis of middle ear reconstruction [J]. The American journal of otology, 1995, 16(4): 486-497.

[10] Prendergast P J, Ferris P, Rice H J, et al. Vibro-acoustic modelling of the outer and middle ear using the finite-element method[J]. Audiology and Neurotology, 1999, 4(3-4): 185-191.

[11] Gan R Z, Sun Q, Dyer Jr R K, et al. Three-dimensional modeling of middle ear biomechanics and its applications[J]. Otology & Neurotology, 2002, 23(3): 271-280.

[12] 郑刚, 李卫东, 戴建国. 不同气压变化速率对豚鼠耳气压伤的影响[J]. 中华航空医学杂志, 1995, 02: 100-103+129

[13] Liang J, Luo H, Yokell Z, Nakmali D U, et al. Characterization of the nonlinear elastic behavior of chinchilla tympanic membrane using micro-fringe projection. Hearing Research 2016; 339: 1-11.

[14] Devaney K O, Boschman C R, Willard S C, et al. Tumours of the external ear and temporal bone[J]. The Lancet Oncology, 2005, 6(6): 411 420.

[15] Merchant S N, Rosowski J J. Conductive hearing loss caused by third-window lesions of the inner ear[J]. Otology & neurotology, 2008, 29(3): 282.

[16] Stenfelt S, Goode R L. Bone-conducted sound: physiological and clinical aspects[J]. Otology & Neurotology, 2005, 26(6): 1245-1261.

[17] Davis H. An active process in cochlear mechanics[J]. Hearing research, 1983, 9(1): 79-90.

[18] Xie P, Peng Y, Wang T, et al. Risks of ear complaints of passengers and drivers while trains are passing through tunnels at high speed: a numerical simulation and experimental study[J]. International Journal of Environmental Research and Public Health, 2019, 16(7): 1283.

[19] Reichenbach T, Hudspeth A J. The physics of hearing: fluid mechanics and the active process of the inner ear[J]. Reports on Progress in Physics, 2014, 77(7): 076601.

[20] Becker G D, Parell G J. Barotrauma of the ears and sinuses after scuba diving[J]. European archives of oto-rhino-laryngology, 2001, 258(4): 159-163.

[21] Neff B A, Staab J P, Eggers S D, et al. Auditory and vestibular symptoms and chronic subjective dizziness in patients with Meniere's disease, vestibular migraine, and Meniere's

disease with concomitant vestibular migraine. Otology & Neurotology 2012; 33（7）: 1235-1244.

[22]Sakata T, Esaki Y, Yamano T, et al. Air pressure-sensing ability of the middle ear—investigation of sensing regions and appropriate measurement conditions [J]. Auris Nasus Larynx, 2009, 36(4): 393-399.

[23]Engles W G, Wang X, Gan R Z. Dynamic properties of human tympanic membrane after exposure to blast waves[J]. Annals of biomedical engineering, 2017, 45(10): 2383-2394.

[24]Patow C A, Bartels J, Dodd K T. Tympanic membrane perforation in survivors of a SCUD missile explosion[J]. Otolaryngology—Head and Neck Surgery, 1994, 110(2): 211-221.

[25]Mayo A, Kluger Y. Blast-induced injury of air-containing organs[J]. ADF Health, 2006, 7 (1): 40-44.

[26]Patterson Jr J H, Hamernik R P. Blast overpressure induced structural and functional changes in the auditory system[J]. Toxicology, 1997, 121(1): 29-40.

[27]Chait R H, Casler J, Zajtchuk J T. Blast injury of the ear: historicalperspective[J]. Annals of Otology Rhinology & Laryngology Supplement, 1989, 140(5): 9.

[28]Deguine C, Pulec J L. Traumatic dislocation of the incus[J]. Ear, Nose & Throat Journal, 1995, 74(12): 800-800.

[29]Mrena R, Pääkkönen R, Bäck L, et al. Otologic consequences of blast exposure: a Finnish case study of a shopping mall bomb explosion[J]. Acta oto-laryngologica, 2004, 124(8): 946-952.

[30]Graham M D, Reams C, Perkins R. Human tympanic membrane—malleus attachment preliminary study [J]. Annals of Otology, Rhinology & Laryngology, 1978, 87（3）: 426-431.

[31]Volandri G, Di Puccio F, Forte P, et al. Biomechanics of the t ympanic membrane[J]. Journal of biomechanics, 2011, 44(7): 1219-1236.

[32]姚文娟, 李武, 付黎杰等. 中耳结构数值模拟及传导振动分析[J]. 系统仿真学报, 2009, 21(3): 651-654.

[33]刘永斌. 内耳的结构与功能[J]. 生物学通报, 1986, 3: 21-23

第 5 章
高速列车过隧道车内压力变化规律分析

本章内容简介：车内压力变化数据获取是研究其对耳气压舒适性影响的前提条件。为分析高速列车运行速度、车体密封指数、隧道长度、隧道断面面积以及车厢位置等因素对耳气压舒适性的影响，本章采用了动模型试验和实车试验相结合的方法，获取了高速列车在不同运行工况下的车内压力变化数据。首先，利用动模型试验采集了高速列车模型以不同速度通过不同截面面积和不同长度隧道时不同车厢位置的压力变化数据。其次，利用车内外压力传递模型将车外压力变化数据转化为在不同车体密封指数条件下的车内压力。最后，结合实车试验采集了某型号高速列车通过不同长度隧道时不同车厢内的压力变化数据。

5.1　高速列车动模型试验

获取高速列车车内瞬变压力的变化规律是开展人耳气压舒适性评估研究的必要条件。实车试验是研究高速列车通过隧道时车内产生的瞬变压力变化规律的最直接途径，但是受地域、车型和成本的限制较大，且试验准备周期长实施难度较大。采用动模型试验，试验实施难度相对较低，可以弥补实车试验的不足，而且可以开展多种参数条件下的车内压力变化规律研究。

5.1.1　高速列车动模型试验目的及工况

利用动模型试验获取高速列车动模型以不同运行速度通过 70 m² 和 100 m² 断面面积的隧道时车体表面压力变化数据。同时，利用车体内外压力传递模型将车体表面压力转化为不同密封指数条件下的车内压力变化数据。

动模型试验系统由试验台、动力系统、加速系统、控制系统、测试系统、制动系统、数据处理系统和试验模型构成。试验线全长为 164 m，在整个试验段的轨道中间布置有黑白相间的反射条，通过在动模型车尾部安装传感器及探头，车载数据采集系统可记录动模型车运行时探头与反射条之间的光电发射信号，并得到动模型车的速度。测试系统由车载测试系统和地面测试系统组成，负责各参量的动态测量和采集。

需要指出的是，Martinez 等提出了最不利隧道长度的概念，它是指压力波幅值大小与隧道长度有关，但存在一个临界隧道长度使压力波动幅值最大，该临界隧道长度称为最不利隧道长度[1]。王建宇等通过对实车试验测得的数据分析，给出了最不利隧道长度的计算公式[2]，如表 5-1 所示。此外，研究最不利隧道长度对人耳舒适性的影响，有利于指导隧道设计和确保行车安全[3-5]。

表 5-1　最不利隧道长度计算公式（高速列车长度 400 m）

高速列车运行速度 v /(km·h⁻¹)	马赫数 M	车头				车尾			
		压力上升		压力下降		压力上升		压力下降	
		L_t/L_v	L_t	L_t/L_v	L_t	L_t/L_v	L_t	L_t/L_v	L_t
200	0.1634	5.83	3133	4.26	1702	10.89	4357	3.06	1224
250	0.2042	4.77	1907	3.70	1481	5.22	2886	2.45	979
300	0.2451	3.14	1256	3.36	1345	5.18	2073	2.04	816
350	0.2859	2.18	873	3.15	1259	3.93	1573	1.75	699
计算公式 L_t/L_v		$\dfrac{1-M}{4M^2}$		$\dfrac{1+M}{2M(1-M)}$		$\dfrac{1+M}{4M^2}$		$\dfrac{1}{2M}$	

注：L_t 为最不利隧道长度；L_v 为高速列车长度。

本书所采用的最不利隧道长度的选取原则为：假设高速列车运行速度为 350 km/h，隧道断面面积分别为 70 m²（单线隧道）和 100 m²（双线隧道），在考虑车头压力下降的情况下，利用以下两式分别计算得到单线隧道和双线隧道的最不利隧道长度。

$$\frac{L_t}{L_v} = \frac{1+M}{2M(1-M)} \tag{5-1}$$

$$\frac{L_t}{L_v} = \frac{1+M}{(1-M)^2} \tag{5-2}$$

式中：L_t 为最不利隧道长度，L_v 为高速列车长度，其数值为 85.9 m；M 为马赫数。经计算，单线隧道和双线隧道的最不利隧道长度分别为 322 m 和 287 m。

试验所采用的高速列车模型均为 3 编组，即由头车、中间车和尾车组成，缩比为 1：20。图 5-1 所示为车体表面压力传感器布置图。

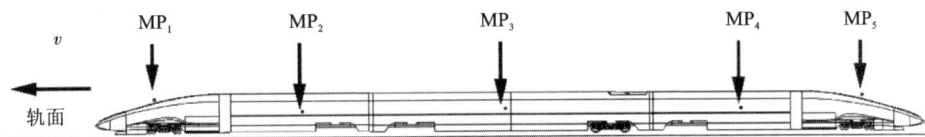

图 5-1　车体表面压力传感器布置图

首先，针对高速列车动模型试验，本书主要选取 5 个测试点作为评价对象，其测点分别布置在头车司机室、头车客室、中间车、尾车客室和尾车司机室 5 个位置，分别对应编号为 $MP_1 \sim MP_5$。图 5-2 至图 5-4 分别为 70 m^2 和 100 m^2 隧道断面示意图和动模型试验压力传感器布置与实际试验现场图。

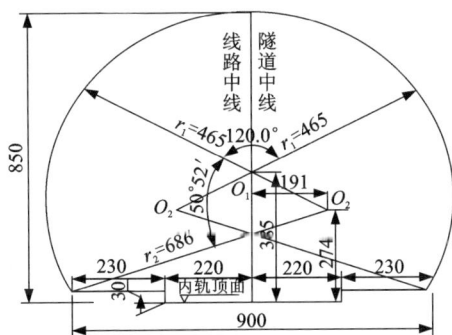

图 5-2　70 m^2 隧道断面示意图

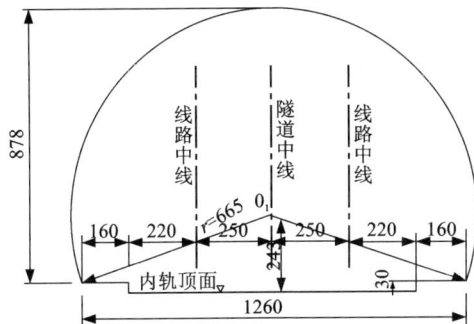

图 5-3　100 m^2 隧道断面吉意图

图 5-4　动模型试验压力传感器布置与实际试验现场图

开展三次重复性试验检查各传感器是否工作正常，若各测点压力传感器三次测得的数据相对误差不大于 5%，则说明各传感器工作正常，满足试验要求；若相对误差大于 5% 则需对传感器进行校正或检查传感器是否工作正常。若传感器工作出现异常，则应更换新的传感器直至满足试验要求。同时，每次试验结束后，均须对传感器进行校准以满足试验精度要求。

5.1.2　高速列车车体内外压力传递模型

利用动模型试验得到的是高速列车动模型车体表面的压力变化数据，需要通过车内外压力传递模型转化为车内压力变化数据。同时还可以得到车体外表面压力转化为在不同车体密封指数条件下的车内压力变化数据。

当高速列车动模型车通过隧道时，由于车体的密封作用使得车厢内压力变化幅值明显小于车体外部。在车辆静止时，车体密封性一般用泄压时间来表示[6]。目前通常采用的方法是向密封处理后的车厢内充气至某一压力，然后自然泄压，以泄压前后的时间差（泄压时间）来衡量车辆的气密性。

车体密封常数定义如下式所示：

$$\tau = \frac{\Delta P}{\mathrm{d}P/\mathrm{d}t} \tag{5-3}$$

式中：τ 为密封指数；ΔP 为车体内外压差；$\mathrm{d}P/\mathrm{d}t$ 为车内压力变化率。在计算车内压力的过程中，上述定义假设车辆采用了压力截止阀保护装置，略去车辆进排风口的影响。

如果在一辆车上取 i 个部位作为测点，密封指数分别为 $\tau_i(i = 1, 2, \cdots, n)$，整车的密封指数为 τ，则 τ_i 与 τ 的关系类似阻抗并联，关系式如下：

$$\frac{1}{\tau} = \frac{1}{\tau_1} + \frac{1}{\tau_2} + \cdots + \frac{1}{\tau_n} \tag{5-4}$$

若泄压开始时车内外压力差为 ΔP_1，经过 t 秒后压力差减小为 ΔP_2，则式(5-3)可改写为：

$$\tau = \frac{t}{\ln(\Delta P_1 / \Delta P_2)} \tag{5-5}$$

在式(5-5)中取 $\Delta P_1 / \Delta P_2 = e$，则 $\tau = t$，此时泄压时间等于密封指数。

由式(5-3)可知，车内压力变化率与车体内外压差成正比，即：

$$dP/dt = \lambda P_{wmax} \tau^{\eta} \tag{5-6}$$

式中：λ 和 η 为常数，其值分别为 0.16 和 -0.5；P_{wmax} 是车体外部压力变化幅值。

对式(5-6)进行积分可得：

$$P_n(t) = \int_0^t \lambda P_{wmax} \tau^{\eta} dt + C \tag{5-7}$$

式中：C 为常数值，与车体密封性相关；$P_n(t)$ 为车内压力随时间变化曲线。

将高速列车动模型试验获取的不同车厢位置处的车体表面压力变化数据代入式(5-7)，可得到不同试验工况条件下的车内压力变化。

令 $\Delta P = P_{ex} - P_{in}$，其中 P_{ex} 和 P_{in} 分别代表车体表面、车体内部压力，为关于时间 t 的函数，将密封指数定义式(8-3)变换为表述高速列车内外压力的波动关系式：

$$\frac{dP_{in}}{dt} + \frac{1}{\tau} P_{in} = \frac{1}{\tau} P_{ex} \tag{5-8}$$

对式(5-8)进行积分，令变量 P_{in} 和 P_{ex} 初始值为 $P_{in}(0)$、$P_{ex}(0)$，得到 t 时刻的车内压力计算公式：

$$P_{in}(t) = P_{ex}(t) - [P_{ex}(0) - P_{in}(0)] e^{-t/\tau} \tag{5-9}$$

将式(5-9)写作离散形式，若已知 $t=t_1$ 时刻车内外压力，则对 $t=t_2$ 时刻的车内压力进行迭代计算的公式为：

$$P_{in}(t_2) = P_{ex}(t_1) - [P_{ex}(t_1) - P_{in}(t_1)] e^{-(t_2-t_1)/\tau} \tag{5-10}$$

利用式(5-10)可以由在动模型实验中获取的车体表面压力变化数据可到不同气密条件下的车内压力的变化。

5.1.3　高速列车车内压力变化曲线

为研究车体密封指数对耳气压舒适性的影响，本书考虑了 3 种密封指数对车内压力变化的影响，即密封指数 SI 为 4 s、8 s 和 12 s，经过车内外压力传递模型计算后，最后得到车内压力变化曲线。图 5-5 和图 5-6 分别为高速列车动模型车在不同运行速度、密封指数和隧道断面条件下各测点的压力变化曲线。

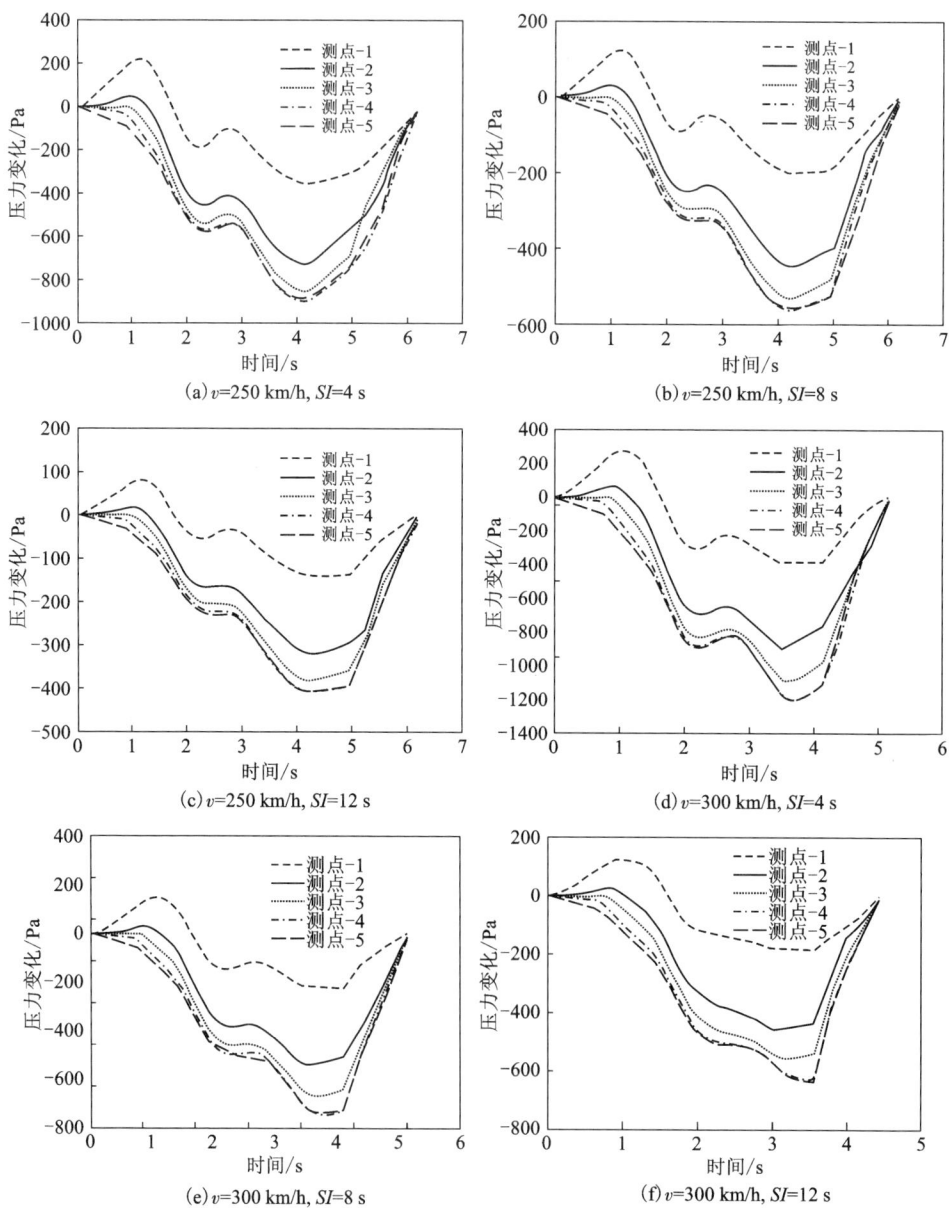

(a) v=250 km/h, SI=4 s

(b) v=250 km/h, SI=8 s

(c) v=250 km/h, SI=12 s

(d) v=300 km/h, SI=4 s

(e) v=300 km/h, SI=8 s

(f) v=300 km/h, SI=12 s

(g) v=350 km/h, SI=4 s

(h) v=350 km/h, SI=8 s

(i) v=350 km/h, SI=12 s

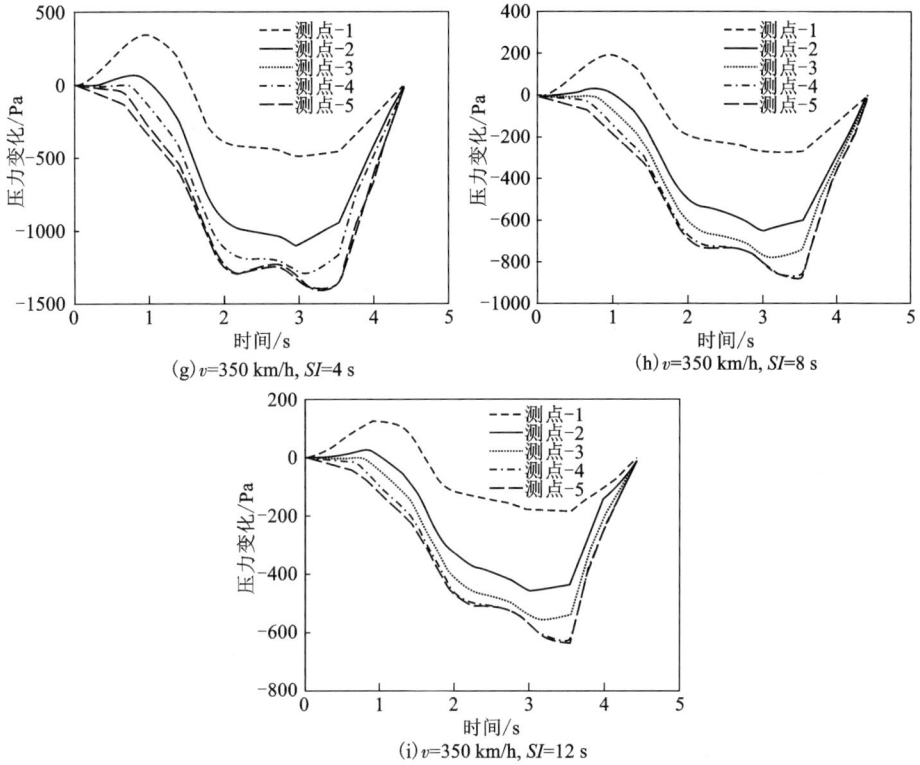

图 5-5　高速列车动模型车通过 70 m^2、350 m 隧道时车内压力变化曲线

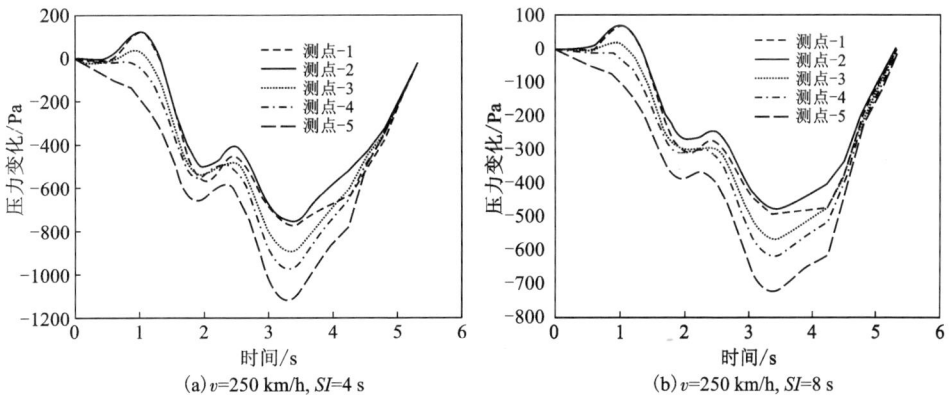

(a) v=250 km/h, SI=4 s

(b) v=250 km/h, SI=8 s

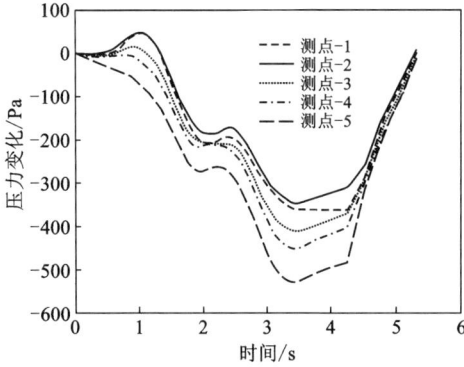

(c) v=250 km/h, SI=12 s

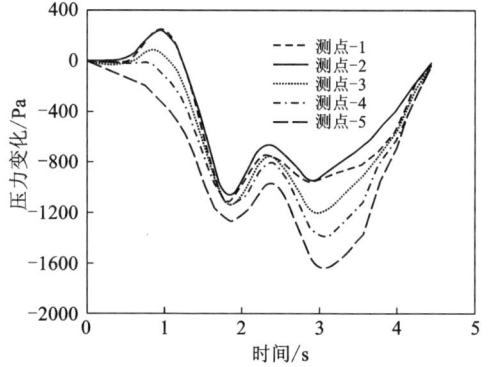

(d) v=300 km/h, SI=4 s

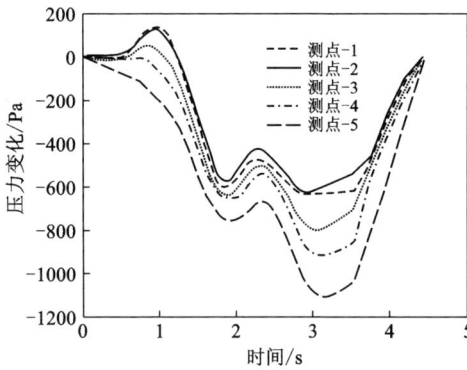

(e) v=300 km/h, SI=8 s

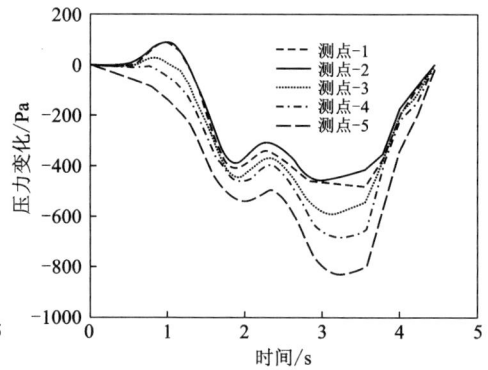

(f) v=300 km/h, SI=12 s

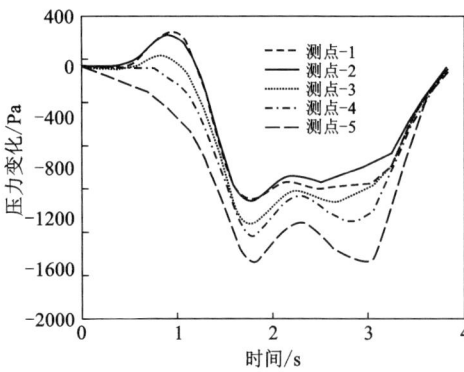

(g) v=350 km/h, SI=4 s

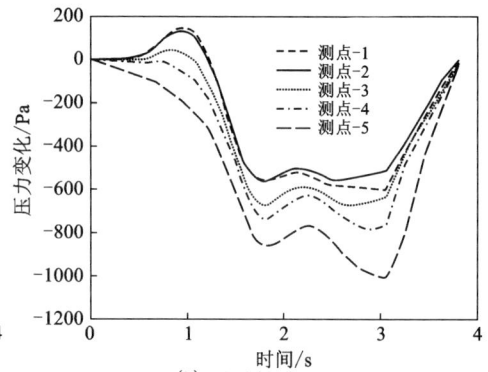

(h) v=350 km/h, SI=8 s

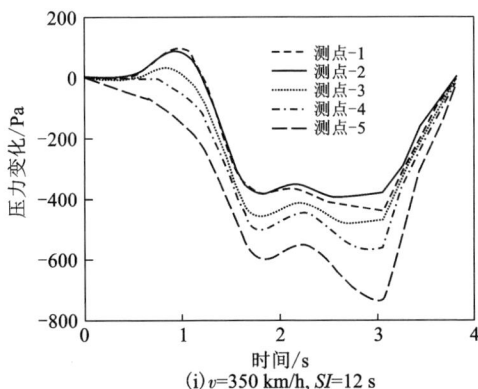

(i)v=350 km/h, SI=12 s

图 5-6　高速列车动模型通过 100 m²、287 m 隧道时车内压力变化曲线

　　当高速列车动模型车运行速度一定时，车体密封指数越大车内压力变化幅值越小；当车体密封指数一定时，高速列车动模型车运行速度越高，车内压力变化幅值越大。为更加直观分析高速动模型车列车运行速度和车体密封指数对车内压力变化的影响，表 5-2 列出了不同试验工况下高速列车动模型车内压力变化幅值。

表 5-2　不同试验工况下高速列车动模型车内压力变化幅值

隧道参数	车体密封系数	头车司机室压力/Pa	头车客室压力/Pa	中间车客室压力/Pa	尾车客室压力/Pa	尾车司机室压力/Pa	速度/(km·h⁻¹)
长度：350 m 断面面积：70 m²	4 s	572	779	853	894	880	250 km/h
	8 s	318	473	530	561	556	
	12 s	220	339	383	406	404	
长度：350 断面面积：70 m²	4 s	662	955	1092	1201	1201	300 km/h
	8 s	375	569	667	742	745	
	12 s	261	404	480	536	538	
	4 s	837	1168	1290	1396	1401	350 km/h
	8 s	453	684	777	868	875	
	12 s	314	481	555	626	634	

续表5-2

隧道参数	车体密封系数	头车司机室压力/Pa	头车客室压力/Pa	中间车客室压力/Pa	尾车客室压力/Pa	尾车司机室压力/Pa	速度/(km·h^{-1})
长度: 322 m 断面面积: 70 m²	4 s	672	714	795	853	920	250 km/h
	8 s	400	428	485	523	569	
	12 s	291	305	348	376	411	
	4 s	915	990	1144	1276	1406	300 km/h
	8 s	553	600	708	797	885	
	12 s	405	428	512	577	643	
	4 s	1269	1324	1453	1593	1771	350 km/h
	8 s	770	809	920	1036	1166	
	12 s	563	579	669	761	863	
长度: 287 m 断面面积: 100 m²	4 s	893	878	927	970	1111	250 km/h
	8 s	558	544	587	616	717	
	12 s	406	393	428	451	528	
	4 s	1356	1303	1289	1385	1638	300 km/h
	8 s	761	749	839	917	1102	
	12 s	566	544	621	683	826	
	4 s	1323	1308	1334	1350	1547	350 km/h
	8 s	747	690	715	783	1004	
	12 s	537	480	512	569	736	

当高速列车动模型车运行速度和测点位置一定时，车体密封指数越高，车内压力变化幅值越小；当车体密封指数和测点位置一定时，高速列车动模型车运行速度越高，车内压力变化幅值越大；当高速列车动模型车运行速度和车体密封指数一定时，隧道截面越大，车内压力变化幅值越小；当高速列车动模型车运行速度和车体密封指数一定时，头车司机室内的压力变化幅值明显小于其他位置的压力变化幅值，且距离头车距离越远，压力变化幅值呈现增大的趋势。

5.2　高速列车实车试验

实车试验是研究车内交变压力变化规律的另一种途径,它可以分析不同隧道长度对车内交变压力的影响。选取某型号高速列车以 350 km/h 的速度通过 4 种不同长度的隧道,测取不同车厢内的车内压力变化数据。

5.2.1　高速列车实车试验目的及工况

以某型号 8 编组高速列车为试验高速列车,选取高速列车运行速度 $v =$ 350 km/h 时得到的车内交变压力数据为研究对象。同时,为保证试验精度,该运行速度下的测试试验通过同一隧道的次数不少于两个往返。

将隧道按其长度大小依次进行编号,分别为#1 ~ #4,表 5-3 为各隧道长度及高速列车通过隧道所用时间。

表 5-3　试验线路隧道长度与通过时间统计表

隧道编号	1#	2#	3#	4#
隧道长度/m	3012	5694	9490	12366
通过时间/s	30.98	58.56	95.61	125.19

实车试验中,车内布置的压力传感器主要分布在头车司机室、头车客室、中间车和尾车客室。图 5-7 和图 5-8 为车内压力测点分布和布置图。

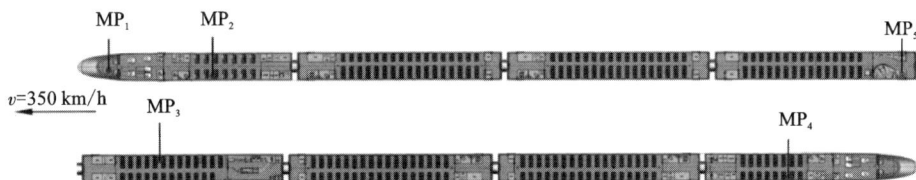

图 5-7　车内压力测点布置图

(a)司机室 (b)头车客室

(c)中间车 (d)尾车客室

图5-8　车厢内部压力测点布置图

5.2.2　高速列车运行速度与压力变化的关系

1.某型号高速列车通过合武铁路、石太客运专线隧道

表5-4列出了某型号高速列车以250 km/h的速度通过合武铁路不同长度隧道时，车内正对车窗测点（SW^C）和车外测点（13#）的压力变化幅值及3 s变化率。高速列车以不同速度通过石太客运专线沿线隧道时，主要测试结果如表5-4至表5-7所示。其中太行山隧道为双洞单线隧道，而其他隧道都是单洞双线隧道，由于太行山隧道海拔高度差较大（394 m），实车测试中车内、外压力

变化幅值除了由于高速列车通过隧道引起的空气压力变化之外，还包含了因海拔高度差而引起的压力变化。

表 5-4   高速列车过合武铁路各隧道测试结果

隧道名称	隧道长度 /m	速度 /(km·h⁻¹)	车外压力变化/Pa 幅值	车内压力变化/Pa 幅值	3 s
大别山	13256	180	1242	945	296
		200	1501	1013	362
		220	1653	1052	414
		250	2208	1205	492
金寨	10766	180	1288	971	299
		200	1510	1021	366
		220	1679	1110	420
		250	2217	1236	512
红石埂	5111	180	1201	769	321
		200	1373	880	376
		220	1603	991	450
		250	2120	1282	590
松阳寨	3478	180	1390	789	349
		200	1500	875	400
		220	1770	956	489
		250	2311	1235	618
棋堂坳	1703	180	1282	802	384
		200	1555	856	453
		220	1791	941	505
		250	2257	1209	622
鹰嘴石	1080	180	1150	604	412
		200	1270	697	460
		220	1525	764	522
		250	2031	981	661

续表5-4

隧道名称	隧道长度/m	速度/(km·h⁻¹)	车外压力变化/Pa	车内压力变化/Pa	
			幅值	幅值	3 s
尹湾	471	180	857	456	302
		200	1052	548	379
		220	1304	653	429
		250	1602	812	566
碧绿河	212	180	682	162	153
		200	824	184	184
		220	1023	221	221
		250	1256	265	265
鸟米寨	128	250	1073	192	192
胡家泵	241	250	1263	273	273
鲍家冲	2059	250	2239	1179	619
杨家坳	187	250	1231	229	229
阎家河	154	250	1121	203	203
王家湾	163	250	1188	209	209
太平桥	205	250	1237	234	234
卢家大山一号	549	250	1857	857	576
卢家大山二号	208	250	1244	259	253
钟油坊	556	250	1868	896	583
小咀子	215	250	1259	270	267
狼牙石	72	250	564	93	93
黄家新楼	212	250	1248	259	259
红石庙	1129	250	2079	950	649
许家湾	221	250	1268	275	269
响山寺	264	250	1341	364	348
香炉山	178	250	1220	228	228
唐湾一号	216	250	1165	276	270
唐湾二号	73	250	635	134	134
五福堂	106	250	1069	188	188

续表5-4

隧道名称	隧道长度/m	速度/(km·h⁻¹)	车外压力变化/Pa	车内压力变化/Pa	
			幅值	幅值	3 s
红石岩	7857	250	2157	1248	574
九斗冲	2980	250	2293	1232	599
金盆地	452	250	1425	653	468
年家湾	548	250	1773	842	571
汀筒沟	2196	250	2263	1205	612
乔家山	919	250	1901	942	637
周家坳	308	250	1393	373	344

表 5-5 高速列车过石太客运专线隧道测试结果

隧道名称	隧道长度/m	速度/(km·h⁻¹)	车外压力变化/Pa	车内压力变化/Pa	
			幅值	幅值	3 s
太行山（单线）	27848	180	4860	3781	348
		200	5067	3945	385
		210	5149	4031	415
		220	5262	4123	437
		230	5392	4299	486
		230(风机关)	5438	4252	592
		240(风机关)	5632	4677	621
		250(风机关)	5914	4929	653
南小坪	3598	180	1201	761	244
		200	1456	838	276
		210	1583	881	291
		220	1699	912	312
		230	1852	985	339
		230(风机关)	1820	1256	441
		240(风机关)	1865	1293	454
		250(风机关)	2098	1287	472

续表5-5

隧道名称	隧道长度/m	速度/(km·h⁻¹)	车外压力变化/Pa	车内压力变化/Pa	
			幅值	幅值	3 s
西小坪	360	180	884	182	182
		200	975	197	197
		220	1132	241	241
		230	1256	258	258
		230(风机关)	1281	330	330
		240(风机关)	1361	337	337
		250(风机关)	1448	346	346
寺南	540	180	917	275	195
		200	1058	311	215
		220	1245	392	263
		230	1351	421	279
		230(风机关)	1337	568	357
		240(风机关)	1538	609	383
		250(风机关)	1610	669	414
花沟2号	569	180	954	284	200
		200	1104	327	219
		220	1292	404	272
		230	1347	434	287
		230(风机关)	1365	571	368
		240(风机关)	1552	618	401
		250(风机关)	1661	677	426
观音堂	1035	180	1134	394	238
		200	1235	463	281
		220	1478	508	314
		230	1685	533	353
		230(风机关)	1696	682	476
		240(风机关)	1843	715	507
		250(风机关)	2018	759	529

续表 5-5

隧道名称	隧道长度/m	速度/(km·h⁻¹)	车外压力变化/Pa	车内压力变化/Pa	
			幅值	幅值	3 s
南庄	3345	180	1373	768	251
		200	1554	856	272
		220	1659	898	305
		230	1736	972	322
		230(风机关)	1772	1159	428
		240(风机关)	1923	1208	447
		250(风机关)	2225	1259	490
段庄	1005	250	1890	796	627
活宝山	480.2	250	1594	485	466
小坡山	4507	250	2029	1102	424
庙岭山	2936	250	2191	1312	518
小寨	373	250	1534	361	361
石板山	7505	250	2802	1637	412
南梁	11538.55	250	3804	3587	532
东进山	493	250	1635	583	408
屋子坪	258	250	1422	235	235
茂林山	4045	250	2109	994	514
花沟 1 号	259	250	1471	236	236
五梁山 1 号	235	250	1323	214	206
五梁山 2 号	114	250	798	156	156
五梁山 3 号	105	250	459	120	118
峪儿 1 号	201.4	250	1175	202	198
峪儿 2 号	330	250	1503	289	289
李虎坪	245	250	1395	227	213
牛家滩 1 号	287	250	1495	278	258
牛家滩 2 号	500	250	1662	602	413
红沟 1 号	112	250	724	144	143
红沟 2 号	250	250	1416	231	220

续表5-5

隧道名称	隧道长度/m	速度/(km·h⁻¹)	车外压力变化/Pa	车内压力变化/Pa	
			幅值	幅值	3 s
红沟 3 号	190	250	1008	183	183
红沟 4 号	195	250	1012	186	186
岗底隧道	1090	250	2039	933	553

表 5-6　高速列车重联通过石太客运专线隧道时车内外测试结果

隧道名称	隧道长度/m	速度/(km·h⁻¹)	车外压力变化/Pa	车内压力变化/Pa	
			幅值	幅值	3 s
太行山（单线）	27848	205	5676	4707	426
		240	6284	4960	527
		260	6552	5368	611
南小坪（双线）	3598	200	1539	1359	429
		230	2150	1663	486
		260	2787	1785	516

表 5-7　高速列车重联通过石太客运专线隧道车内外测试结果

隧道名称	隧道长度/m	速度/(km·h⁻¹)	车内压力变化/Pa	
			幅值	3 s
太行山（单线）	27848	205	3974	294
		240	4224	432
		260	4690	494
南小坪（双线）	3598	200	792	229
		230	922	303
		260	1133	340

高速列车以不同速度通过棋堂坳隧道时，车内正对车窗测点（SW^c）、车外测点（13#）压力变化曲线见图 5-9 和图 5-10；高速列车以 250 km/h 的速度通过大别山隧道和碧绿河隧道，两测点的压力变化曲线见图 5-11 和图 5-12。

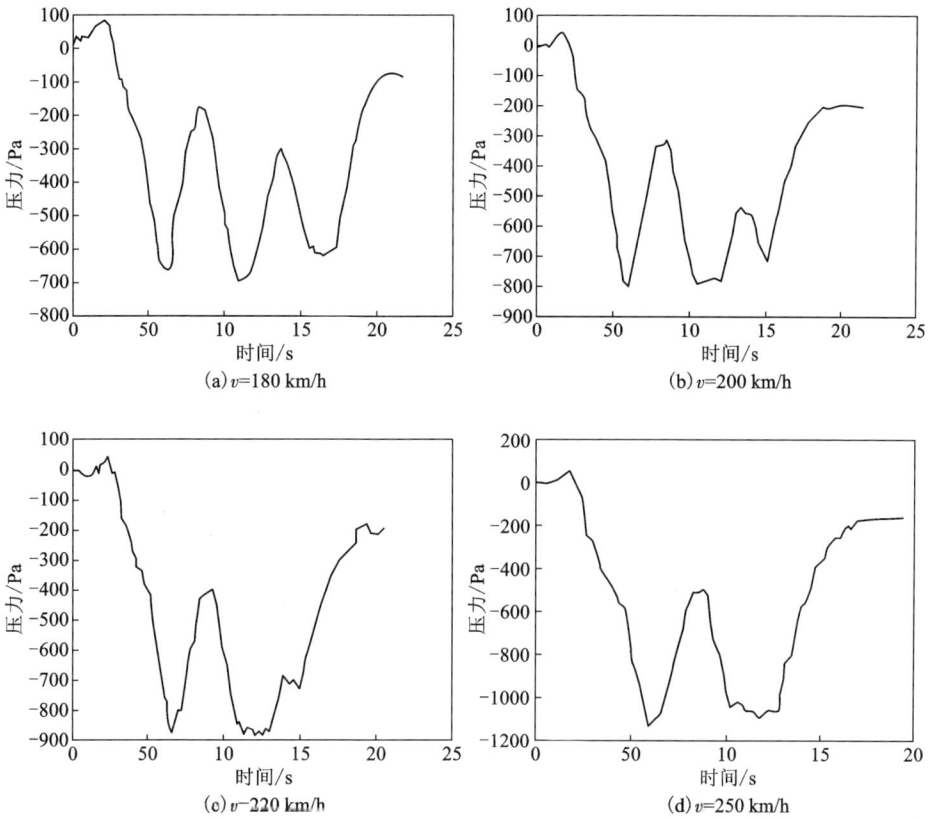

(a) $v=180$ km/h

(b) $v=200$ km/h

(c) $v=220$ km/h

(d) $v=250$ km/h

图 5-9　高速列车通过棋堂坳隧道，车内 SW^C 测点压力变化曲线

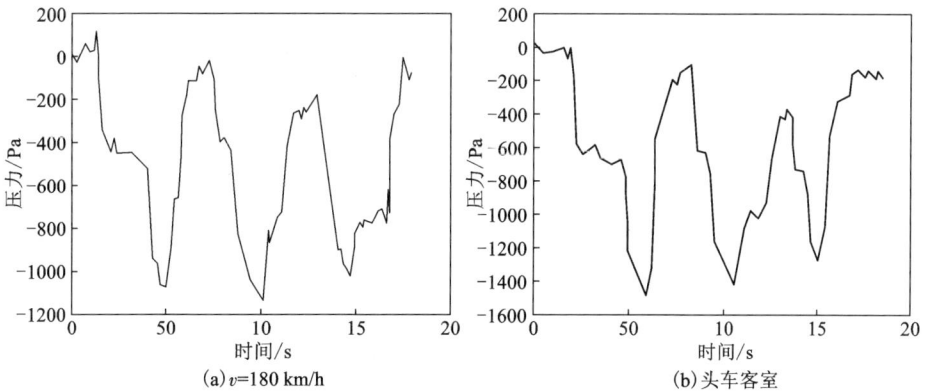

(a) $v=180$ km/h

(b) 头车客室

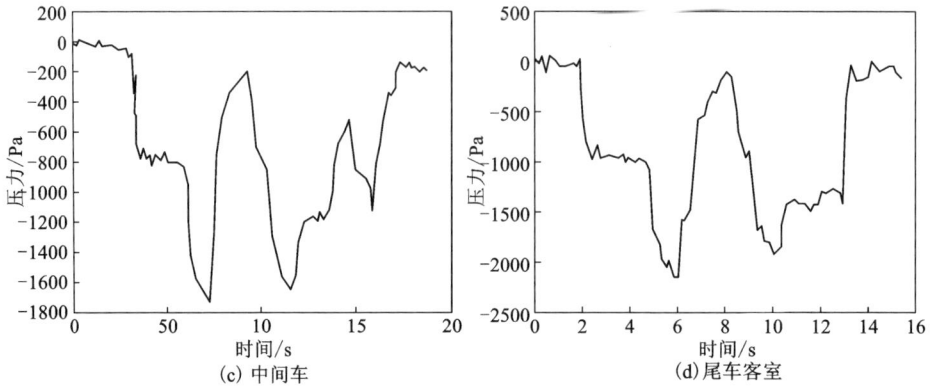

(c) 中间车

(d) 尾车客室

图 5-10 高速列车以不同速度通过棋堂坳隧道时，车外 13#测点压力变化曲线

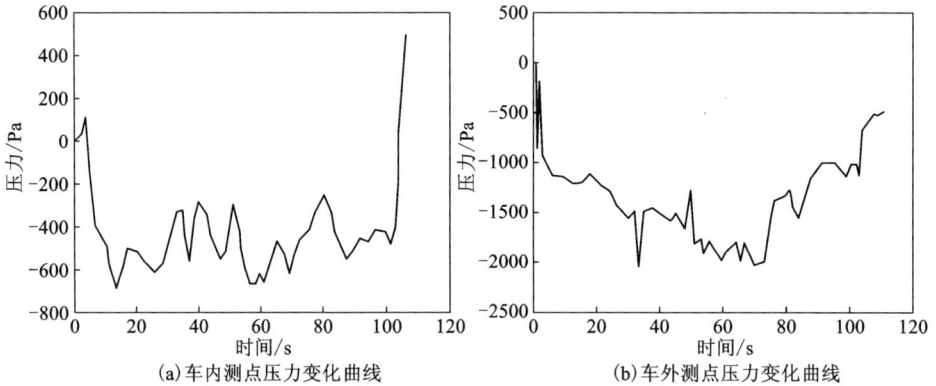

(a)车内测点压力变化曲线

(b)车外测点压力变化曲线

图 5-11 高速列车以 250 km/h 的速度通过大别山隧道时,测点压力变化曲线

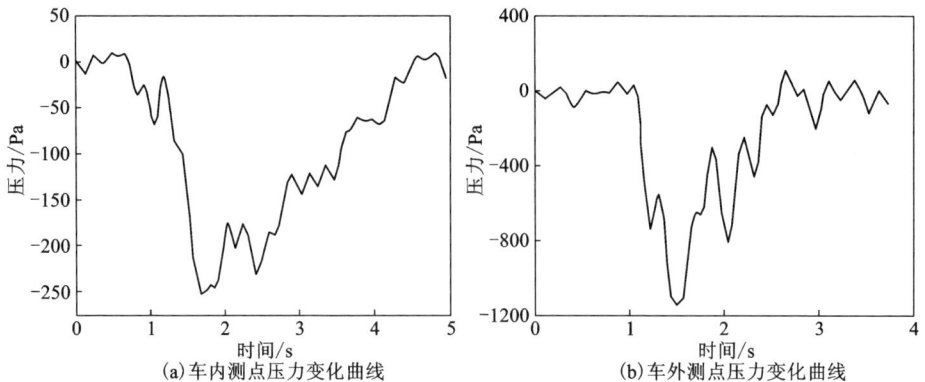

(a)车内测点压力变化曲线

(b)车外测点压力变化曲线

图 5-12 高速列车以 250 km/h 的速度通过碧绿河隧道时,测点压力变化曲线

　　高速列车以不同速度通过鹰嘴石隧道时,其车内测点(SW^C)、车外测点
(13#)压力变化曲线见图 5-13 和图 5-14;对金寨隧道、红石埝隧道、松阳寨隧
道、尹湾隧道和太行山隧道列出高速列车以 250 km/h 的速度通过时,上述两测
点的压力变化曲线,见图 5-15~图 5-19。

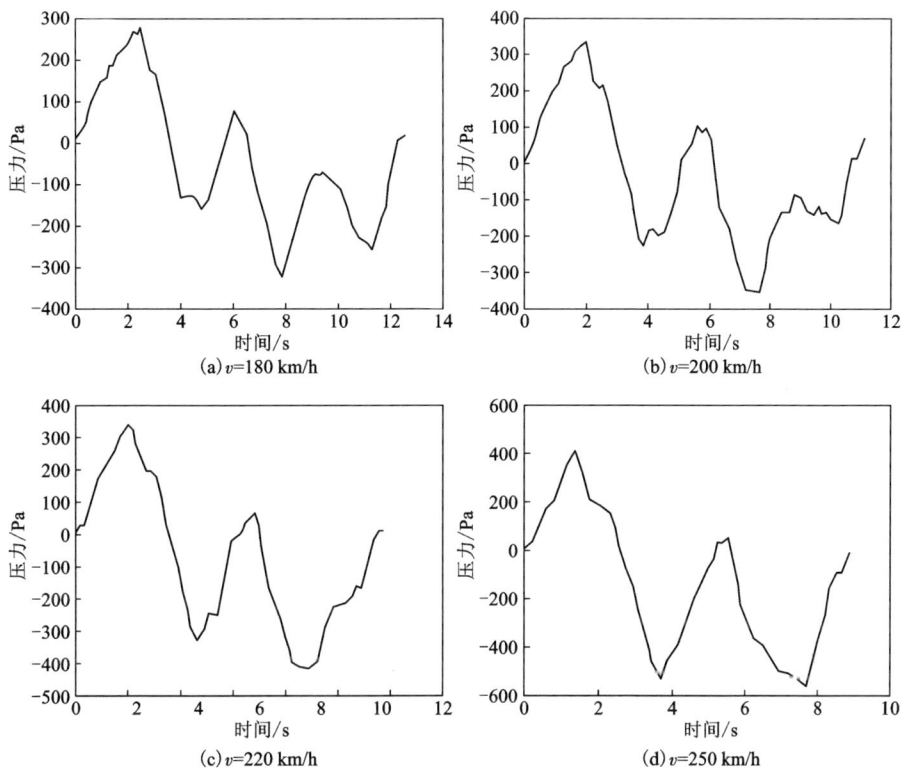

(a) v=180 km/h

(b) v=200 km/h

(c) v=220 km/h

(d) v=250 km/h

图 5-13　高速列车通过鹰嘴石隧道时,车内 SW^C 测点压力变化曲线

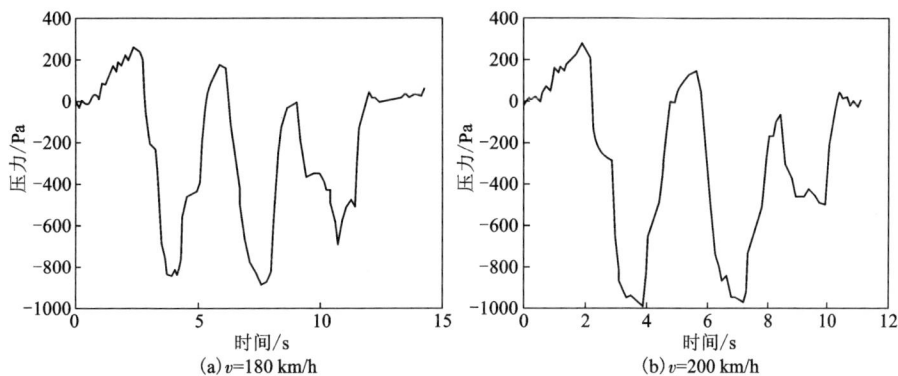

(a) v=180 km/h

(b) v=200 km/h

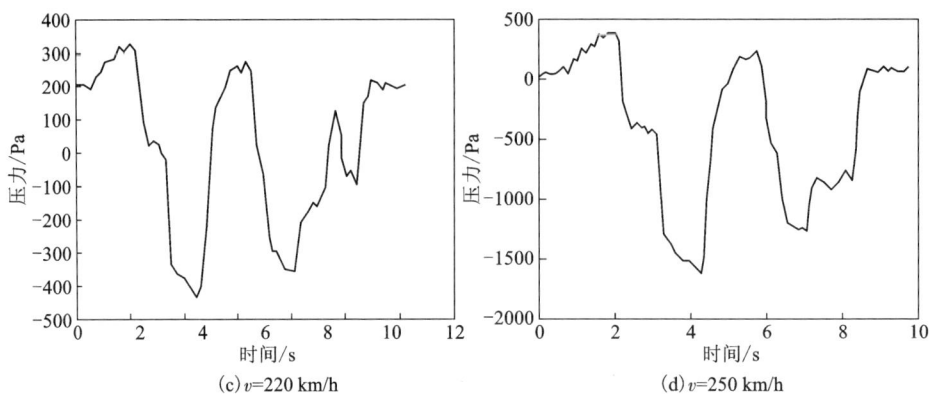

(c)*v*=220 km/h

(d)*v*=250 km/h

图 5-14　高速列车通过鹰嘴石隧道，车外 13#测点压力变化曲线

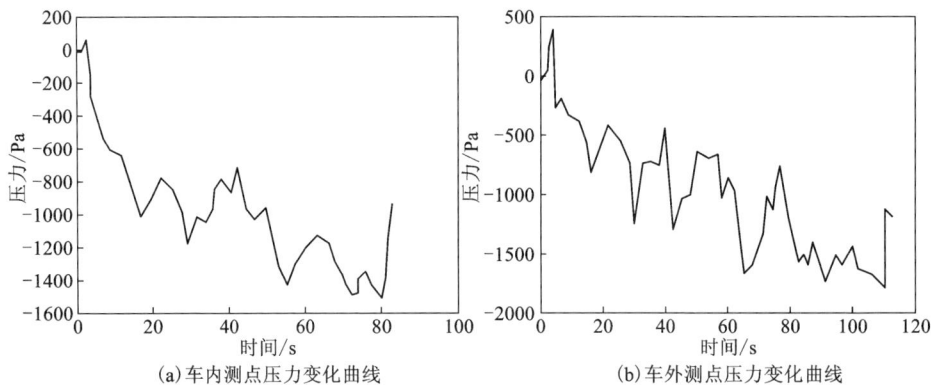

(a)车内测点压力变化曲线

(b)车外测点压力变化曲线

图 5-15　高速列车以 250 km/h 的速度通过金寨隧道时，测点压力变化曲线

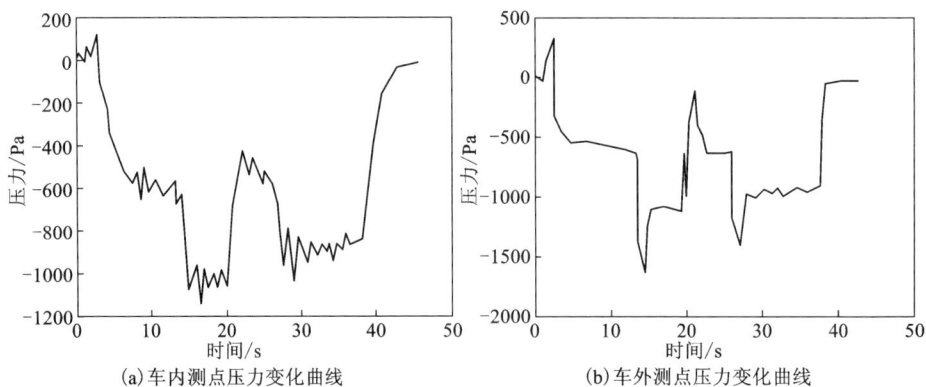

(a)车内测点压力变化曲线

(b)车外测点压力变化曲线

图 5-16　高速列车以 250 km/h 的速度通过红石埂隧道，测点压力变化曲线

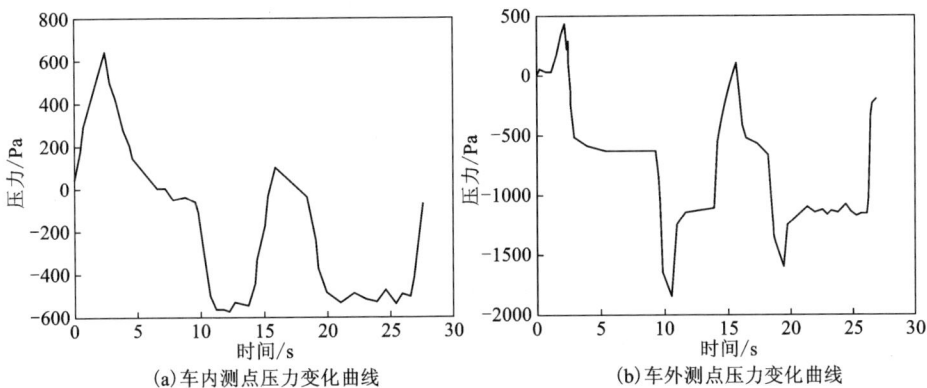

(a) 车内测点压力变化曲线　　　　　　(b) 车外测点压力变化曲线

图 5-17　高速列车以 250 km/h 的速度通过松阳寨隧道，测点压力变化曲线

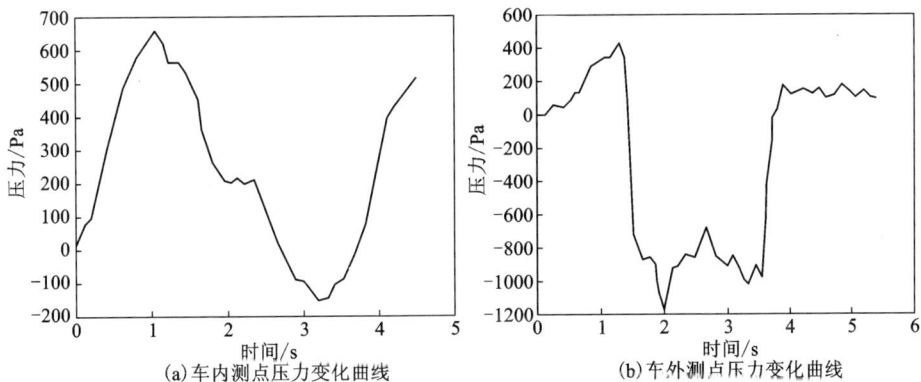

(a) 车内测点压力变化曲线　　　　　　(b) 车外测点压力变化曲线

图 5-18　高速列车以 250 km/h 的速度通过尹湾隧道时，测点压力变化曲线

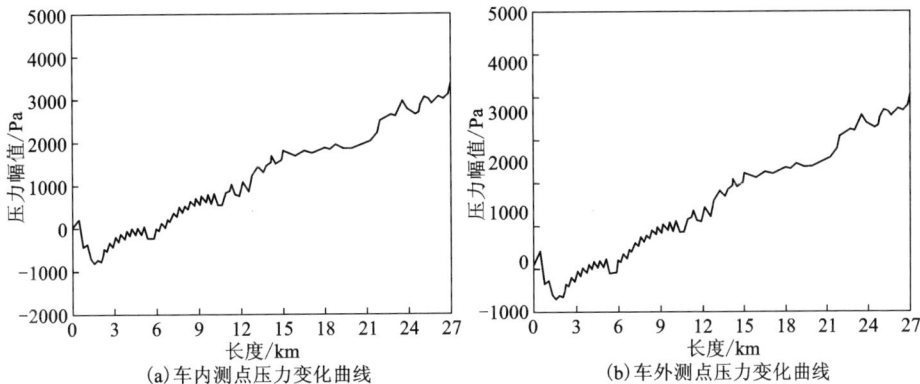

(a) 车内测点压力变化曲线　　　　　　(b) 车外测点压力变化曲线

图 5-19　高速列车以 250 km/h 的速度通过太行山隧道时，测点压力变化曲线

　　由于大别山隧道、金寨隧道、太行山隧道等特长隧道纵断面不在一个水平面内、海拔高度差较大，实车测试中车内、外压力变化幅值除了由于高速列车通过隧道引起的空气压力变化之外，还包含了因海拔高度差而引起的压力变化；所以在分析压力变化幅值与高速列车运行速度的关系时，不对特长隧道进行分析。图 5-20 为高速列车以不同速度通过隧道时，车外压力幅值与高速列车运行速度的关系曲线。由图 5-20 可以看出：高速列车通过合武铁路、石太客运专线双线隧道时，车体表面压力幅值与高速列速度度的平方成正比，可以用如下公式表示：

$$P = kv^2\beta^N \tag{5-11}$$

式中：P 为车体表面压力；k 为条件参数，与车头外形、隧道长度等有关；β 为隧道阻塞比；v 为高速列车运行速度；N 为车体表面压力幅值对应的阻塞比幂指数系数，此处 N 值等于 1。

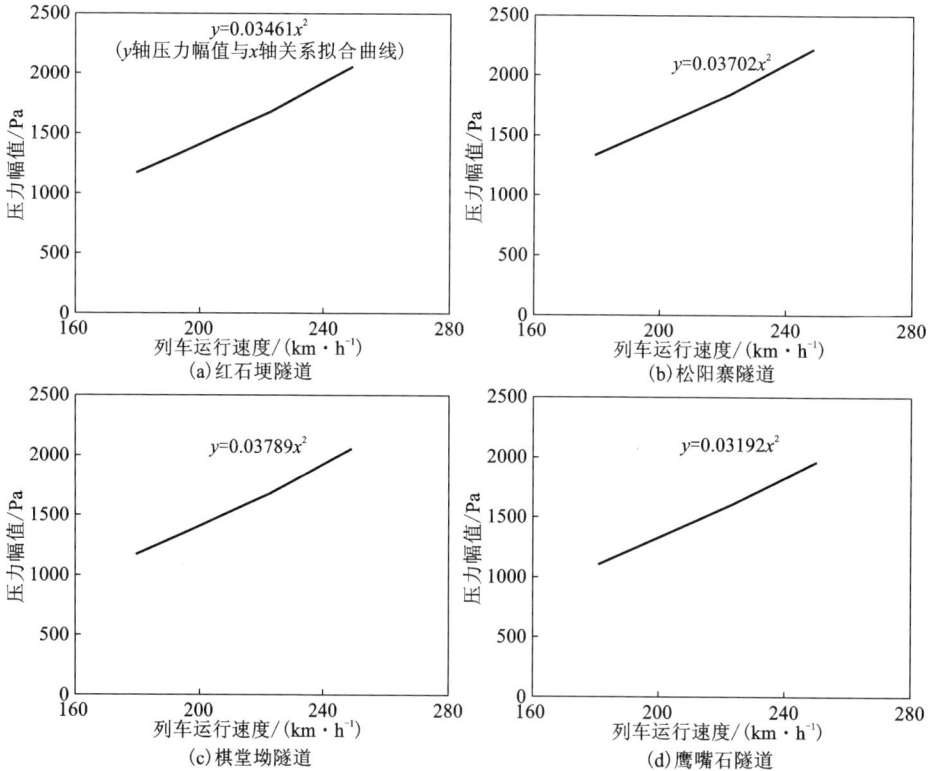

(a) 红石埂隧道　$y=0.03461x^2$（y轴压力幅值与x轴关系拟合曲线）

(b) 松阳寨隧道　$y=0.03702x^2$

(c) 棋堂坳隧道　$y=0.03789x^2$

(d) 鹰嘴石隧道　$y=0.03192x^2$

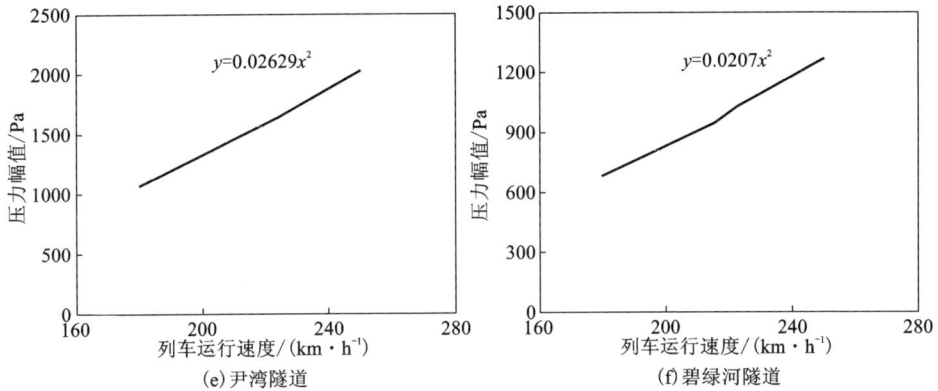

$y=0.02629x^2$

$y=0.0207x^2$

(e) 尹湾隧道

(f) 碧绿河隧道

图 5-20　CRH2 高速列车通过双线隧道时车体表面压力变化与高速列车运行速度的关系

图 5-21 给出了本次试验时的条件系数 k 与隧道长度的关系曲线。其中高速列车通过隧道时的条件系数 k 与隧道长度 x 的关系可以用如下公式表示：

$$k = 5E - 12X^5 - 5E - 08X^2 + 0.0002X + 0.1377 \tag{5-12}$$

式中：

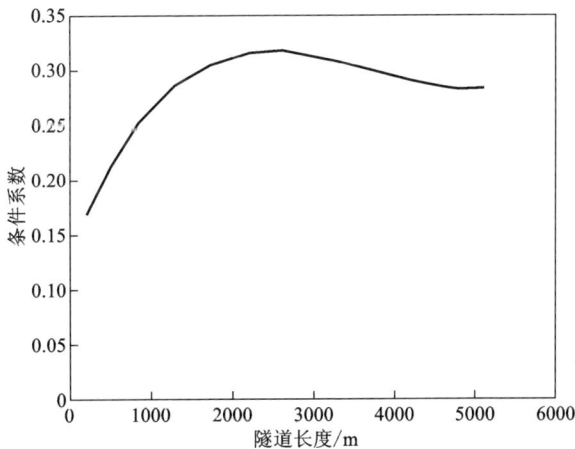

图 5-21　高速列车通过合武铁路隧道时，条件系数与隧道长度的关系曲线

图 5-22 为高速列车以不同速度通过隧道时，车内压力幅值与高速列车运行速度的关系曲线。由图 5-22 可以看出：高速列车通过合武铁路、石太客运专线双线隧道时，车厢内部压力幅值与高速列速度度的 n 次方成正比，n 的范围为 1.3~1.8，n 随着隧道长度的变化而变化。

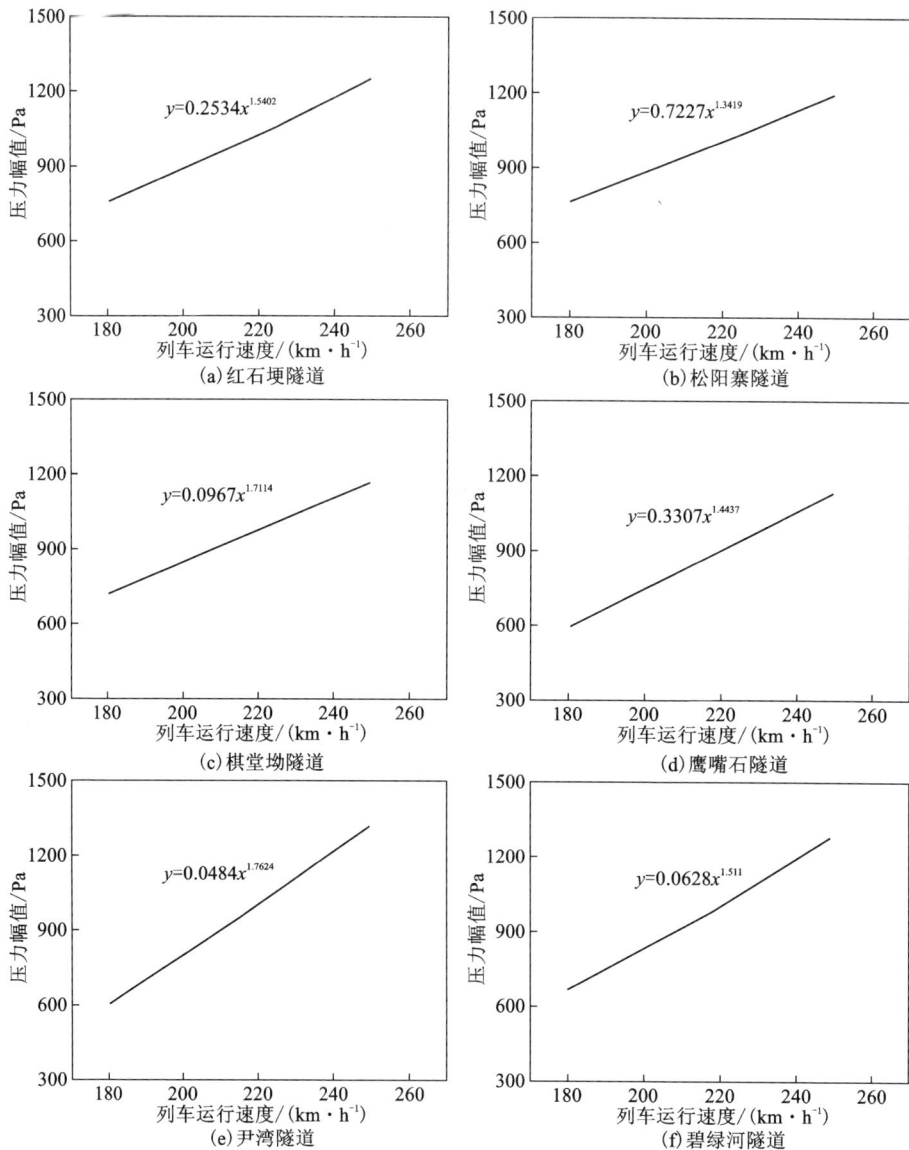

图 5-22 高速列车通过双线隧道时车内压力变化与高速列车运行速度的关系

2. 高速列车通过石太客运专线隧道

高速列车单车和重联以不同速度通过石太客运专线南小坪隧道、观音堂隧道以及太行山隧道时，主要测试结果如表 5-8~表 5-13 所示。

表 5-8　高速列车单车通过石太客运专线隧道测试结果

隧道名称	隧道长度/m	速度 /(km · h⁻¹)	车外压力变化/Pa	车内压力变化/Pa	
			幅值	幅值	3 s
南小坪 （双线）	3598	180	1574	856	321
		200	1898	1053	377
		250	2687	1475	537
观音堂 （双线）	1035	180	1031	341	207
		200	1228	407	246
		250	1776	584	352

表 5-9　高速列车单车通过石太客运专线隧道测试结果

隧道名称	隧道长度/m	速度 /(km · h⁻¹)	车外压力变化/Pa	车内压力变化/Pa	
			幅值	幅值	3 s
南小坪 （双线）	3598	200	1866	1259	644
		230	2195	1674	857
		250	2576	1793	918
观音堂 （双线）	1035	200	1265	1072	897
		210	1364	1147	990
		250	1837	1553	1364

表 5-10　高速列车重联通过石太客运专线隧道测试结果

隧道名称	隧道长度/m	速度 /(km · h⁻¹)	车外压力变化/Pa	车内压力变化/Pa	
			幅值	幅值	3 s
南小坪 （双线）	3598	180	1427	765	282
		230	2216	1189	424
		250	2337	1320	478
观音堂 （双线）	1035	180	956	331	198
		230	1368	505	287
		250	1665	556	338

表 5-11　高速列车重联通过石太客运专线隧道测试结果

隧道名称	隧道长度/m	速度/(km·h⁻¹)	车外压力变化/Pa	车内压力变化/Pa	
			幅值	幅值	3 s
南小坪（双线）	3598	180	1386	1150	513
		230	2134	1705	785
		250	2465	1874	923
观音堂（双线）	1035	180	947	812	722
		230	1426	1287	1086
		250	1697	1408	1259

表 5-12　高速列车 200 km/h 单车通过太行山隧道测试结果

隧道名称	车型	车外压力变化/Pa	车内压力变化/Pa	
		幅值	幅值	3 s
太行山隧道	CRH5-053A	6085	5347	482

表 5-13　高速列车 200 km/h 重联通过太行山隧道测试

隧道名称	高速列车编号	车外压力变化/Pa	车内压力变化/Pa	
		幅值	幅值	3 s
太行山隧道	A	5631	4919	349
	B	5538	5272	621

图 5-23～图 5-26 为高速列车以不同速度通过石太客运专线隧道时，车内外压力幅值与高速列车运行速度的关系曲线。由图 5-23～图 5-26 可以看出：高速列车单车和重联通过双线隧道时，车体表面压力幅值与高速列速度的平方成正比。车厢内部压力幅值与高速列速度度的 n 次方成正比，n 的范围为 1.5～1.8，n 随着隧道长度的变化而变化。

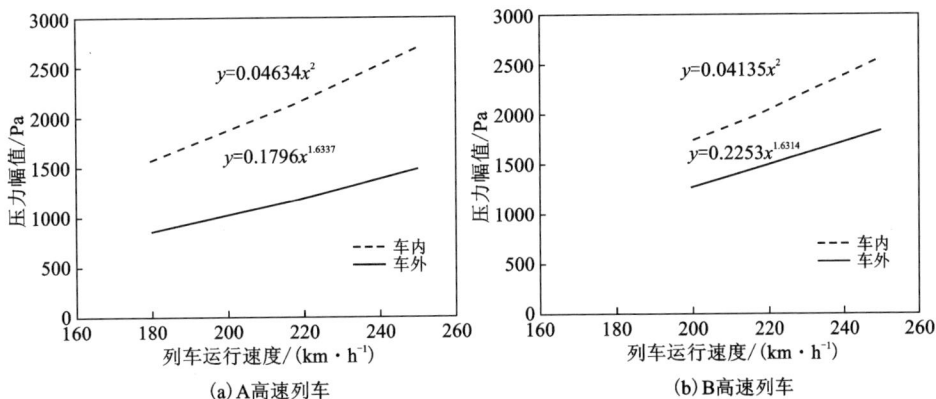

图 5-23　高速列车单车过南小坪隧道车内外压力幅值随高速列车运行速度的关系曲线

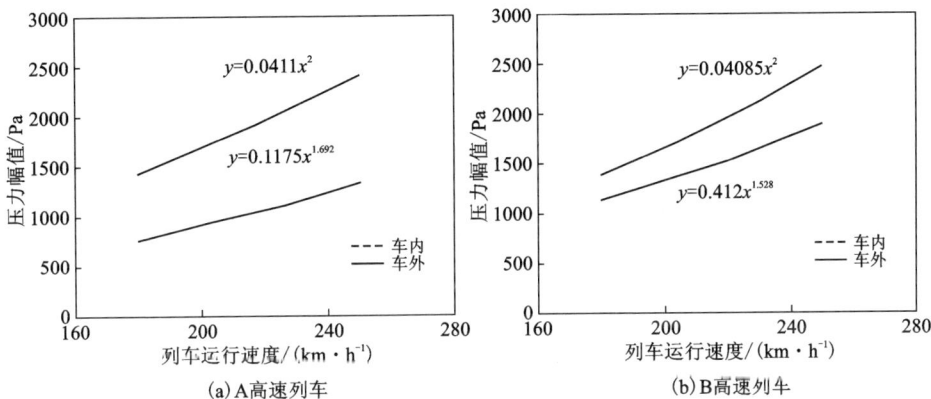

图 5-24　高速列车重联过南小坪隧道车内外压力幅值随高速列车运行速度的关系曲线

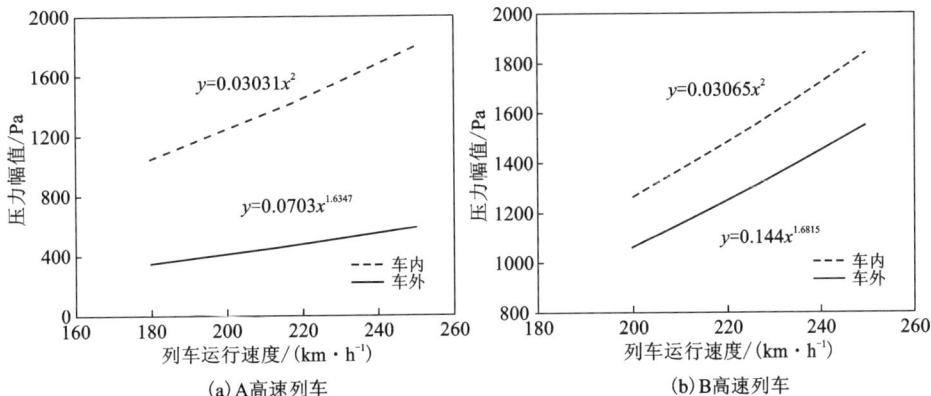

图 5-25　高速列车单车过观音堂隧道车内外压力幅值随高速列车运行速度的关系曲线

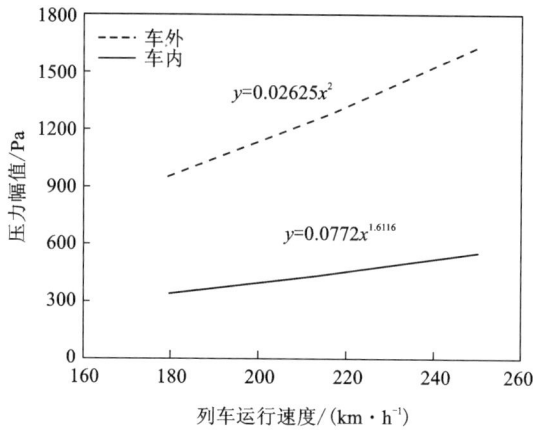

(a)A高速列车

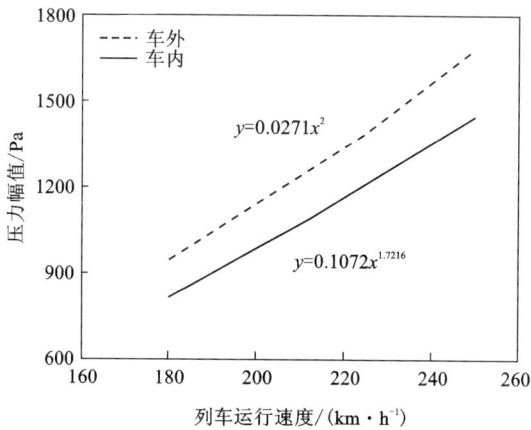

(b)B高速列车

图 5-26　高速列车重联过观音堂隧道车内外压力幅值随高速列车运行速度的关系曲线

3. 高速列车通过合武铁路、石太客运专线隧道车内压差

图 5-27 和图 5-28 为高速列车以 250 km/h 的速度通过棋堂坳隧道和鹰嘴石隧道车厢内外压差随时间变化结果。从测试结果来看，高速列车以 250 km/h 的速度通过湖北段隧道时，车厢内 3 s 最大压力变化幅值为 622 Pa/3 s（在长度为 1755 m 的棋堂坳隧道），车厢内外压差最大值约为 1100 Pa。高速列车以 250 km/h 速度通过安徽段隧道时，车厢内 3 s 最大压力变化幅值为 661 Pa/3 s（在长度为 1080 m 的鹰嘴石隧道），车厢内外压差最大值约为 1600 Pa。图 5-29 为高速列车以 250 km/h 速度通过南小坪隧道车厢内外压差随时间变化结果。从图 5-30 可以看出：高速列车以 250 km/h 的速度通过南小坪隧道时，车厢内

3 s 最大压力变化幅值为 472 Pa/3 s(此时新风风机停运),车厢内外压差最大
值约为 800 Pa。

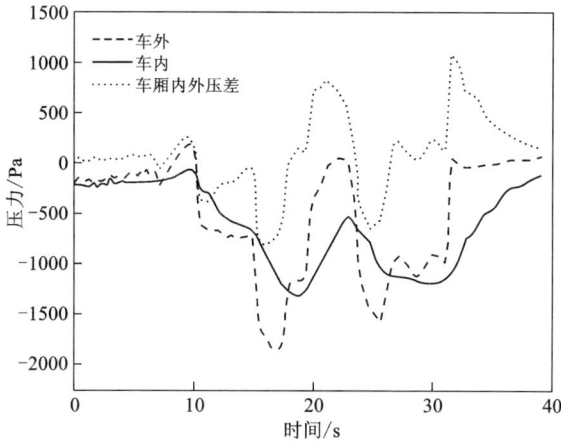

图 5-27　高速列车以 250 km/h 的速度通过棋堂坳隧道车厢内外压力及压差随时间变化

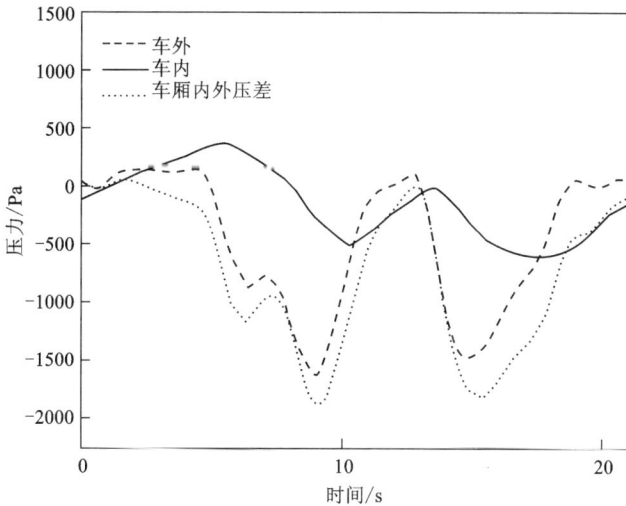

图 5-28　CRH2 高速列车以 250 km/h 的速度通过鹰嘴石隧道车厢内外压力及压差随时间变化

单列通过隧道时,测得 CRH5 高速列车车体内外压差最大值约为 1900 Pa
(以 250 km/h 的速度通过南小坪隧道),如图 5-30 所示。25T 型客车和 25B 型
客车体内外压差最大值分别约为 400 Pa 和 200 Pa。

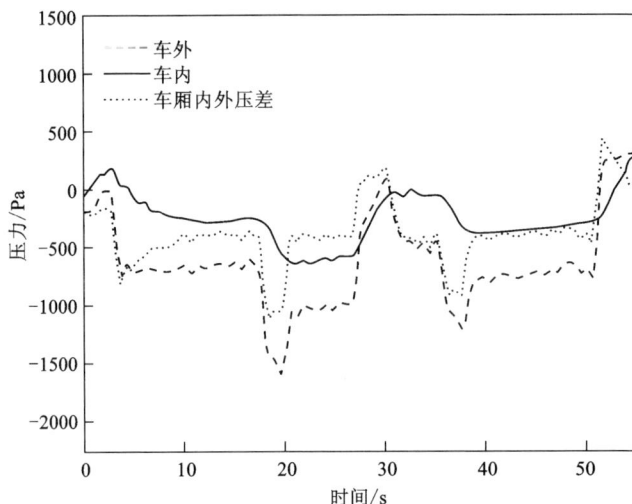

图 5-29　CRH2 高速列车 250 km/h 通过南小坪隧道车厢内外压力及压差随时间变化

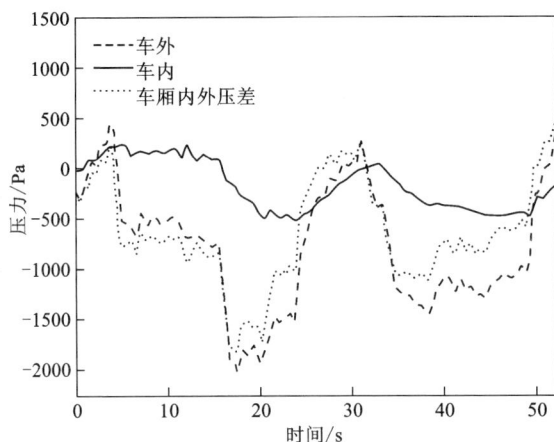

图 5-30　CRH5 高速列车以 250 km/h 通过南小坪隧道车内外压力及压差随时间变化

5.2.3　高速列车压力变化与隧道长度关系

　　为研究隧道长度对车内外压力变化的影响,对高速列车以 250 km/h 的速度通过隧道长度为 72~13256 m 的单洞双线隧道进行分析,车体表面及车厢内部压力变化情况如表 5-14 所示。图 5-30 为高速列车以 250 km/h 的速度通过不同长度单洞双线隧道时,车体表面及车内部测点压力变化幅值与隧道长度的关系曲线。由图 5-31 可知：当高速列车以 250 km/h 的速度通过不同长度、截面积为 92.09 m² 的隧道时，车体表面压力变化幅值在高速列车过松阳寨隧道（长度为 3478 m）时达到最大，小于该长度时，随隧道长度增加，压力变化幅值迅速增大，越过该长度后，随隧道长度增加，压力变化幅值下降，下降趋势较为平缓。

表 5-14　CRH2 高速列车车内外压力幅值随隧道长度变化

隧道名称	隧道长度/m	车外压力变化/Pa	车内压力变化/Pa	
		幅值	幅值	3 s
狼牙石	72	564	93	93
唐湾二号	73	635	134	134
五福堂	106	1069	188	188
鸟米寨	128	1073	192	192
阎家河	154	1121	203	203
王家湾	163	1188	209	209
香炉山	178	1220	228	228
杨家坳	187	1231	229	229
太平桥	205	1237	234	234
卢家大山二号	208	1244	259	253
碧绿河	212	1256	265	265
黄家新楼	212	1248	259	259
小咀子	215	1259	270	267
唐湾一号	216	1165	276	270
许家湾	221	1268	275	269
胡家泵	241	1263	273	273
响山寺	264	1341	364	348
周家坳	308	1393	373	344
金盆地	452	1425	653	468
尹湾	471	1602	812	566
年家湾	548	1773	842	571
卢家大山一号	549	1857	857	576
钟油坊	556	1868	896	583

续表5-14

隧道名称	隧道长度/m	车外压力变化/Pa	车内压力变化/Pa	
		幅值	幅值	3 s
乔家山	919	1901	942	637
鹰嘴石	1080	2031	981	661
红石庙	1129	2079	1050	649
棋堂坳	1703	2257	1209	622
鲍家冲	2059	2239	1179	619
汀筒沟	2196	2263	1205	612
九斗冲	2980	2293	1232	599
松阳寨	3478	2311	1235	618
红石埂	5111	2120	1282	590
红石岩	7857	2157	1248	574
金寨	10766	2217	1236	512
大别山	13256	2208	1205	492

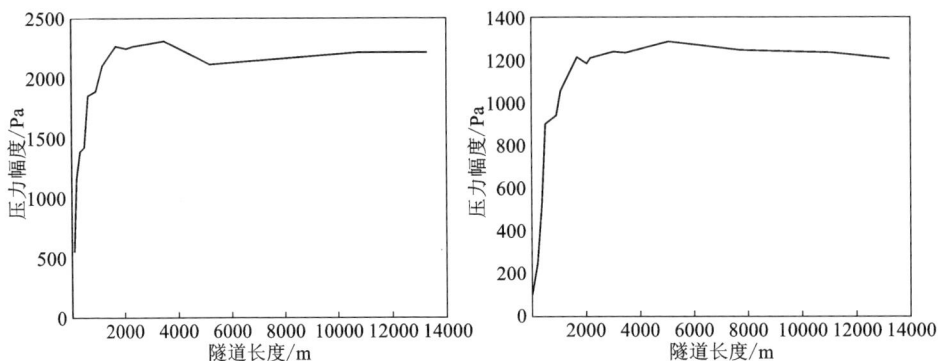

图 5-31　CRH2 高速列车以 250 km/h 过隧道时压力变化幅值随隧道长度变化曲线

对于车厢内部压力测点,最大压力变化幅值在高速列车通过红石埂隧道(长度为5111 m)时达到最大。当高速列车通过的隧道长度小于棋堂坳隧道(长度为1703 m)时,随隧道长度增加,车内压力变化幅值迅速增加;当高速列车通过的隧道长度介于棋堂坳与红石埂隧道之间(1703 m~5111 m)时,随隧道长度增加,车内压力变化幅值缓慢增加;当高速列车通过的隧道长度大于红石埂隧道时，随隧道长度增加，车内压力变化幅值缓慢减小。

由于大别山、金寨、太行山等特长隧道纵断面不在一个水平面内、海拔高差较大，实车测试中车内、外压力变化幅值包含了因海拔高度差而引起的压力变化，为消除海拔高度引起的压力变化，选取某一短时间段内的压力变化来分析高速列车通过不同长度隧道引起的隧道空气动力效应更为合适。根据高速列车通过隧道时的人体舒适性评价标准，选取 3 s 时间段的车内压力变化进行分析。

图 5-32 为 3 s 压力变化随隧道长度的变化曲线。从图 5-34 可知：车内 3 s 压力变化在高速列车通过鹰嘴石隧道（长度为 1080 m）时达到最大，小于该长度时，随隧道长度增加，3 s 压力变化迅速增大，越过该长度后，随隧道长度增加，3 s 压力变化逐渐下降。

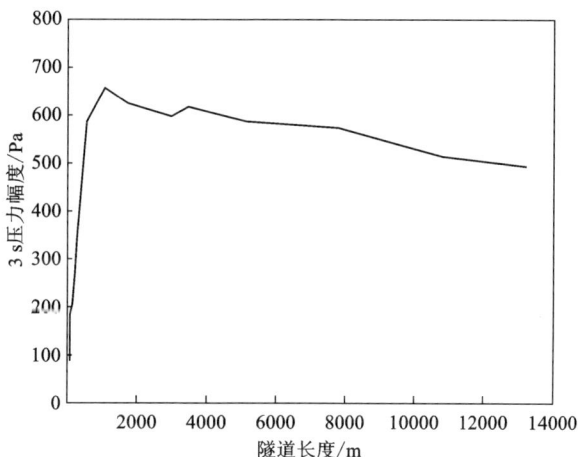

图 5-32　车内 3 s 压力变化随隧道长度的变化曲线

高速列车以 250 km/h 的速度通过不同长度隧道的压力变化走势说明，在隧道入口形成的压缩波、膨胀波，在隧道内以音速传播和来回反射的周期，与隧道长度密切相关。对于短隧道，由于压缩波在隧道内生成的压力还未达到最大值时即受到了返回的膨胀波影响而使压力下降；当隧道长度超过压力转折点后，随着隧道长度的增加，压缩波、膨胀波传播及来回反射的周期随之增长，由于波在传播及反射过程中的能量会衰减，隧道愈长，能量衰减愈多，从而导致长隧道的空气压力变化幅值减小。

5.2.4　高速列车压力变化与阻塞比的关系

隧道横截面积主要以阻塞比的形式表现出对隧道内压力变化的影响。隧道阻塞比为通过隧道的高速列车横截面积 F_{TR} 与隧道横截面积 F_{TU} 之比，即 $\beta = \dfrac{F_{TR}}{F_{TU}}$。国内外大量研究表明，阻塞比对隧道内压力变化有显著影响。为分析阻塞比对单高速列车通过隧道车体表面压力变化幅值的影响，下面将遂渝线测试结果与合武铁路及石太客运专线测试结果进行比较分析。

遂渝线单线隧道阻塞比为：

$$阻塞比\ \beta = \frac{高速列车横断面面积}{隧道横断面面积} = \frac{11.2}{48.6} = 0.231$$

遂渝线双线隧道阻塞比为：

$$阻塞比\ \beta = \frac{高速列车横断面面积}{隧道横断面面积} = \frac{11.2}{80} = 0.140$$

合武、石太客运专线双线隧道阻塞比为：

$$阻塞比\ \beta = \frac{高速列车横断面面积}{隧道横断面面积} = \frac{11.2}{92.04} = 0.122$$

表 5-15 给出了高速列车以不同的速度通过遂渝线单线隧道和合武铁路、石太客运专线双线隧道时，车外压力变化幅值情况。

表 5-15　高速列车通过不同阻塞比隧道时车外压力变化幅值情况

隧道名称	隧道长度/m	隧道类型	阻塞比	180 km/h	200 km/h	220 km/h
				车外压力变化幅值/Pa		
鹰嘴石	1080	双线有砟（合武铁路）	0.122	1150	1270	1525
观音堂	1035	双线有砟（石太客运专线）	0.122	1185	1294	1610
松林堡	1320	单线有砟（遂渝线）	0.231	2251	2646	—
桐子坝	243	双线有砟（遂渝线）	0.140	775	942	—
碧绿河	212	双线有砟（合武铁路）	0.122	682	827	1023

由表 5-18 数据可以看出：在隧道长度相差不大的情况下，高速列车以 200 km/h 的速度通过鹰嘴石或观音堂隧道，车体表面压力变化幅值在 1300 Pa 左右；而高速列车以相同的速度通过松林堡隧道，车体表面压力变化幅值达到 2645Pa，车体表面压力幅值增大了一倍。对测试结果拟合可以得到：高速列车以同一速度通过不同断面隧道所产生的车外压力变化幅值近似与隧道阻塞比呈线性关系。

5.2.5　高速列车车内压力变化特性分析

利用 IMC 数据处理软件对实车试验得到的数据进行处理，得到不同车厢内的压力变化曲线。本书主要分析头车司机室、头车客室、中间车客室和尾车客室共 4 个位置的交变压力对人耳舒适性的影响，图 5-33~图 5-36 为高速列车通过不同长度隧道时车内压力变化曲线。

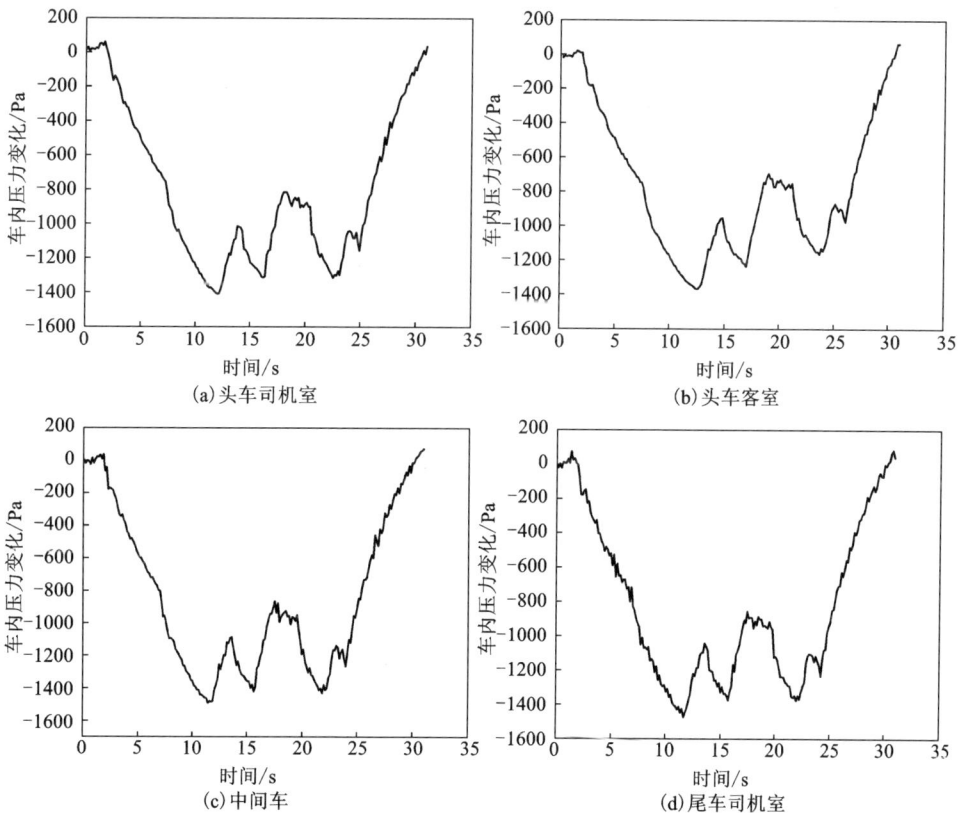

图 5-33　高速列车通过#1 隧道车内压力变化曲线

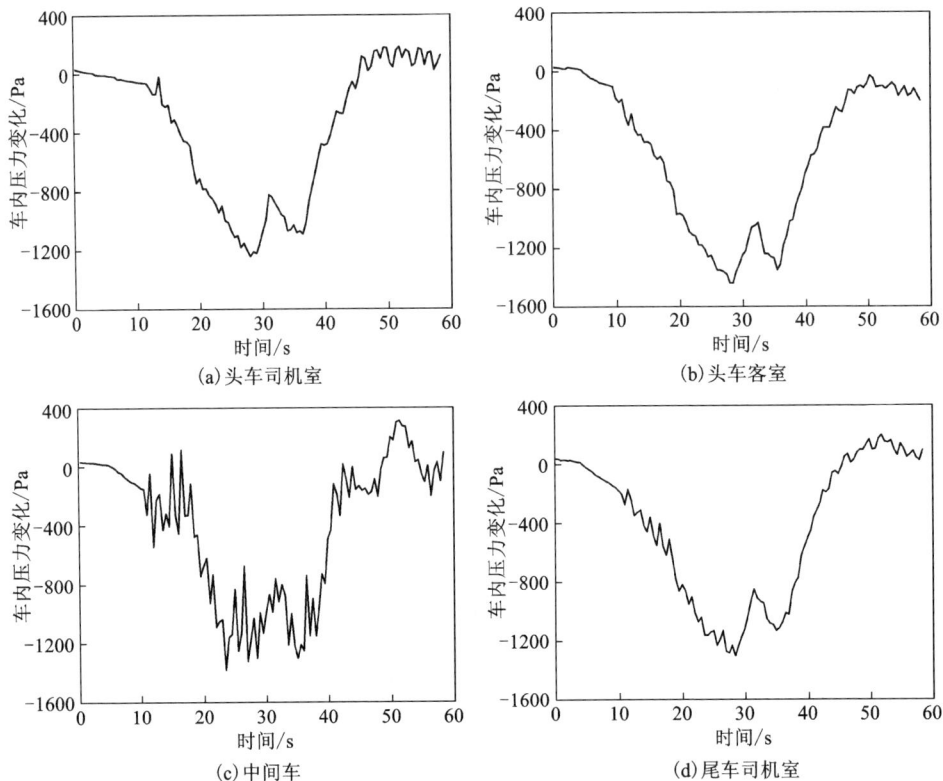

(a)头车司机室

(b)头车客室

(c)中间车

(d)尾车司机室

图 5-34　高速列车通过#2 隧道车内压力变化曲线

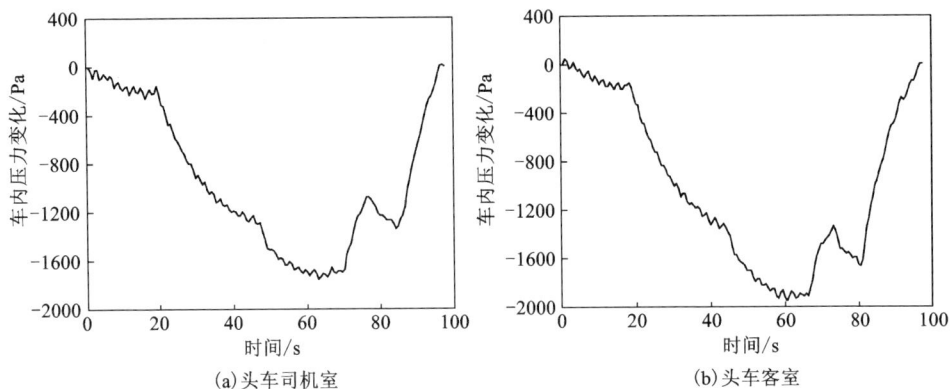

(a)头车司机室

(b)头车客室

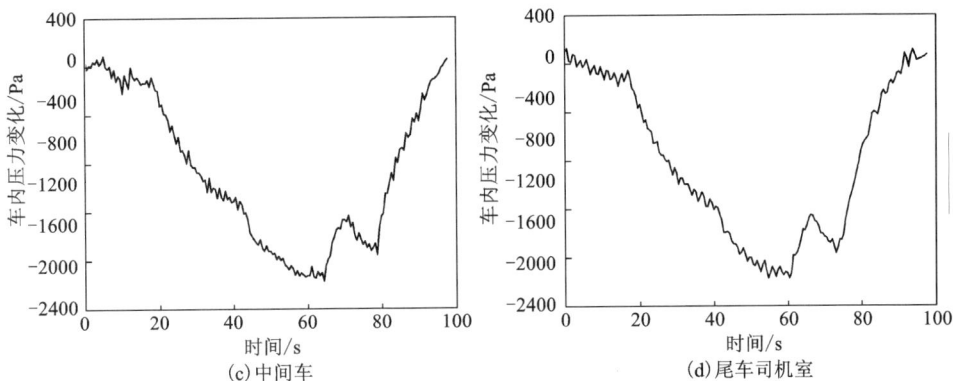

图 5-35　高速列车通过#3 隧道车内压力变化曲线

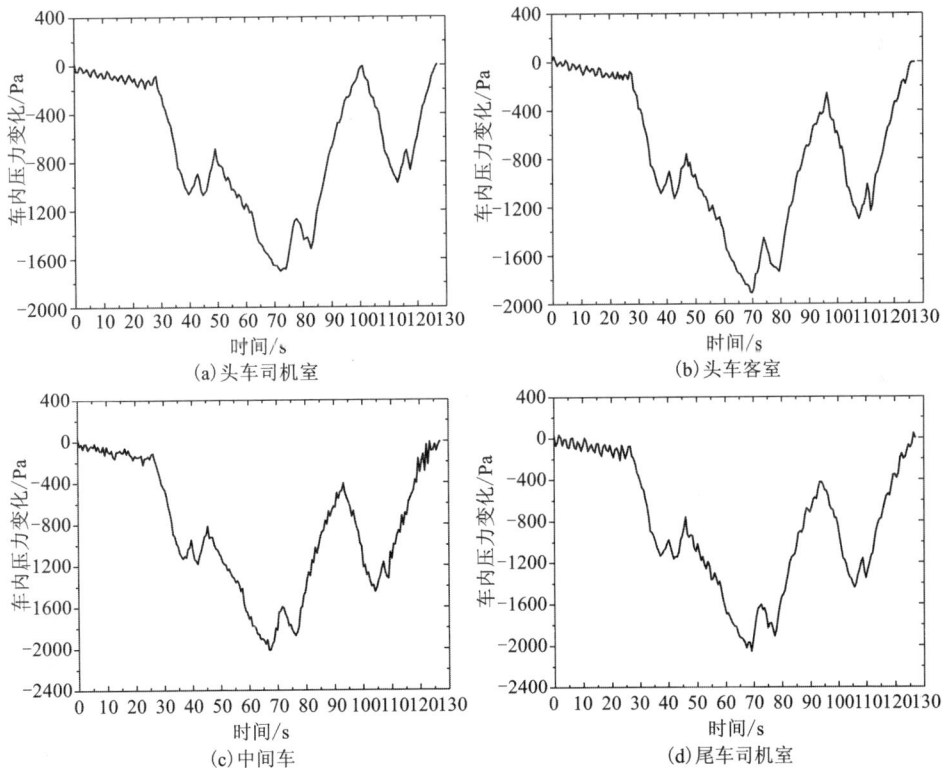

图 5-36　高速列车通过#4 隧道车内压力变化曲线

由图5-33~5-36可知，在高速列车通过隧道的整个过程中，各测点位置的瞬变压力曲线变化趋势基本一致，即先缓慢下降再急剧下降并出现波谷，然后压力再上升并出现波峰，接着压力再次下降并出现第二个波谷，最后车厢内压力不断上升直至尾车驶出隧道出口。高速列车在隧道内运行的整个过程中，车内压力变化主要以负压为主，当高速列车靠近隧道出口时，车内压力不断上升直至恢复至车体内外压力平衡。表5-6为高速列车通过隧道时不同车厢内压力变化幅值。

表 5-16　高速列车通过隧道时不同车厢内压力变化幅值

隧道编号	头车司机室压力/Pa	头车客室压力/Pa	中间车客室压力/Pa	尾车客室压力/Pa
#1 隧道	1432	1466	1526	1545
#2 隧道	1419	1470	1496	1688
#3 隧道	1773	2004	2174	2225
#4 隧道	1718	1955	2027	2099

根据表5-6，按照压力变化幅值从小到大依次为头车司机室、头车客室、中间车客室和尾车客室。可以看出，从头车到尾车方向上，车内压力变化幅值呈现出减小的趋势。

高速列车头部进入隧道时，隧道内空气受到压缩而在隧道内形成压缩波。该压缩波以声速向高速列车运行方向上传播，在到达隧道出口时形成膨胀波，并反射回隧道内继续向隧道入口传播。当到达隧道入口时，又以压缩波的形式被反射回隧道。隧道内的压力在压缩波和膨胀波的作用下产生交变压力，使得隧道内压力不断变化。同时，隧道内产生的交变通过高速列车间隙，如车厢连接处、空调口等处传入车内，迫使车内压力随之压力发生改变，从而影响车内乘员的耳舒适性。

高速列车头、尾部进出隧道的瞬间，绕高速列车运动的气流受到隧道壁面的制约而形成压缩波、膨胀波，这两种波在隧道内以音速传播，从而导致隧道内空气压力发生剧烈变化，其压力变化过程与波传播关系，以车体中部表面某测点和隧道壁面距洞口105 m位置的测点为例，用图5-37予以说明。为叙述方便，将空气波传播过程导致该两测点压力变化的转折点，分别用序号①~⑪进行标注。

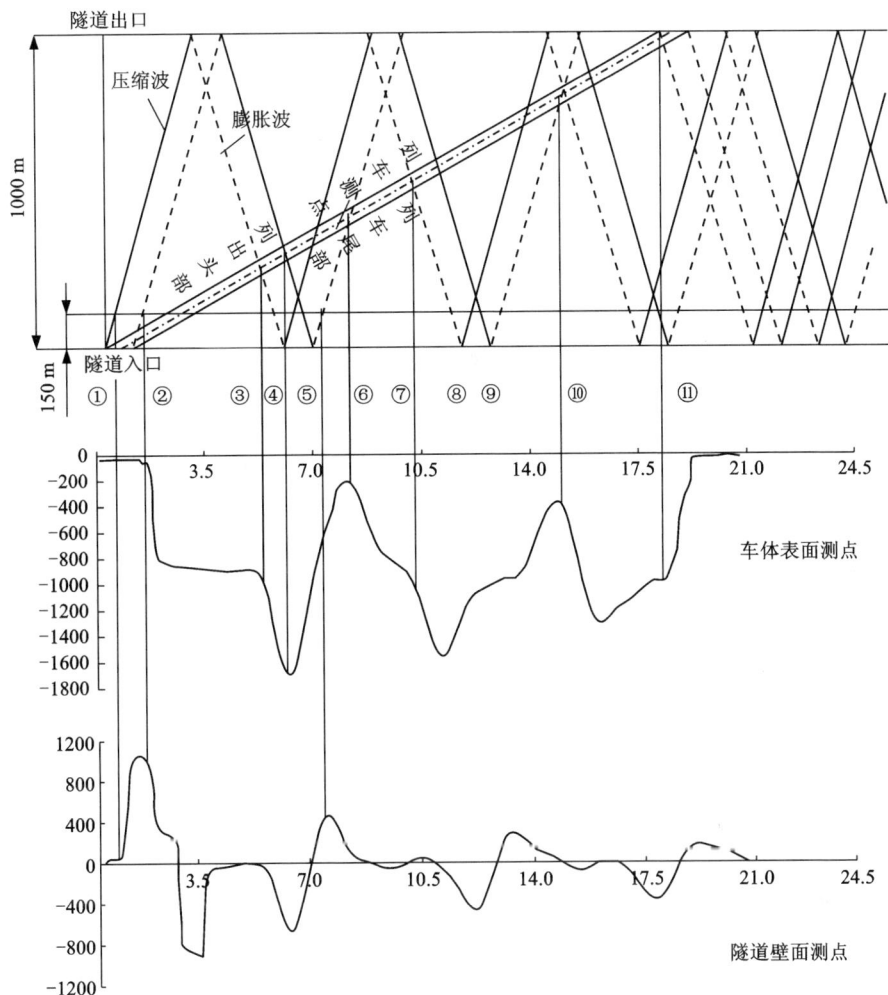

图 5-37　高速列车在隧道中运行时测点压力变化

　　先介绍距隧道口 105 m 处的隧道壁面测点的压力变化情况，如图 5-34 所示，高速列车头部进入隧道瞬间，形成的压缩波以音速向前传播，到达图中位置①，压力开始上升，当到达位置②时，由于高速列车尾部已进入洞内，形成的膨胀波也在以音速向前传播，受其影响，此时测点的压力转为下降并逐步成为负压，当压缩波传播至隧道出口，一方面在洞口形成微气压波（当频率在人耳听觉范围，会感受到爆破声），另一方面转换成返回洞内的膨胀波，在两种膨胀波的作用下，该测点的负压值达到最大，随着高速列车尾部膨胀波到达洞口转换成压缩波后回返，该测点负压值逐步减小，在经历一段压缩波的正压与膨胀波的负压平衡过程，到位置③时，测点的压力又再次下降，直到位置④开始回升。如此周而复始，不断循环，但压力变化的幅值却在逐次减小。以上仅就高速列车进入隧道及在隧道内运行时的空气波传播与反射情况进行介绍，实际上，当高速列车头、尾部出隧道瞬间，即图示位置⑪，又会先后再次产生压缩波与膨胀波并同样以音速返回洞内，由此可见，在隧道出、入口分别生成的压缩波与膨胀波，在隧道内反复转换与反射，形成极为复杂的波系，当同种类型的波叠加时，压力波幅值增加，而不同类型的波叠加时，压力波幅值减小。

对于进入隧道的高速列车，其表面压力变化情况，除高速列车头部始终为正压外，由于高速列车进洞后，绕高速列车运动的气流受隧道壁面约束，空间变窄，流速加快，故其余部位是在负压范围内压力幅值的大幅波动。在位置②，7号测点受到高速列车尾部膨胀波的影响，负压开始增加，到位置③，高速列车头部在隧道出口返回的膨胀波也加入，压力进一步下降，到位置④，高速列车头、尾部形成的空气压力波均以压缩波的形式出现，测点的压力开始上升，到位置⑥压力再次下降，到位置⑪，因隧道出口再次生成的压缩波影响，压力上升，负压减小，直至7号测点出隧道口一段距离后，压力才会逐步恢复到原来状态。可见，高速列车中部表面压力变化规律与隧道壁面一样也是周而复始、逐次减小，不同之处是其在负压范围内变化。

高速列车高速过隧道导致对隧道壁面和高速列车的空气压力变化，虽都只选取了一个测点，但能代表隧道、高速列车其他部位的压力变化规律，仅幅值大小和作用的时间不同。这种压力变化对高速列车的车体结构和车厢内部环境、隧道结构及照明灯具等附属设施均会带来不利影响。

参考文献

[1] Martínez A, Vega E, Gaite J, et al. Pressure measurements on real high-speed trains travelling through tunnels[C]. Proceedings of BBAA VI International Colloquium on Bluff Bodies Aerodynamics & Applications, Milano, Italy. 2008.
[2] 王建宇，万晓燕，吴剑. 隧道长度对瞬变压力的影响[J]. 现代隧道技术，2008，45(06)：1-4+15.
[3] 京沪综合试验研究总报告之空气动力学分报告，TY字第3074-1号[R]. 北京：中国铁道科学研究院，2011.
[4] 武广客运专线隧道气动效应试验研究报告，TY字第2704号[R]. 北京：中国铁道科学研究，2009.
[5] 何德华，陈厚嫦，张岩. 空气动力学临界隧道交会理论与仿真研究[J]. 铁道机车车辆，2013，33(1)：59-62.
[6] 田红旗. 高速列车空气动力学[M]. 北京：中国铁道出版社，2005.1：p280-281.

第6章

高速列车乘员耳气压舒适性预测与评价模型构建

本章内容简介：基于人耳气压舒适性评估方法和评价准则，结合动模型试验和实车试验法获取车内压力变化数据，将其作用在人耳生物力学模型上得到了4个评价指标的动力学响应。通过与各评价指标的参考阈值范围进行比较，确定了高速列车在通过隧道的过程中乘员耳气压舒适性的变化历程以及所处的舒适性等级，并采用回归分析方法研究了各参数对人耳舒适性影响的敏感度，构建了人耳气压舒适性与各参数之间的曲线回归模型，最后提出了一种耳气压舒适性预测的数学评价模型。

6.1　高速列车运行速度对乘员耳气压舒适性的影响

6.1.1　不同运行速度下乘员耳气压舒适性评估

针对高速列车在不同运行速度下的车内气压变化对乘员耳舒适性的影响这一问题，本书采用动模型试验与车内外压力传递数学模型计算得到了车内压力变化数据并作用到人耳生物力学模型上，得到了各评价指标的动力学响应曲线。

图6-1为$SI=4$ s时在不同运行速度下鼓膜位移的动力学响应曲线。

图6-1中，水平虚线表示临界阈值的参考曲线，自下而上分别为理想-良好临界曲线（T-1）、良好-较差临界曲线（T-2）和较差-恶劣临界曲线（T-3）。

对于头车司机室的鼓膜位移响应曲线，当高速列车运行速度为250 km/h和300 km/h时，响应曲线呈现两个明显的波峰和波谷，且在$t=2$ s时刻，鼓膜位移接近于0，说明该时刻车内压力变化幅值很小；当高速列车靠近隧道出口时，响应曲线先增大后减小直至高速列车驶出隧道。当高速列车运行速度为350 km/h时，响应曲线仅呈现一个波峰和一个波谷，随后鼓膜变形不断增大，

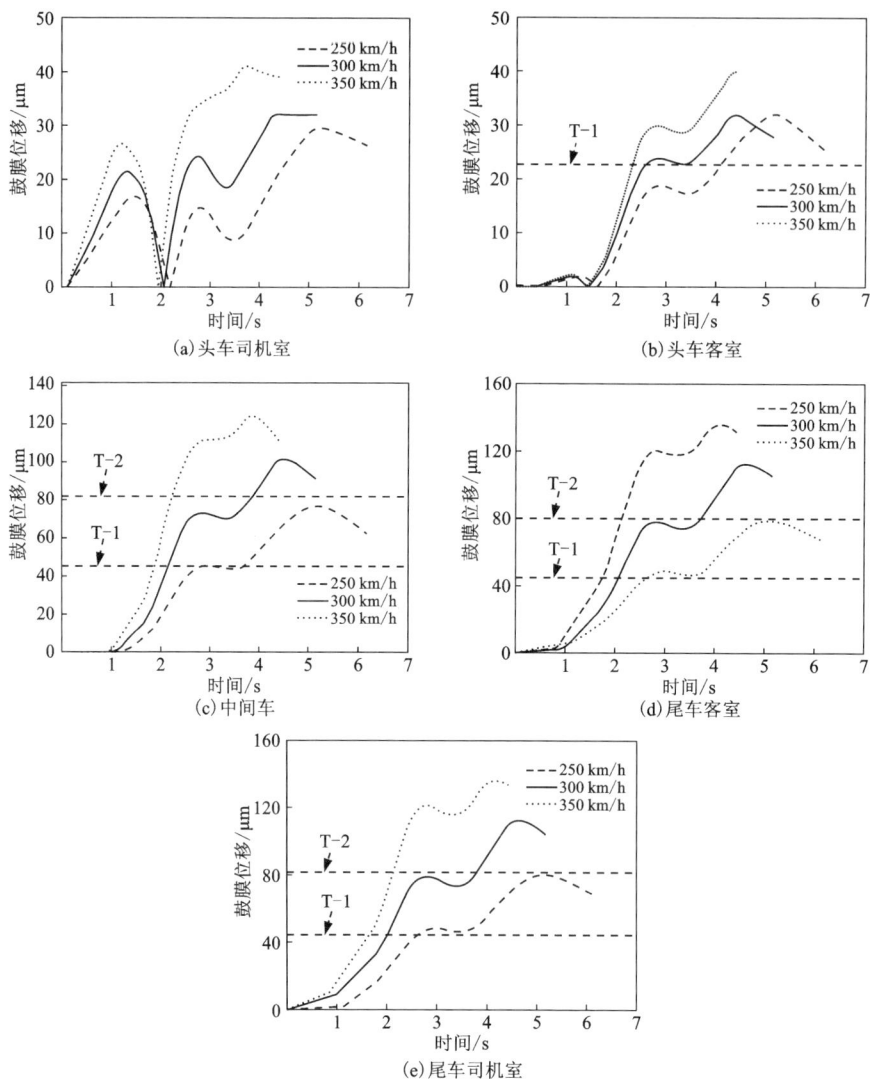

图 6-1　*SI* = 4 s 时在不同运行速度下鼓膜位移的动力学响应曲线

在高速列车靠近隧道出口时，位移不断减小直至高速列车驶出隧道出口。

当高速列车运行速度不大于 350 km/h 时，司机室的气压变化对人耳鼓膜舒适性的影响始终保持在理想范围内。对于头车客室的鼓膜位移响应曲线，随着高速列车运行速度的升高，鼓膜位移也不断增大，且高速列车在隧道运行的后半段位移响应曲线超过理想–良好临界曲线，即高速列车在隧道运行的后半段鼓膜舒适性处于良好。对于中间车、尾车客室和尾车司机室，鼓膜舒适性可划分为3个阶段，分别对应高速列车在隧道运行的初始阶段（阶段Ⅰ）、中间阶段（阶段Ⅱ）和结束阶段（阶段Ⅲ）。在阶段Ⅰ，鼓膜位移舒适性处于理想等级，阶段Ⅱ处于良好等级，阶段Ⅲ处于较差等级。同时，随着高速列车运行速度的升高鼓膜位移值不断增大。图6-2为 *SI*=4 s 时在不同运行速度下鼓膜应力的动力学响应曲线。

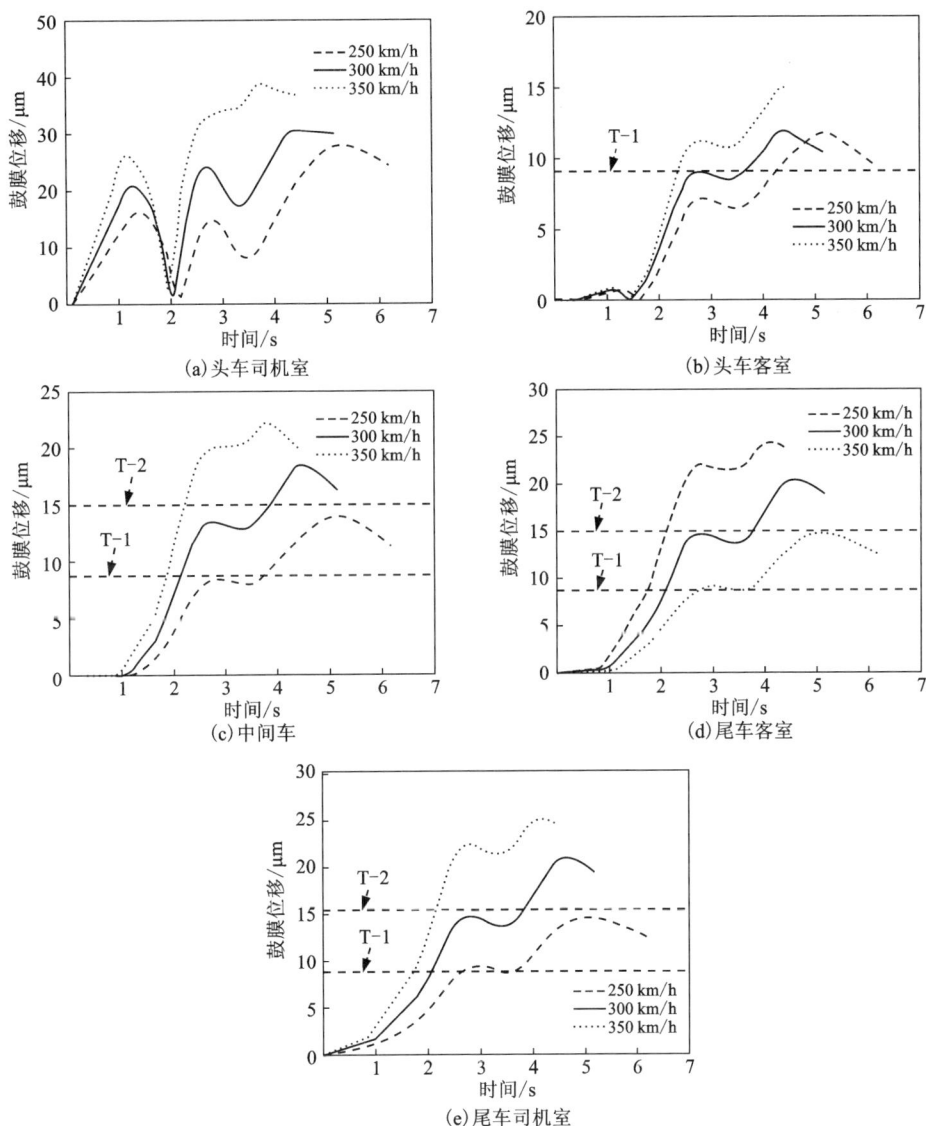

图6-2　*SI*=4 s 时在不同运行速度下鼓膜应力的动力学响应曲线

　　观察鼓膜应力响应曲线可以发现，随着高速列车运行速度的升高，鼓膜应力不断增大。头车司机室位置的鼓膜舒适性保持在理想等级，头车客室的鼓膜舒适性在前阶段处于理想等级，后半阶段处于良好等级，中间车、尾车客室和尾车司机室的鼓膜位移舒适性结果和通过鼓膜位移响应曲线得到的预测结果相同。图6-3为$SI=4$ s时在不同运行速度下镫骨底板位移的动力学响应曲线。

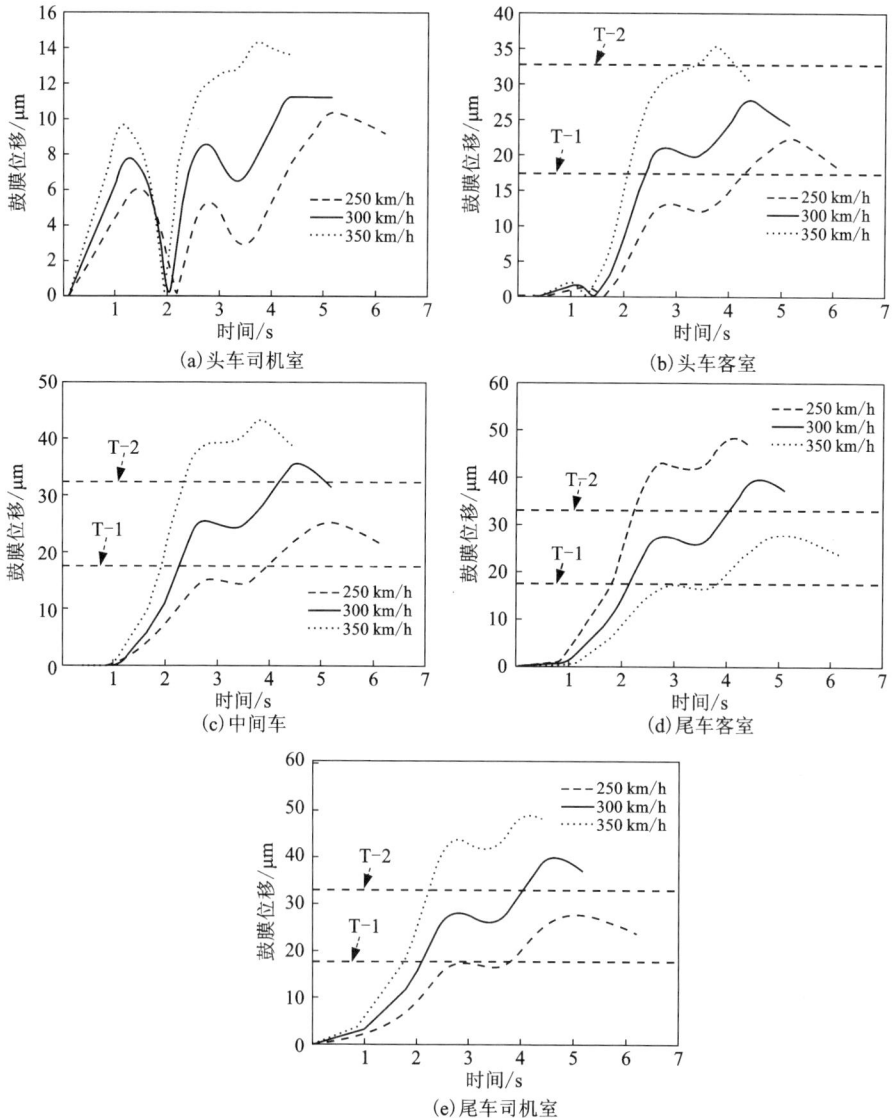

图 6-3　$SI=4$ s 时在不同运行速度下镫骨底板位移的动力学响应曲线

对于头车司机室镫骨底板位移响应曲线，当高速列车运行速度不大于350 km/h 时，响应曲线始终处于理想等级。对于头车客室，当高速列车运行速度不大于 300 km/h 时，高速列车穿过隧道的过程可划分为阶段Ⅰ和阶段Ⅱ两个阶段，阶段Ⅰ对应的舒适性等级为理想，阶段Ⅱ对应的舒适性等级为良好；当高速列车运行速度为 350 km/h 时，高速列车穿过隧道的过程可划分为 4 个阶段，即阶段Ⅰ~阶段Ⅳ，高速列车在阶段Ⅰ运行时所对应的舒适性等级为理想，阶段Ⅱ、阶段Ⅲ和阶段Ⅳ对应的舒适性等级分别为良好、较差和良好。对于中间车、尾车客室和尾车司机室，当高速列车运行速度为 250 km/h 时，响应曲线可划分为两个阶段，前半阶段所对应的舒适性等级为理想，后半阶段对应的舒适性等级为良好；当高速列车运行速度不小于 300 km/h 时，响应曲线可划分为 3 个阶段，即阶段Ⅰ~阶段Ⅲ，其所对应的舒适性等级分别为理想、良好和较差。

随着高速列车运行速度的升高，镫骨底板位移不断增大，乘员耳舒适性等级不断变差。图 6-4 为 $SI=4$ s 时在不同运行速度下镫骨底板振动速度的动力学响应曲线。

通过观察可发现镫骨底板振动速度响应曲线具有 4 个较明显的波谷位置，且该位置的速度响应值接近零。根据镫骨底板振动速度响应曲线特点将其划分为 5 个阶段，即阶段Ⅰ~阶段Ⅴ。其中，阶段Ⅰ所对应的时刻为高速列车进入隧道时至第一个波谷位置，阶段Ⅱ对应的时刻为第一个波谷位置至第二个波谷位置，一致类推，阶段Ⅴ对应的时刻为第四个波谷位置至高速列车驶出隧道出口。

在阶段Ⅰ内，头车司机室的镫骨底板振动速度响应曲线随高速列车运行速度的升高而升高。当高速列车运行速度为 250 km/h 时，该位置人员的耳舒适性等级始终处于理想等级；当高速列车运行速度为 300 km/h 时，该位置人员的耳舒适性等级先处于理想然后降为良好最后又变回理想；当高速列车运行速度为 350 km/h 时，该位置人员的耳舒适性等级先从理想降低至较差，随后又变回理想。对于其他车厢位置，在阶段Ⅰ时间内，耳舒适性等级始终保持在理想。

在阶段Ⅱ内，根据速度响应曲线可知，当高速列车运行速度不大于300 km/h 时，耳舒适性等级在前半段先从理想降低为较差，后半段又不断恢复至理想；而当高速列车运行速度为 350 km/h 时，耳舒适性等级在前半段不断降低至恶劣，说明高速列车运行速度越大，该阶段的内耳舒适性越差。

在阶段Ⅲ内，通过观察可知，镫骨地板速度响应曲线始终位于理想范围内，说明该阶段内耳无不舒适感产生。

在阶段Ⅳ内，由头车司机室的镫骨底板振动速度响应曲线可知内耳舒适性等级在该阶段始终处于理想；对于头车客室，内耳舒适性等级在前半段从理想降低至良好，随后在后半段又逐渐恢复至理想；对于其他车厢位置，舒适性等级在前半段降低至较差，随后再次恢复至理想。

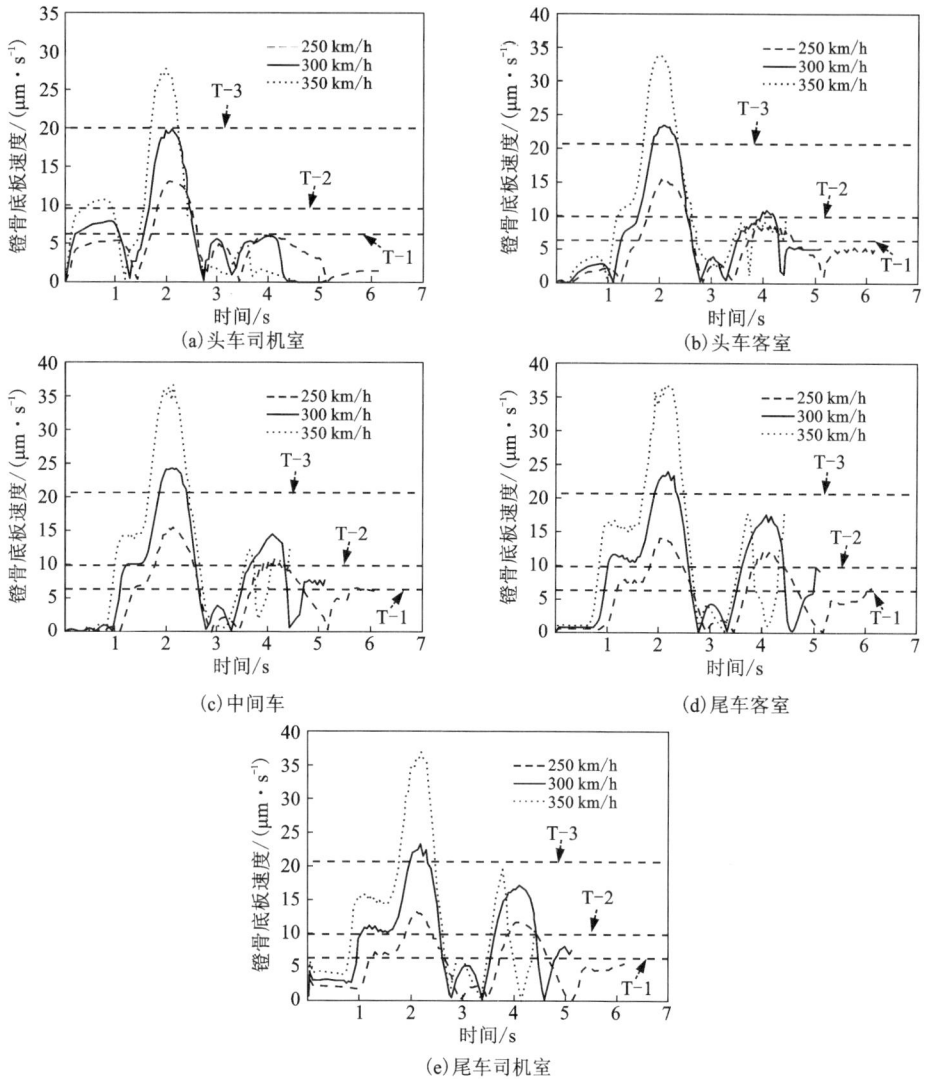

图6-4　$SI=4$ s 时在不同运行速度下镫骨底板振动速度的动力学响应曲线

　　在阶段 V 内，当高速列车运行速度为 250 km/h 时，内耳舒适性等级始终为理想；当高速列车运行速度为 300 km/h 时，对于头车司机室和头车客室，内耳舒适性等级为理想，而对于其他车厢位置，内耳舒适性等级从理想降低至良好直至高速列车驶出隧道出口；当高速列车运行速度为 350 km/h 时，对于头车司机室，内耳舒适性等级始终为理想；对于头车客室，内耳舒适性等级从理想降低至良好直至高速列车驶出隧道出口；对于其他车厢位置，内耳舒适性等级则从理想降低至较差直至高速列车驶出隧道出口。

综上所述，随着高速列车运行速度的升高，车内压力变化幅值增大，四个评价指标的响应值也随之增大，但是耳气压舒适性则与高速列车运行速度成反比。

6.1.2　运行速度与乘员耳气压舒适性之间的关系曲线

以高速列车运行速度为自变量，以高速列车通过隧道期间人耳舒适性所持续的时间与通过隧道所用时间的百分比值为因变量，采用曲线回归分析法可得到高速列车运行速度与耳气压舒适性之间的关系，图 6-5 为高速列车运行速度对人耳舒适性的影响曲线。

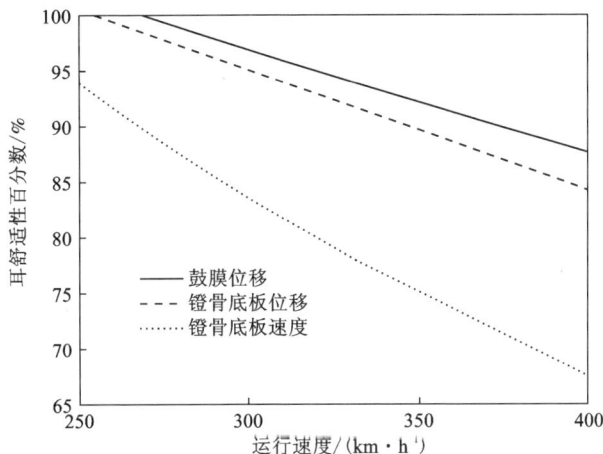

图 6-5　高速列车运行速度对耳气压舒适性的影响曲线

由鼓膜位移、镫骨底板位移和镫骨底板振动速度引起的耳舒适性与高速列车运行速度分别成增长曲线、线性曲线和对数曲线关系，且随着高速列车运行速度的提升，耳不舒适性所占比重越来越大。同时，高速列车运行速度对镫骨底板振动速度的作用最明显，即高速列车运行速度越高，乘员患有耳鸣或听力损失的风险越大。

6.2　高速列车车体密封指数对乘员耳气压舒适性的影响

6.2.1　不同密封指数下乘员耳气压舒适性评估

对于快速客运高速列车，通常采用密封性车体降低车厢外部压力变化对车内压力的影响,从而提高旅客乘坐舒适性[1]。本节仅以高速列车运行速度为 350 km/h时得到的响应结果作为耳气压舒适性预测的评估对象。同时,为方便分析响应结果对舒适性的影响,分别采用 T-1、T-2 和 T-3 表示理想-良好、良好-较差和较差-恶劣等级中间的临界曲线。图 6-6 为运行速度为 350 km/h 时不同密封指数下鼓膜位移的动力学响应曲线。

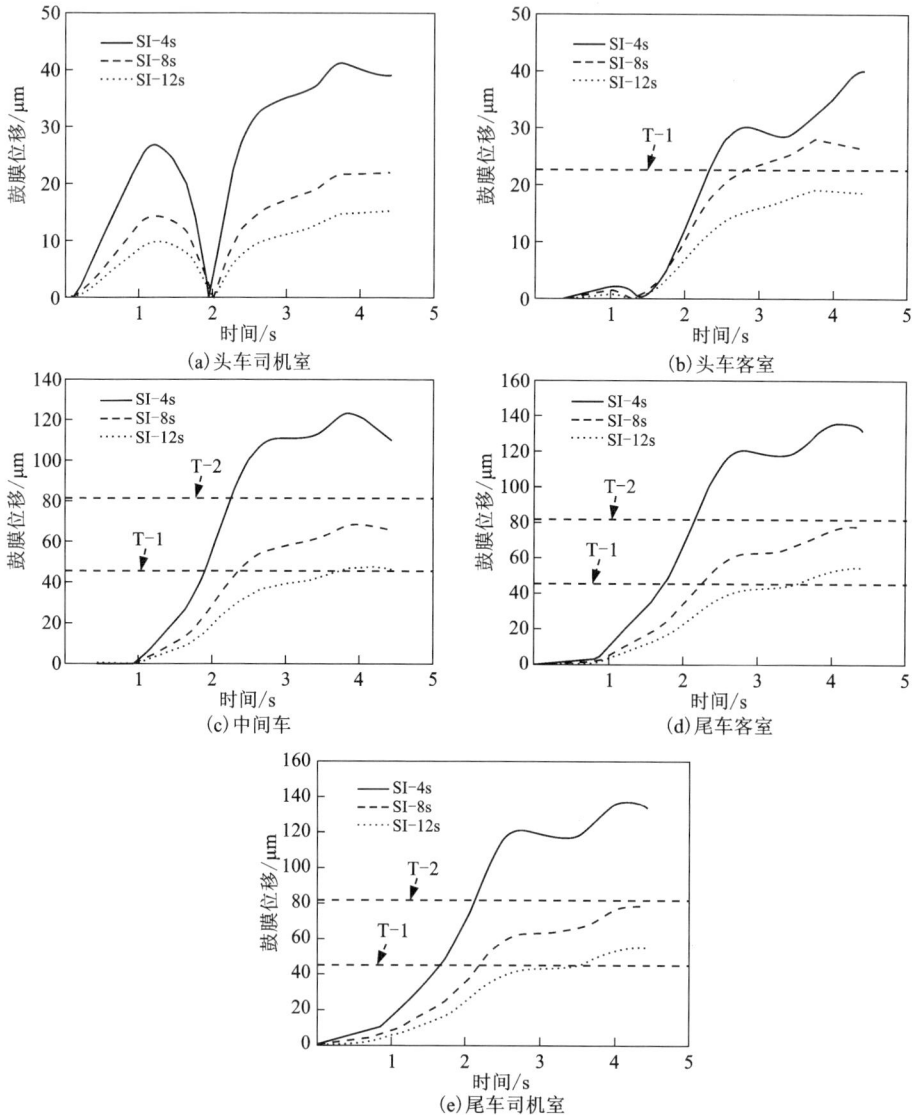

图 6-6　运行速度为 350 km/h 时不同密封指数下鼓膜位移的动力学响应曲线

对于鼓膜位移响应曲线，头车司机室位置的响应曲线具有一个明显的波峰，随后鼓膜位移减小并出现波谷，然后又不断增大直至高速列车驶出隧道出口。通过观察可知，该位置的耳舒适性始终处于理想。对于头车客室，鼓膜位移从高速列车进入隧道入口时刻不断增大直至驶离隧道出口，当密封指数 $SI=4$ s 和 8 s 时，其耳舒适性等级则从理想降为良好；当密封指数 $SI=12$ s 时，耳舒适性等级则一直处于理想。对于其他车厢位置，当密封指数 $SI=4$ s 时，高速列车运行的整个阶段舒适性等级从理想不断降至较差，直至高速列车驶离隧道出口；当密封指数 $SI=8$ s 和 12 s 时，高速列车运行的整个阶段舒适性等级则从理想降为良好。对比不同密封指数下的鼓膜位移响应曲线可知，密封指数越大，鼓膜位移响应值越小，耳舒适性也越好。图 6-7 为运行速度为 350 km/h 时不同密封指数下鼓膜应力的动力学响应曲线。

对于鼓膜应力响应曲线，头车司机室位置的响应曲线始终处于理想等级，头车客室的响应曲线则随着密封指数的增大，舒适性等级从较差不断提高至理想。对于其他车厢位置，当密封指数 $SI=4$ s 时，高速列车在隧道内运行的整个过程中耳舒适性等级从理想不断降至较差，而当密封指数 $SI=8$ s 和 $SI=12$ s 时，高速列车在隧道内运行的整个过程耳舒适性等级则从理想降至良好。图 6-8 为运行速度为 350 km/h 时不同密封指数下镫骨底板位移的动力学响应曲线。

以头车和中间车位置的镫骨底板位移响应曲线为例，头车司机室始终处于理想等级；在头车客室位置，当密封指数 $SI=4$ s 时，高速列车在穿过隧道的整个过程中内耳舒适性等级的变化过程为理想-良好-较差-良好；当密封指数 $SI=8$ s 时，内耳舒适性等级在前半阶段处于理想，后半阶段处于良好；当密封指数 $SI=12$ s 时，内耳舒适性等级始终处于理想。在中间车位置，当密封指数 $SI=4$ s 时，高速列车在穿过隧道的整个过程中内耳舒适性的变化过程为理想-良好-较差；当密封指数 $SI=8$ s 时，内耳舒适性等级的在前半阶段处于理想，后半阶段处于良好；当密封指数 $SI=12$ s 时，内耳舒适性等级则始终处于理想。可以看出，随着密封指数的增大，镫骨底板位移的响应值不断减小，内耳舒适性则不断提高。图 6-9 为运行速度为 350 km/h 时不同密封指数下镫骨底板振动速度的动力学响应曲线。

对于由镫骨底板振动速度变化引起的内耳舒适性变化，当密封指数 $SI=4$ s 时，在头车司机室位置，内耳舒适性等级的变化过程划可划分为 3 个阶段，即阶段Ⅰ~阶段Ⅲ，在阶段Ⅰ内，内耳舒适性等级先从理想降至较差，然后又恢复至理想，在阶段Ⅱ内，内耳舒适性等级先从理想降至恶劣，然后又不断恢复至理想，在阶段Ⅲ内，内耳舒适性等级则始终处于理想。在头车客室位置，内耳舒适性的变化过程也可划分为 3 个阶段，但在阶段Ⅰ内，内耳舒适性等级一直处于理想，在阶段Ⅲ内，内耳舒适性等级则一直处于良好，而在阶段Ⅱ内，内耳舒适性等级首先从理想降至恶劣，再恢复至理想。

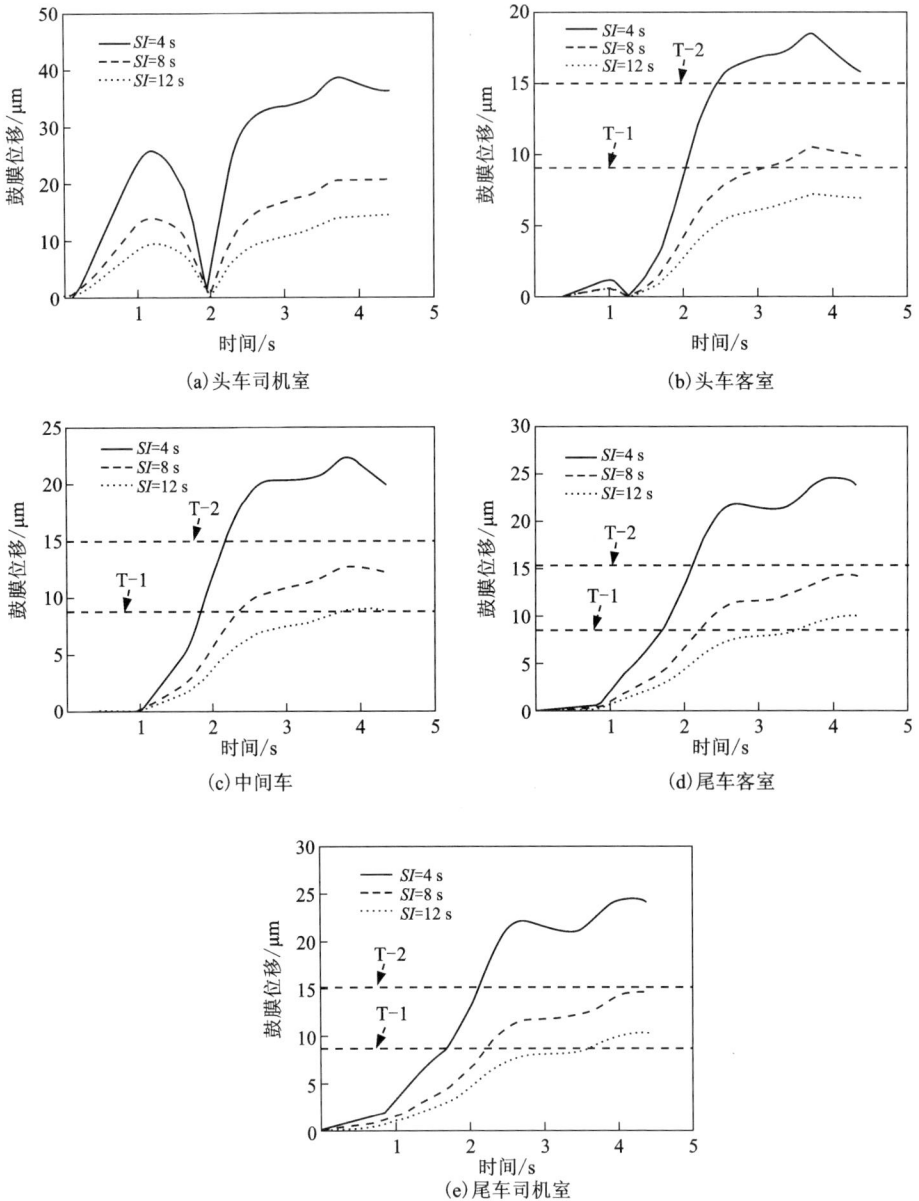

(a)头车司机室

(b)头车客室

(c)中间车

(d)尾车客室

(e)尾车司机室

图 6-7　运行速度为 350 km/h 时不同密封指数下鼓膜应力的动力学响应曲线

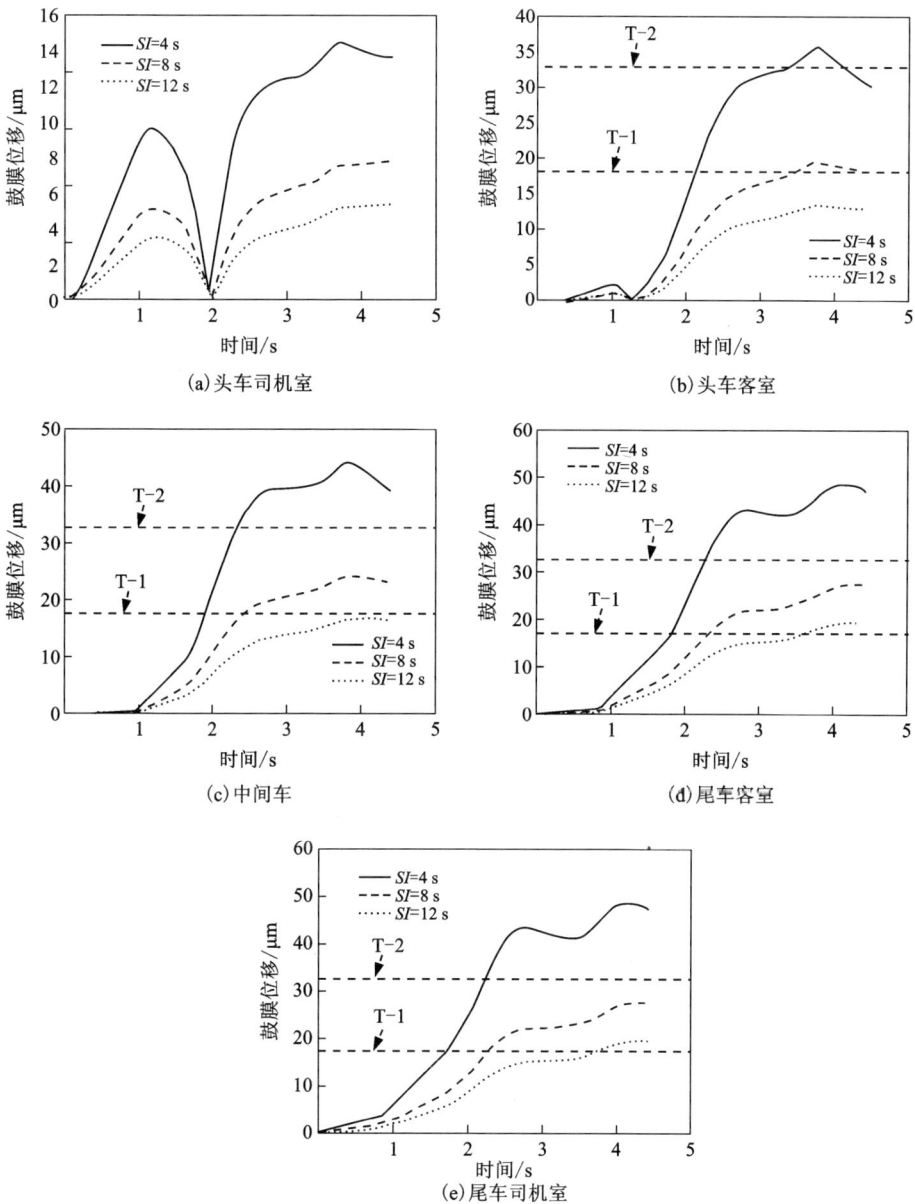

图 6-8　运行速度为 350 km/h 时不同密封指数下镫骨底板位移的动力学响应曲线

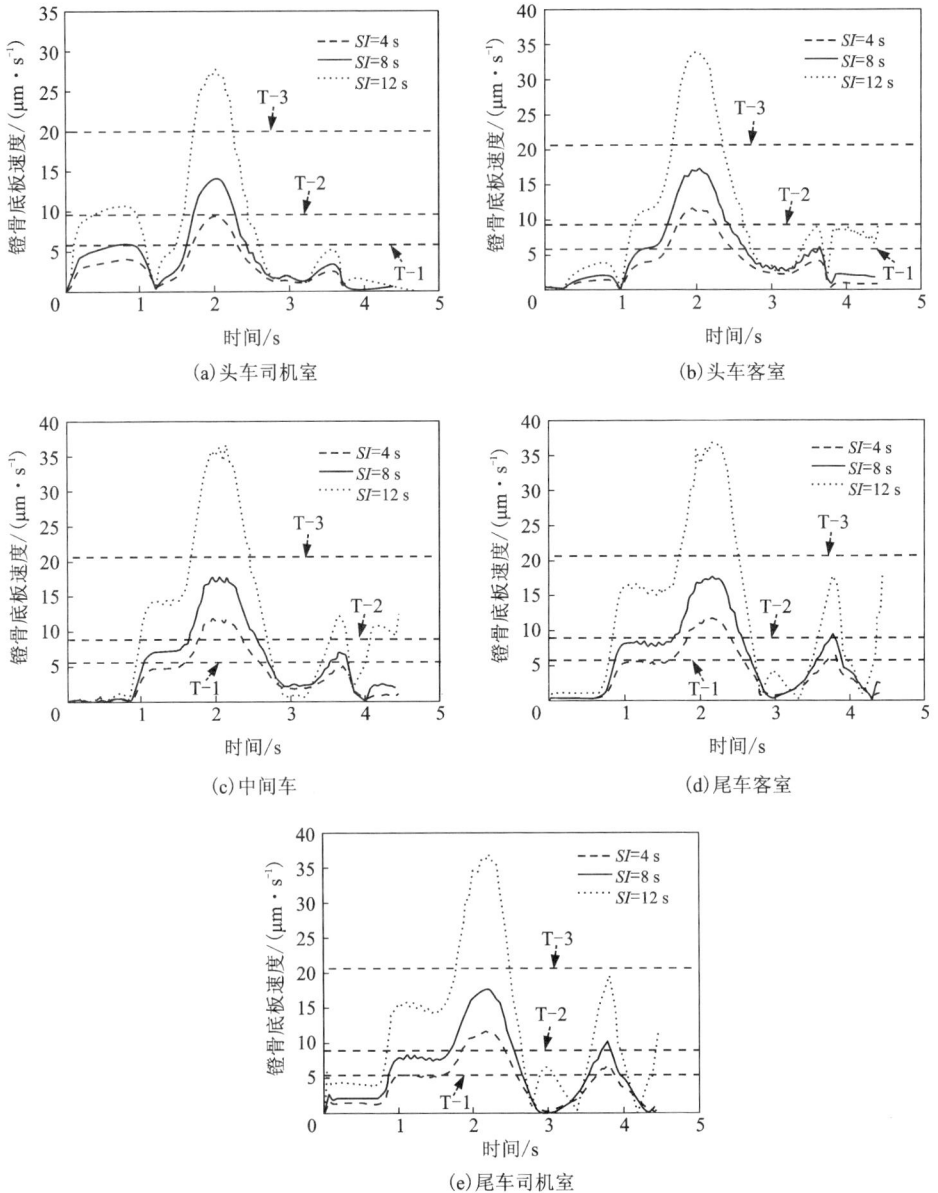

(a)头车司机室

(b)头车客室

(c)中间车

(d)尾车客室

(e)尾车司机室

图 6-9　运行速度为 350 km/h 时不同密封指数下镫骨底板振动速度的动力学响应曲线

在其他车厢位置，内耳舒适性等级的变化过程大致可划分为 5 个阶段，即阶段Ⅰ~阶段Ⅴ。在阶段Ⅰ内，内耳舒适性等级处于一直处于理想，在阶段Ⅱ内，内耳舒适性等级先从理想降至恶劣，再不断恢复至理想，在阶段Ⅲ内，内耳舒适性等级一直处于理想，在阶段Ⅳ内，内耳舒适性等级先从理想降至较差，然后恢复至理想，在阶段Ⅴ时间内，内耳舒适性等级从理想降至较差直至高速列车驶离隧道出口。

当密封指数 $SI=8\text{ s}$ 或 $SI=12\text{ s}$ 时，内耳舒适性等级的变化过程为理想—良好—较差—良好—理想。综上所述，随着车体密封指数 SI 的增大，由镫骨底板振动速度响应曲线引起的内耳不舒适性不断降低，舒适性等级不断提高。

6.2.2　密封指数与乘员耳气压舒适性之间的关系曲线

以车体密封指数为自变量，以高速列车通过隧道期间人耳舒适性所持续的时间与通过隧道所用时间的百分数值为因变量，采用曲线回归分析法可得到车体密封性与耳气压舒适性之间的关系，图 6-10 为车体密封指数对人耳舒适性的影响。

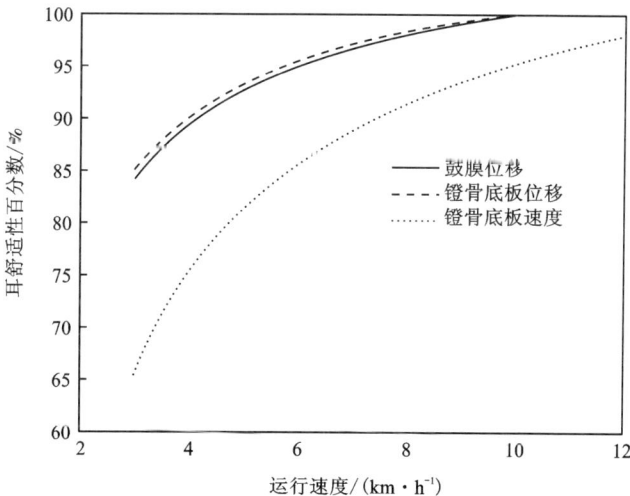

图 6-10　车体密封指数对人耳气压舒适性的影响

由鼓膜位移、镫骨底板位移和镫骨底板振动速度引起的耳舒适性与车体密封指数均成 S 形曲线关系，且车体密封指数越大，耳舒适性越好。同时，通过对比可知，车体密封指数对镫骨底板振动速度的影响最大，车体密封指数增大时，乘员患有耳鸣和听力损失的风险降低。

6.3 高速列车车厢位置对乘员耳气压舒适性的影响

6.3.1 不同车厢位置的乘员耳气压舒适性评估

为分析车厢位置对乘员耳气压舒适性的影响，本节以动模型试验得到的车内压力变化数据对人耳气压舒适性进行预测。由于试验工况较多，仅以高速列车运行速度为 350 km/h，密封指数 $SI = 4$ s 时的耳气压舒适性预测结果为例，图 6-11 为高速列车运行速度为 350 km/h 密封指数 $SI = 4$ s 时不同测点位置的动力学响应曲线。

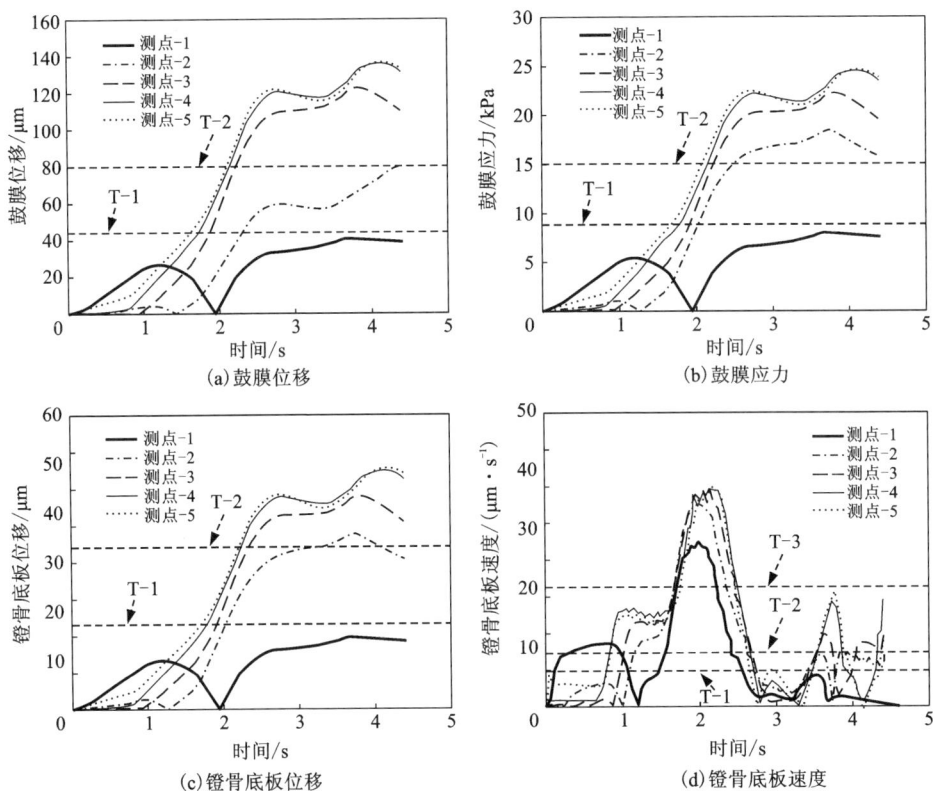

图 6-11 高速列车运行速度为 350 km/h 密封指数 $SI = 4$ s 时不同测点位置的动力学响应曲线

头车司机室位置的鼓膜位移、鼓膜应力和镫骨底板位移响应曲线在高速列车穿过隧道的整个过程中始终处于理想等级，而镫骨底板振动速度响应曲线除高速列车在隧道中部运行的时间段内处于不舒适性等级外，其余时间段内均处于舒适等级。对于其余车厢位置，耳气压舒适性从好到坏依次为头车客室、中间车、尾车客室、尾车司机室。根据车厢位置对人耳气压舒适性的影响结果来看，在沿着高速列车运行方向的相反方向，舒适性等级呈现降低趋势。

6.3.2　车厢位置与乘员耳气压舒适性之间的关系曲线

以头车为 1 号车厢依次对其余车厢进行排序，以车厢号为自变量，以高速列车通过隧道期间人耳舒适性所持续的时间与通过隧道所用时间的百分比数为因变量，采用曲线回归分析法可得到高速列车运行速度与耳气压舒适性之间的关系曲线，图 6-12 为车厢位置对耳舒适性的影响。

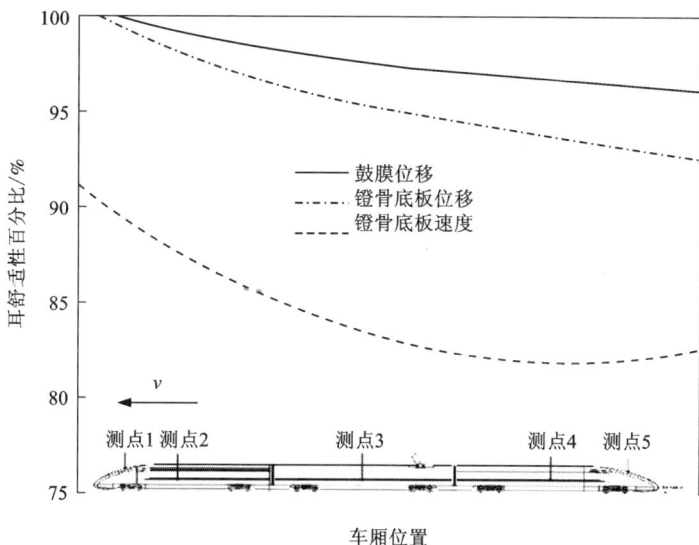

图 6-12　车厢位置对耳气压舒适性的影响

由鼓膜位移、镫骨底板位移与耳舒适性成乘幂曲线关系，镫骨底板振动速度与车厢位置成二次曲线关系。距离头车司机室位置增大时，乘员耳气压舒适性降低，即在与高速列车运行相反的方向上，耳舒适性降低，乘员患有耳鸣或听力损失的风险不断增大。

6.4 隧道长度对高速列车乘员耳气压舒适性的影响

6.4.1 不同隧道长度下高速列车乘员耳气压舒适性评估

有研究表明：高速列车运行速度 v、阻塞比 β 和隧道长度 L 是影响隧道内及高速列车上压力波动的重要因素，且隧道长度对压力波动的影响规律具有显著的非单调特性[2]。梅元贵等人的研究指出，高速列车在长隧道或特长隧道内运行时车内最大压力变化量对人耳舒适性的影响问题必须重视[3]。本书研究通过采用实车试验的方法，获取了高速列车通过长隧道时的车内压力变化数据，并将其作用在人耳生物力学模型上，得到了如图 6-13~图 6-28 高速列车以 350 km/h 通过#1 隧道~#4 隧道时各评价指标的动力学响应曲线。

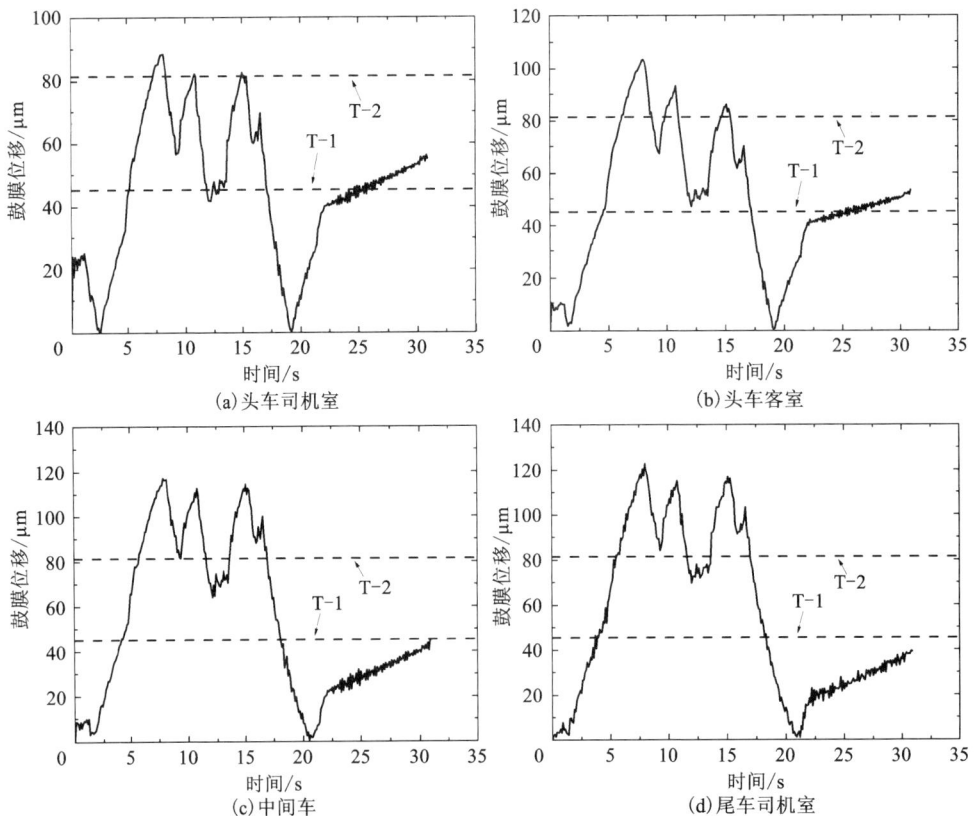

图 6-13 高速列车以 350 km/h 通过隧道#1 时鼓膜位移响应曲线

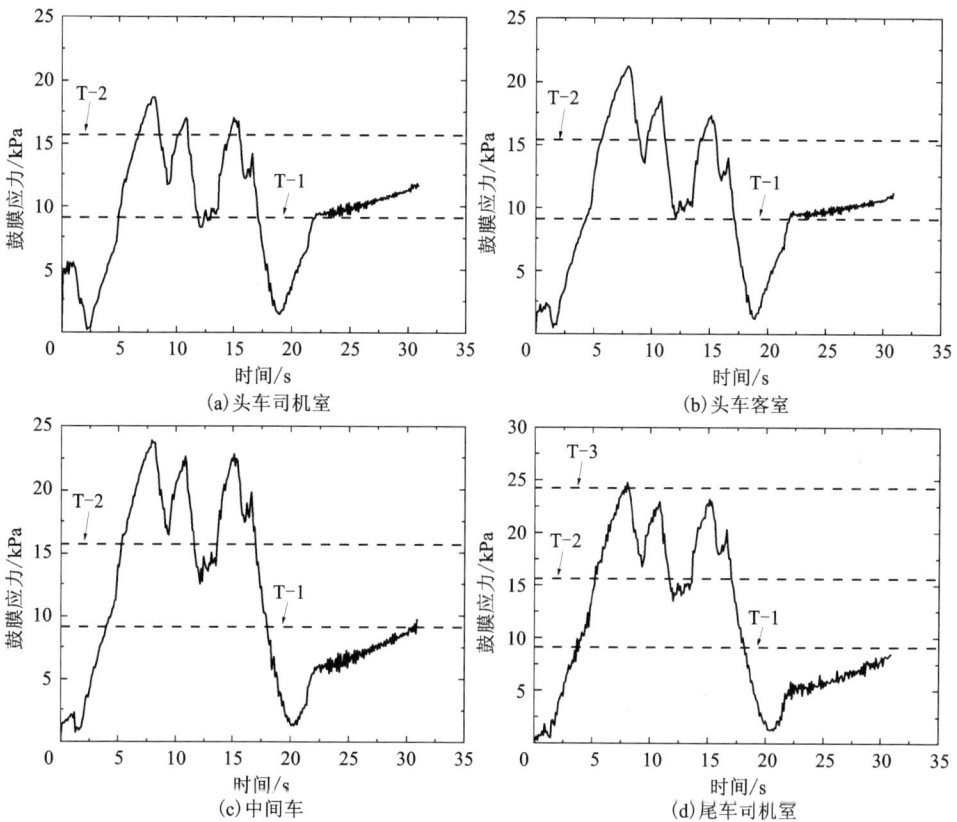

图 6-14　高速列车以 350 km/h 通过隧道#1 时鼓膜应力响应曲线

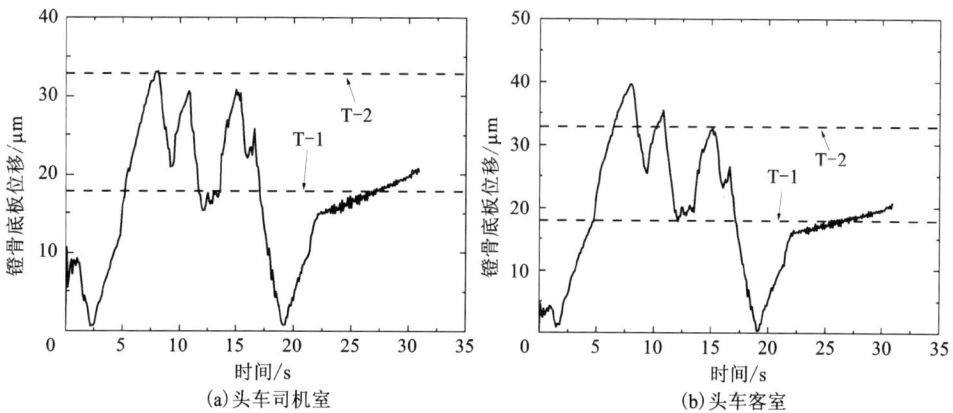

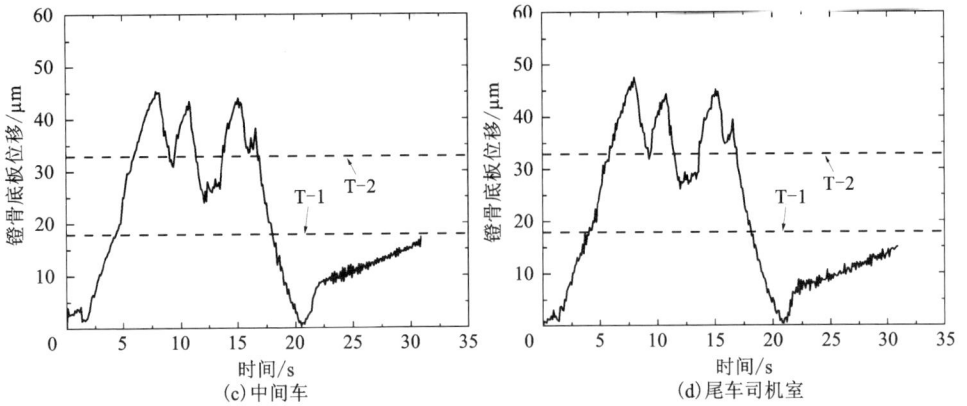

图 6-15　高速列车以 350 km/h 通过隧道#1 时镫骨底板位移响应曲线

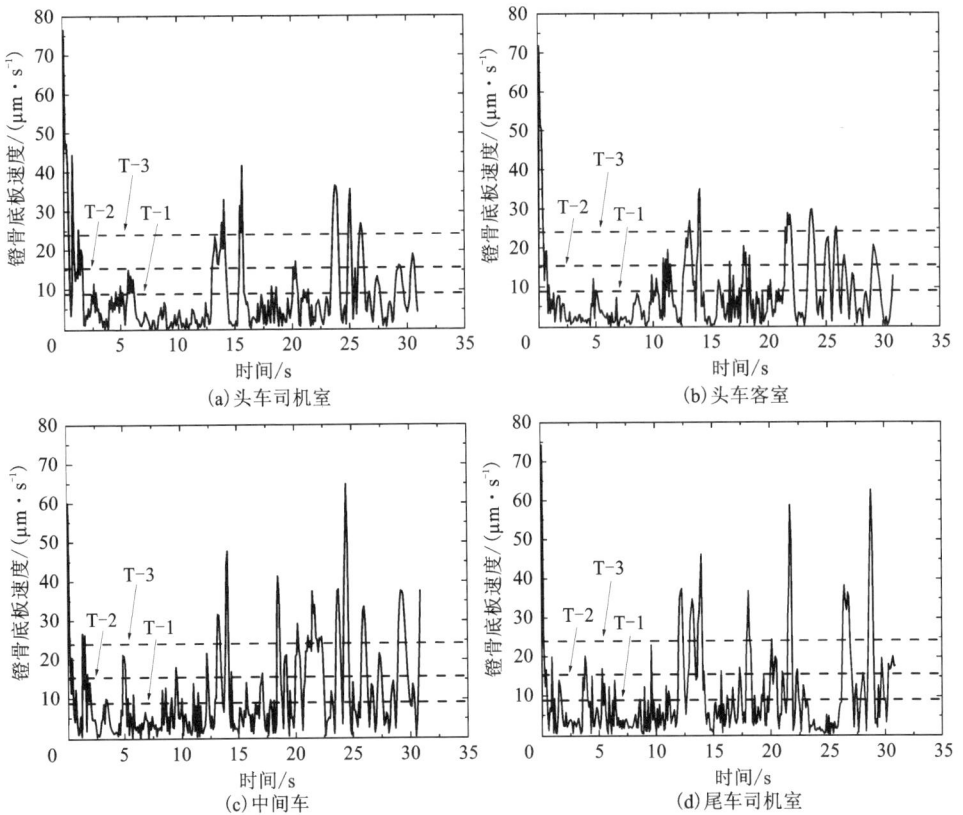

图 6-16　高速列车以 350 km/h 通过隧道#2 时鼓膜位移响应曲线

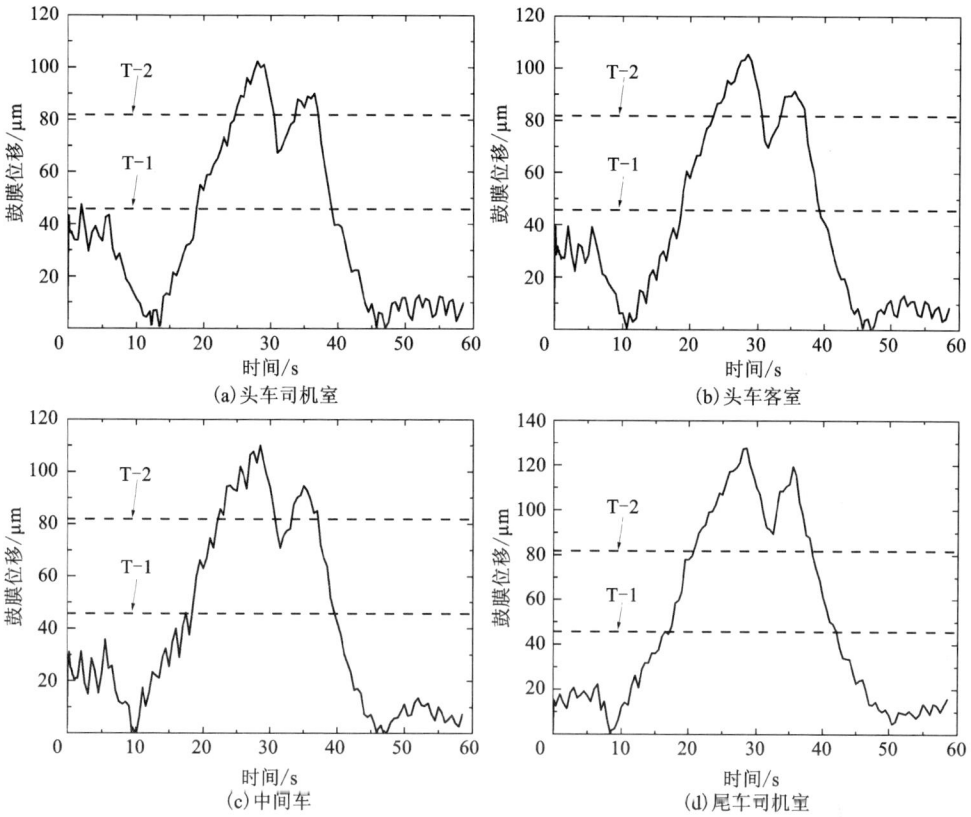

图 6-17　高速列车以 350 km/h 通过隧道#2 时鼓膜应力响应曲线

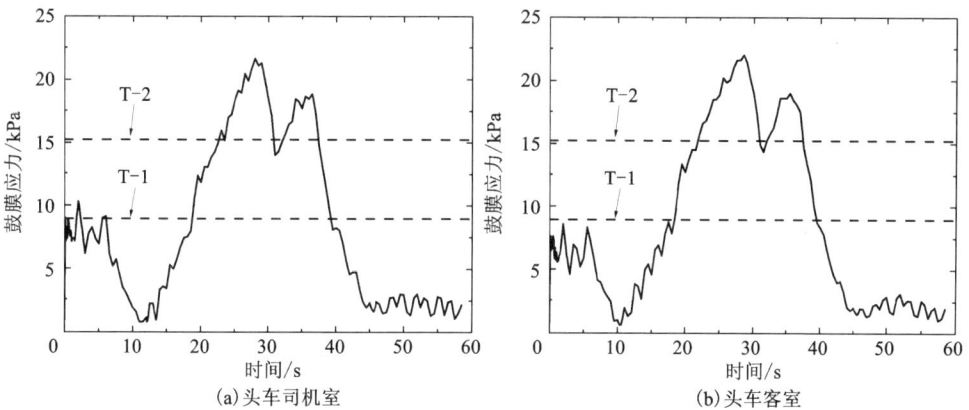

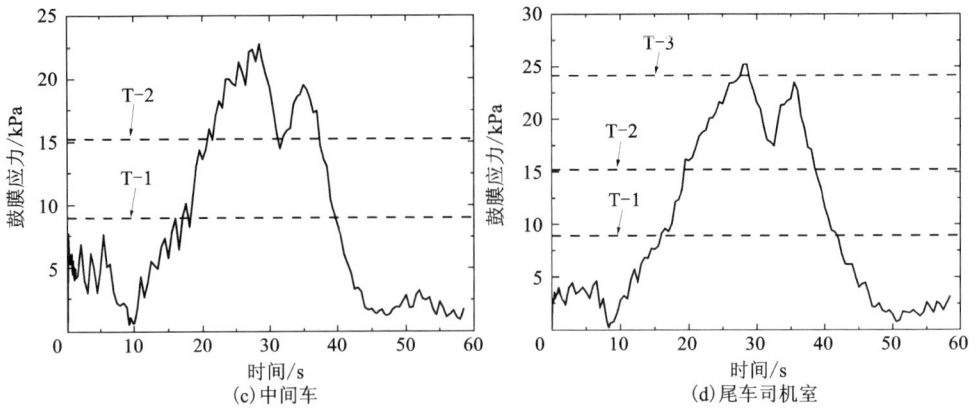

(c) 中间车

(d) 尾车司机室

图 6-18　高速列车以 350 km/h 通过隧道#2 时镫骨底板位移响应曲线

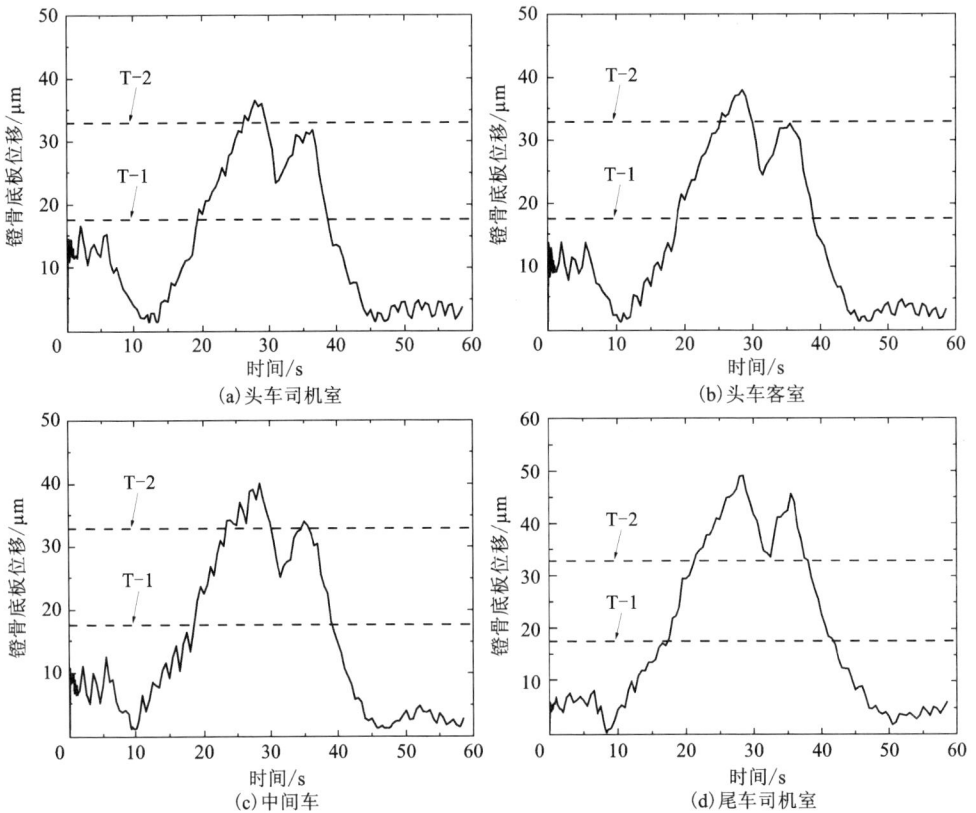

(a) 头车司机室

(b) 头车客室

(c) 中间车

(d) 尾车司机室

图 6-19　高速列车以 350 km/h 通过隧道#2 时镫骨底板速度响应曲线

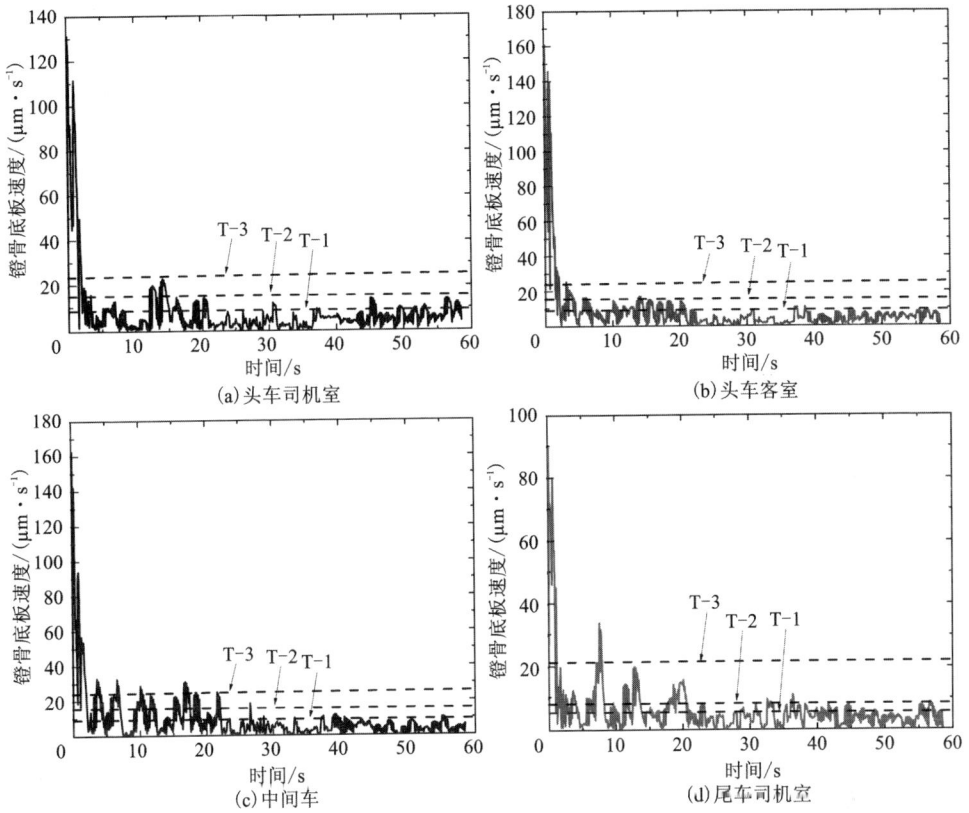

图 6-20　高速列车以 350 km/h 通过隧道#3 时鼓膜位移响应曲线

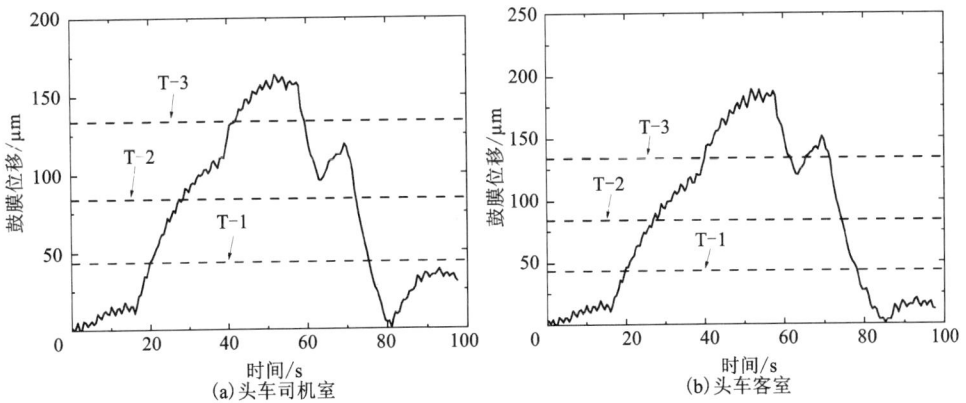

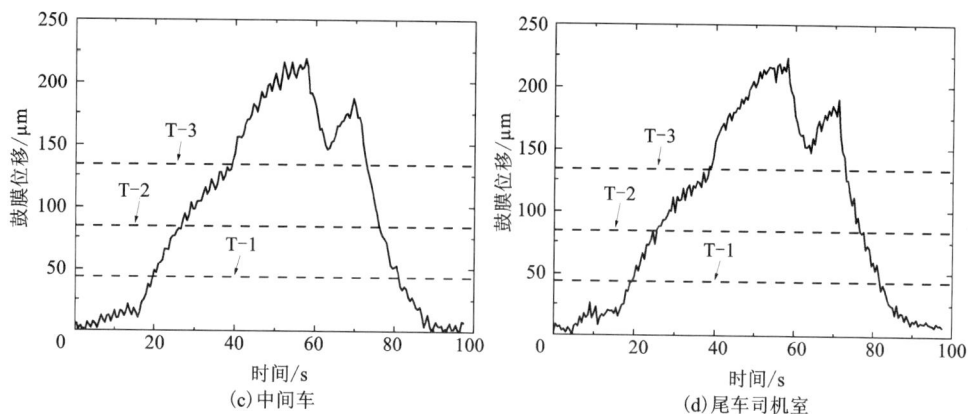

图 6-21　高速列车以 350 km/h 通过隧道#3 时鼓膜应力响应曲线

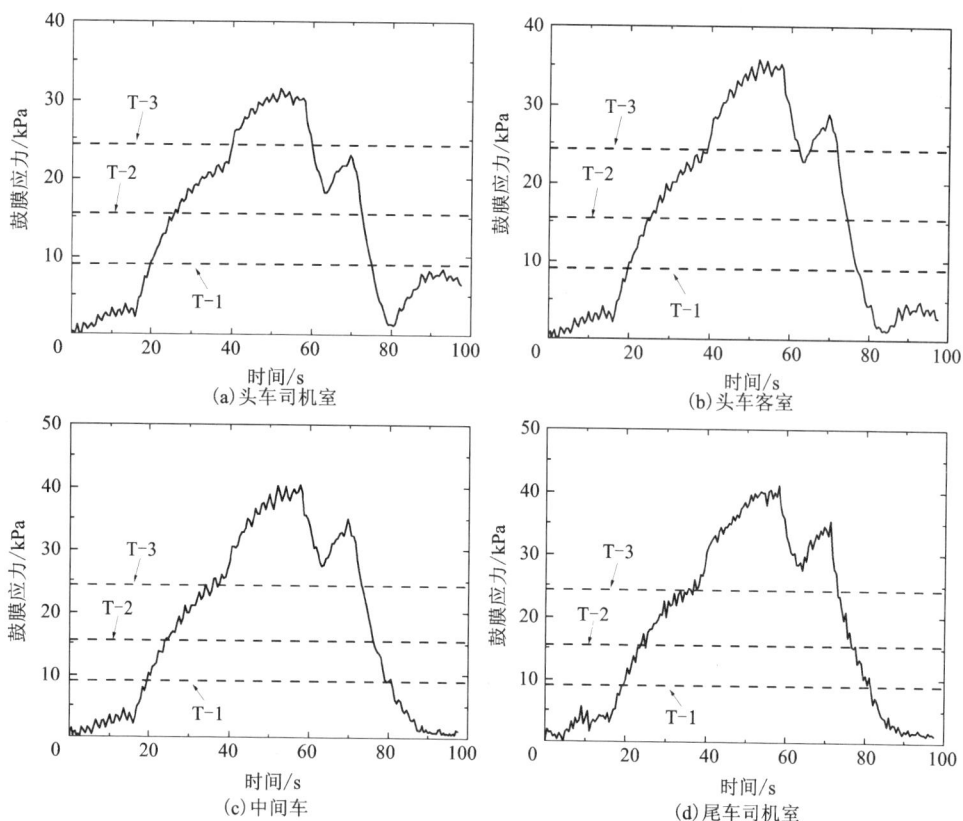

图 6-22　高速列车以 350 km/h 通过隧道#3 时镫骨底板位移响应曲线

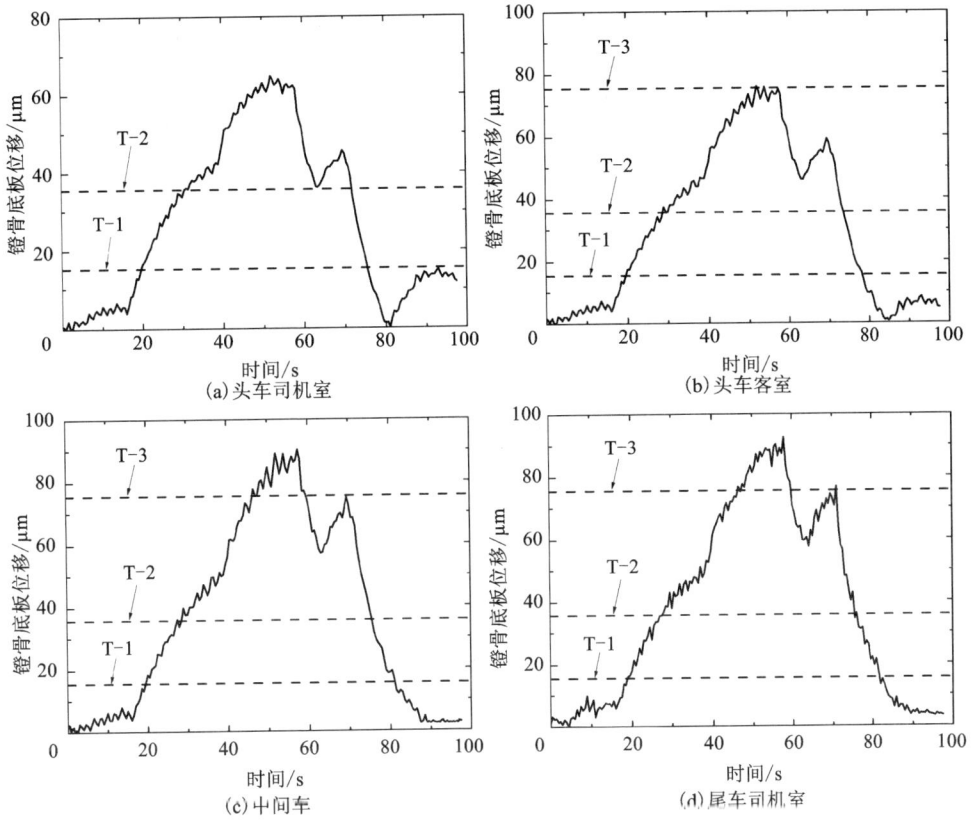

图 6-23　高速列车以 **350 km/h** 通过隧道#3 时镫骨底板速度响应曲线

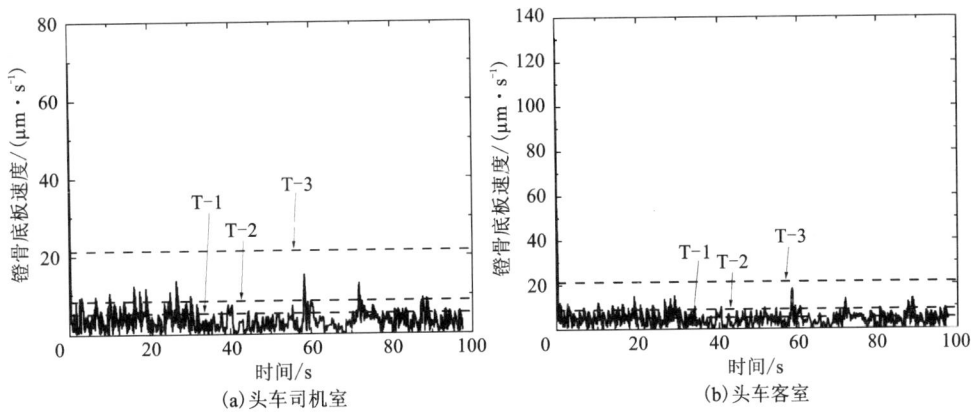

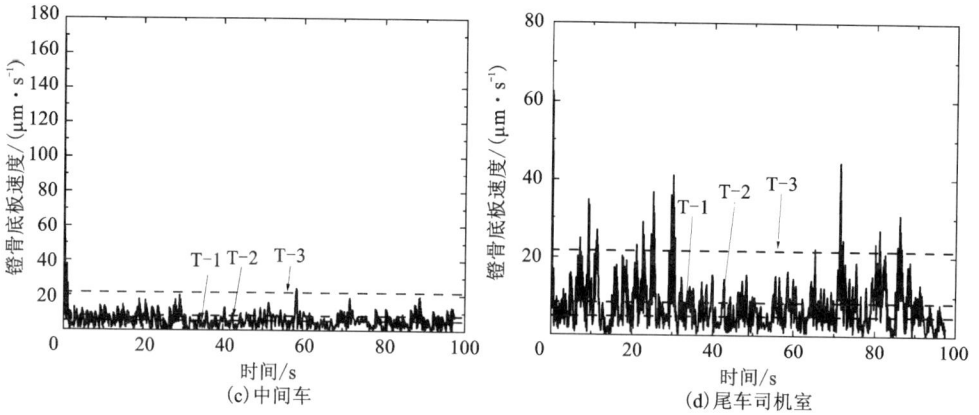

图 6-24　高速列车以 350 km/h 通过隧道#3 时镫骨底板速度响应曲线

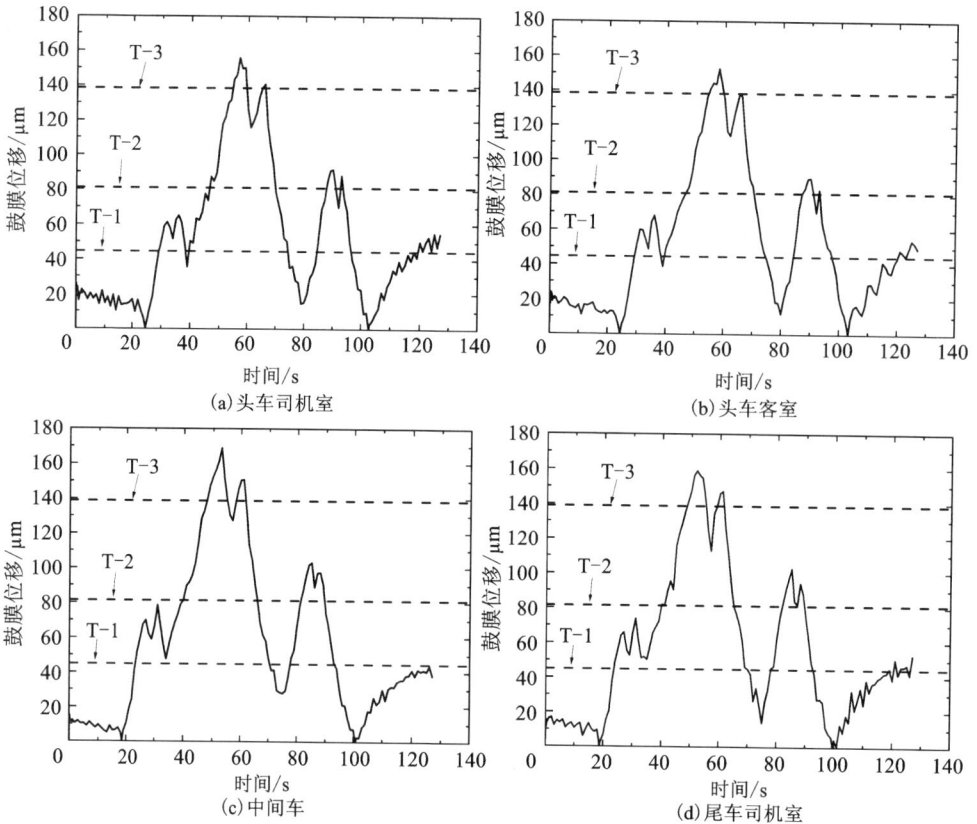

图 6-25　高速列车以 350 km/h 通过隧道#4 时鼓膜位移响应曲线

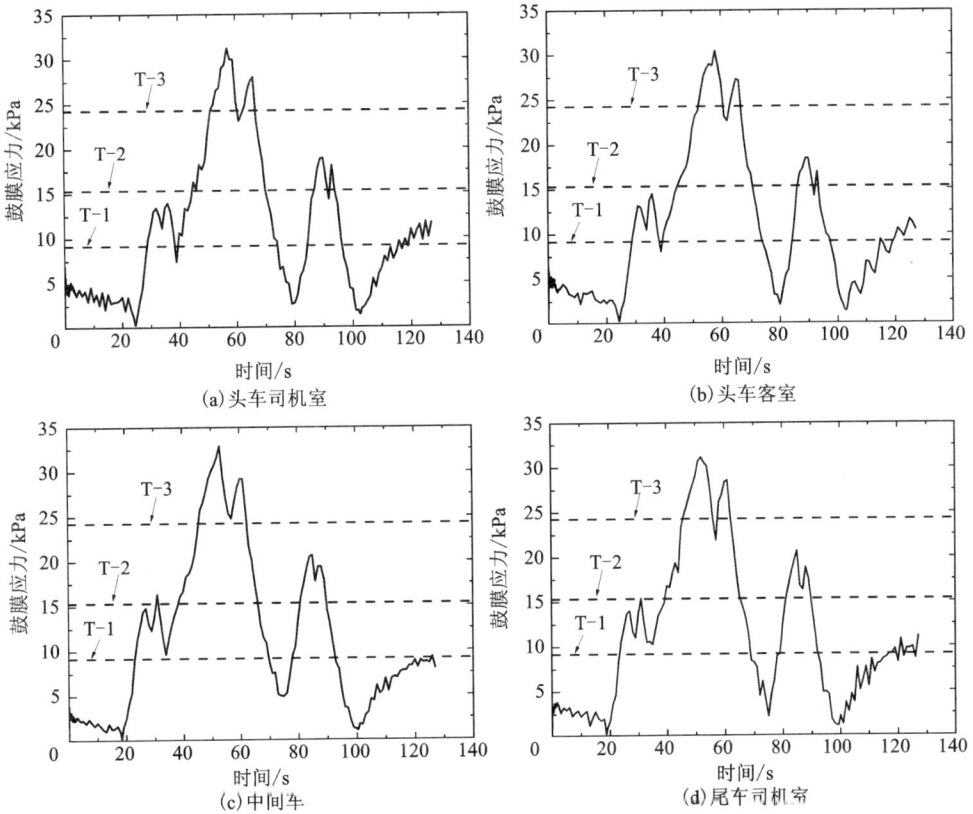

图 6-26　高速列车以 350 km/h 通过隧道#4 时鼓膜应力响应曲线

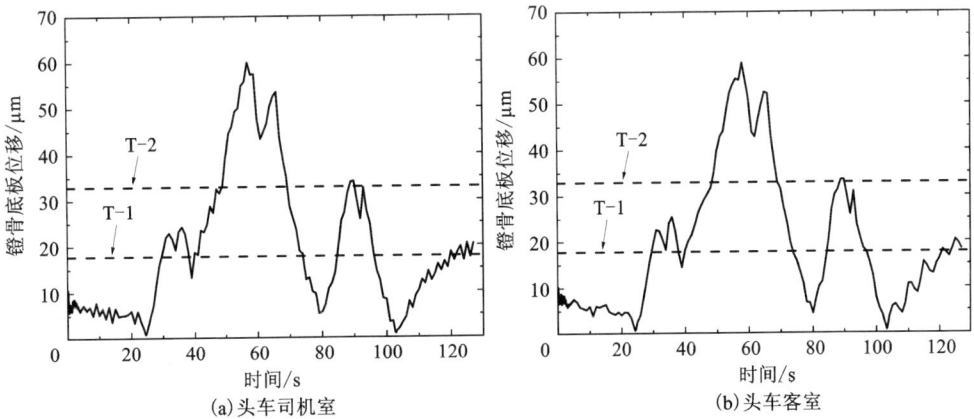

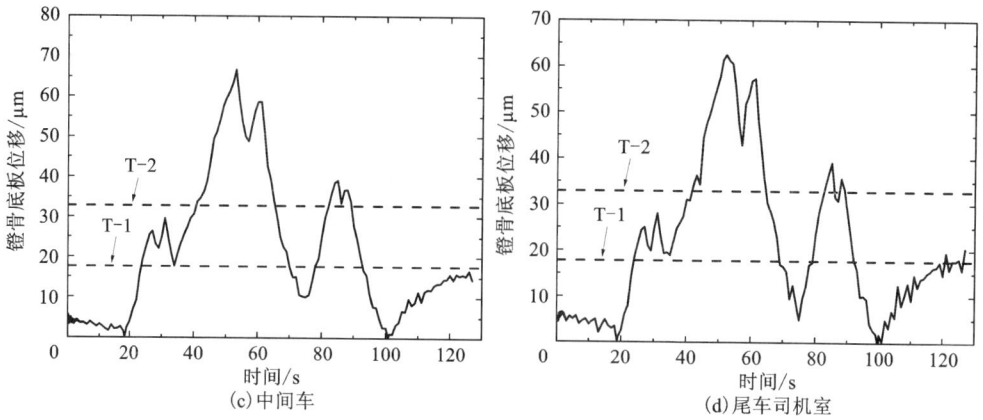

图 6-27　高速列车以 **350 km/h** 通过隧道#4 时镫骨底板位移响应曲线

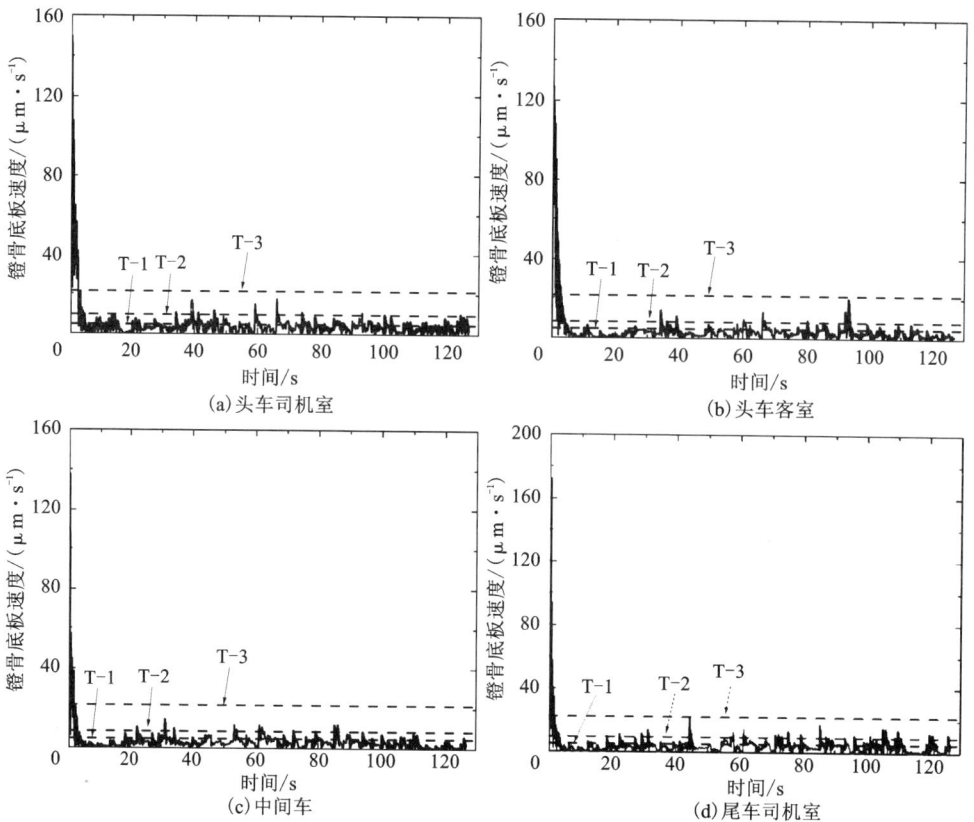

图 6-28　高速列车以 **350 km/h** 通过隧道#4 时镫骨底板速度响应曲线

对于鼓膜应力、鼓膜位移和镫骨底板位移响应曲线，当高速列车以 350 km/h 穿过#1 隧道~#4 隧道的整个过程可以划分为 3 个阶段，分别用阶段 Ⅰ~阶段Ⅲ表示。在阶段 Ⅰ 时间内，3 个评价指标的响应曲线均位于良好-较差等级临界曲线以下，且在从高速列车进入隧道入口的前半阶段，人耳舒适性等级处于理想，在后半阶段人耳舒适性等级处于良好。这说明在阶段 Ⅰ 内，人耳暂时不会出现耳痛、耳胀或眩晕等症状。

在阶段 Ⅱ 时间内，除在#4 隧道鼓膜位移和鼓膜应力曲线在 50~60 s 时间段内位于较差-恶劣等级临界曲线之上外，在其余隧道 3 个评价指标的响应曲线均位于良好-较差等级临界曲线和较差-恶劣等级临界曲线范围内，说明该阶段人耳舒适性等级处于较差甚至恶劣。这说明在阶段 Ⅱ 内，人耳将会出现不同程度的耳痛、耳胀甚至眩晕等症状。

在阶段Ⅲ时间内，除在隧道 4 内 3 个评价指标的响应曲线出现短暂的超过良好-较差等级临界曲线外，在其余隧道内的响应曲线均处于该临界曲线之下，而且在前半阶段人耳舒适性等级处于良好，后半阶段及高速列车在靠近隧道出口时人耳舒适性等级处于理想。这说明在阶段Ⅲ内，人耳不舒适性的症状将会不断减轻直至高速列车驶离隧道出口。

对于镫骨底板振动速度响应曲线，各隧道内的响应曲线在高速列车穿过隧道的整个过程中均出现数量不等的响应峰值。具体而言，#1 隧道内的响应曲线在高速列车进入隧道内的前 5 s 以及 10~30 s 内响应峰值均超过较差-恶劣等级临界曲线；#2 隧道的响应曲线在高速列车进入隧道内的前 22 s 内响应峰值超过较差-恶劣临界曲线而在其他时间段内的响应峰值大都处于较差-良好等级临界曲线之下；#3 隧道的响应曲线在高速列车进入隧道内的前 30 s 以及 70~85 s 内的响应曲线出现超过较差-恶劣等级临界曲线的峰值外，在其余时间段内处于良好-较差等级临界曲线内；#4 隧道的响应曲线除在高速列车进入隧道内的前 5 s 内出现较大的响应峰值外，其余时间段内未出现超过良好-较差等级临界曲线的现象。经观察，镫骨底板振动速度的最大响应峰值在 80~180 μm/s，远远超过最大临界值 20.45 μm/s，说明人耳出现耳鸣或暂时性听力损失的风险较大。

6.4.2　隧道长度与高速列车乘员耳气压舒适性之间的关系曲线

图 6-29 为隧道长度 L 对耳舒适性的影响。

由鼓膜位移和镫骨底板位移引起的耳舒适性与隧道长度成三次曲线关系，且曲线在隧道长度 $L=10$ km 左右时存在极小值，说明在该隧道长度下乘员耳痛、耳胀或眩晕等耳不舒适性明显。由镫骨底板振动速度引起的耳舒适性与隧

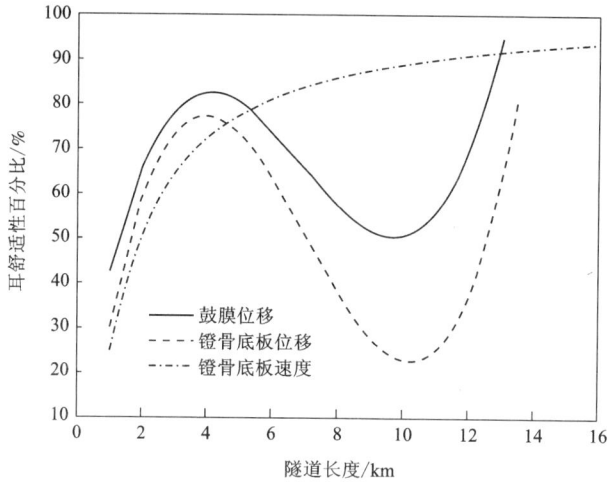

图 6-29　隧道长度 L 对耳气压舒适性的影响

道长度成 S 曲线关系，且隧道越长，乘员患有耳鸣或听力损失的风险降低。

通过观察可知，当隧道长度 $L<4$ km 时，耳舒适性随隧道长度的增大而不断改善，说明存在一个最不利隧道长度使得乘员耳舒适性最差。由第 3 章动模型试验可知，当高速列车运行速度 $v=350$ km/h 时，对于单线隧道其最不利隧道长度 $L=322$ m，对于双线隧道最不利隧道长度 $L=287$ m，与图 6-17 中所示的耳舒适性与隧道长度关系曲线一致。

6.5　高速列车乘员耳气压舒适性预测模型

由以上预测结果可以发现，鼓膜位移和鼓膜应力对乘员耳舒适性预测的结果一致，且两个评价指标所对应的乘员耳舒适性生理学表征相同，因此在后面的分析中仅采用鼓膜位移作为鼓膜舒适性的评价指标。为方便采用曲线回归模型分析各影响因素对乘员耳气压舒适性的影响，以高速列车在通过隧道的过程中乘员耳舒适性的持续时间占高速列车在隧道内运行总时间的百分比作为衡量舒适性好坏的指标，对乘员处于舒适的时间占高速列车通过隧道总时间的百分比进行统计，统计结果如表 6-1 所示。

表 6-1　各影响因素对乘员耳气压舒适性的影响统计表

影响因素		鼓膜位移		镫骨底板位移		镫骨底板振动速度	
		舒适/%	不舒适/%	舒适/%	不舒适/%	舒适/%	不舒适/%
运行速度	250 km/h	100	0	100	0	93.8	6.2
	300 km/h	94.8	5.2	96.1	3.9	83.6	16.4
	350 km/h	89.8	10.2	89.3	10.7	75.1	24.9
密封指数	4 s	89.2	10.8	89.9	10.1	74.9	25.1
	8 s	100	0	100	0	92.4	7.6
	12 s	100	0	100	0	97.6	2.4
车厢位置	头车司机室	100	0	100	0	90.9	9.1
	头车客室	100	0	98.5	1.5	86.3	13.7
	中间车	96.6	3.4	94.1	5.9	83.0	17.0
	尾车客室	96.3	3.7	93.1	6.9	81.8	18.2
	尾车司机室	96.3	3.7	93.1	6.9	82.5	17.5
隧道长度	3012 m	79.7	20.3	84.0	16.0	64.4	35.6
	5694 m	78.1	21.9	86.0	14.0	80.6	19.4
	9490 m	49.6	50.4	51.4	48.6	84.8	15.2
	12366 m	75.9	24.1	79.7	20.3	94.6	5.4

6.5.1　高速列车乘员耳不舒适性等级划分

将耳气压舒适性所占百分比作为因变量，其他影响因素作为自变量考虑时，由于两者之间的函数关系不确定，因此采用曲线估计方法进行分析。在 SPSS 分析软件中，分别采用线性曲线、对数曲线、符合曲线、指数曲线等 10 种方法对统计结果进行拟合，通过对比各方法得到的拟合曲线的拟合度，确定合适的曲线回归模型。表 6-2 为各评价指标对乘员气压舒适性的预测结果与各影响因素之间的最佳拟合曲线参数表。

表 6-2　乘员耳气压舒适性影响因素与评价指标曲线回归分析结果

影响因素	评价指标	曲线模型	模型表达式	R 方	标准误差	F 值	P 值（CI）
运行速度 /（km·h⁻¹）	鼓膜位移	增长曲线	$Y = e^{4.874 - 0.001x}$	1.000	0.000	56542.384	0.003（99%）
	镫骨底板位移	线性模型	$Y = 127.233 - 0.107x$	0.976	1.184	40.841	0.099（90%）
	镫骨底板速度	对数曲线	$Y = 400.705 - 55.588\ln x$	1.000	0.055	58409.666	0.003（99%）
密封指数 /s	鼓膜位移	S 形曲线	$Y = e^{4.679 - 0.741/x}$	0.942	0.016	32.460	0.029（95%）
	镫骨底板位移	S 形曲线	$Y = e^{4.674 - 0.69/x}$	0.942	0.015	32.652	0.029（95%）
	镫骨底板速度	S 形曲线	$Y = e^{4.718 - 1.619/x}$	0.994	0.011	349.240	0.003（99%）
车厢位置	鼓膜位移	乘幂曲线	$Y = 100.506x^{-0.028}$	0.796	0.011	11.681	0.042（95%）
	镫骨底板位移	乘幂曲线	$Y = 100.474x^{-0.051}$	0.909	0.012	29.805	0.012（95%）
	镫骨底板速度	二次曲线	$Y = 97.64 - 7.573x + 0.907x^2$	0.999	0.159	1131.330	0.001（99%）
隧道长度 /km	鼓膜位移	三次曲线	$Y = 5.576 + 43.612x - 7.532x^2 + 0.362x^3$	0.986	1.418	783.190	0.000（99%）
	镫骨底板位移	三次曲线	$Y = -14.018 + 56.306x - 9.363x^2 + 0.44x^3$	0.982	1.812	632.293	0.000（99%）
	镫骨底板速度	S 形曲线	$Y = e^{4.630 - 1.4045/x}$	0.963	0.038	52.467	0.019（95%）

注：因变量 Y 表示高速列车在通过隧道时，乘员耳舒适性的持续时间占高速列车在隧道内运行总时间的百分比，自变量 x 表示高速列车运行速度、车体密封指数、车厢位置和隧道长度等影响因素。为方便构建回归曲线，将车厢位置视作度量变量，并以头车司机室为参照，分别用 1-5 表示头车司机室、头车客室、中间车、尾车客室和尾车司机室。

　　为研究多因素水平混合作用对人耳气压舒适性的影响，采用有序回归分析的方法构建耳气压舒适性与高速列车运行速度、车体密封指数、隧道断面面积、车厢位置以及隧道长度之间的回归模型。首先，利用下式的计算结果作为衡量耳不舒适性程度的指标。

$$Y_i = T_i/T, \ (i = 1, 2, 3) \tag{6-1}$$

式中：T_i 为高速列车在隧道运行时人耳处于产生不舒适感的总时间，其数值等于人耳舒适性等级处于较差和恶劣等级所占时间之和；T 表示高速列车在隧道运行的总时间。两者的比值 Y_i 表示人耳处于不舒适状态占高速列车隧道运行时间的百分比，用于衡量耳不舒适性程度的大小。下标 i 表示评价指标，即 $i = 1$ 表示鼓膜位移，$i = 2$ 表示镫骨底板位移，$i = 3$ 表示镫骨底板振动速度。根据 Y_i 数值的大小划分为 4 个等级，如表 6-3 所示。

表 6-3　耳不舒适程度等级水平描述

等级水平	1	2	3	4
判断依据	$Y_i \leqslant 10\%$	$10\% < Y_i \leqslant 25\%$	$25\% < Y_i \leqslant 50\%$	$Y_i > 50\%$
接受程度	可接受	勉强接受	不愉快	非常不愉快
状态描述	人耳有不舒适感，但持续时间较短，可以接受	不舒适感持续时间延长，但尚可接受	乘员产生抱怨情绪或心理	严重影响乘员舒适性，亟待改善

需要说明的是，对于各自变量因素，高速列车运行速度、车体密封指数和隧道长度均为连续变量，因此在分析时其自变量属性定义为度量变量。由于目前国内高速铁路隧道均采用 70 m²（单线）和 100 m²（双线）标准断面，因此将隧道断面面积看作分类变量，分别用 0 和 1 表示。同时，本书所研究的车内压力变化主要分布在头车司机室、头车客室、中间车、尾车司机室和尾车客室，如果以头车司机室作为参考点，按照距离参考点距离分为 5 个水平，因此将车厢位置也看作是分类变量，分别用 1~5 表示。

6.5.2　有序回归分析

其次，选择 logit 函数作为连接函数，如式（6-2）所示。

$$L_{ij} = H_{jk}[\boldsymbol{A}]_{ki} - ([\boldsymbol{B}]_{li})[\boldsymbol{X}]_l, \ (i = 1, 2, 3; j = 1, 2, 3; k = 1, 2, 3;$$
$$l = 1, 2, \ldots, 5) \tag{6-2}$$

式中：L_{ij} 是连接函数；$\boldsymbol{I}_{jk}$ 是单位矩阵；$[\boldsymbol{A}]_{ki}$ 是常量矩阵，$[\boldsymbol{B}]_{li}$ 是回归系数矩阵，$[\boldsymbol{X}]_l$ 是变量向量。下标 i 表示评价指标，j 表示耳不舒适性等级，k 为哑标，l 表示自变量个数。由式（6-2）可得耳不舒适性处于 1、2、3 等级时的概率，如式（6-3）所示。

$$P_{ij} = \begin{cases} 1/(1 + \exp(-L_{ij})), & (i = 1, 2, 3; j = 1) \\ 1/(1 + \exp(-L_{ij})) - \sum_{j=1}^{j-1} 1/(1 + \exp(-L_{ij})), & (i = 1, 2, 3; j = 2, 3) \end{cases}$$

$$P_{i4} = 1 - \sum_{j=1}^{3} 1/(1 + \exp(-L_{ij})), \quad (i = 1, 2, 3; j = 1, 2, 3) \quad (6-3)$$

式中：P_{ij} 表示不同评价指标预测得到的耳不舒适性处于不同等级下的概率。

6.5.3　数学模型构建

由表 6-1 耳舒适性预测结果统计表，采用 SPSS 22.0 中有序回归分析方法，连接函数类型设置为 logit，各评价指标的有序回归模型拟合结果如表 6-4 所示。

表 6-4　各评价指标的有序回归模型拟合结果

评价指标		鼓膜位移						
		模型拟合信息			拟合优度		伪 R 方	
模型信息	仅有截距	-2 对数似然	显著水平 p	Pearson 卡方	偏差卡方	p	Cox & Snell	0.652
	仅有截距	262.096			303.537	1.000	Nagelkerke	0.791
	最终	102.89	0.000		102.89	1.000	McFadden	0.607
评价指标		镫骨底板位移						
		模型拟合信息			拟合优度		伪 R 方	
模型信息	仅有截距	-2 对数似然	显著水平 p	Pearson 卡方	偏差卡方	p	Cox & Snell	0.562
	仅有截距	234.917			276.492	1.000	Nagelkerke	0.712
	最终	110.336	0.000		110.336	1.000	McFadden	0.53
评价指标		镫骨底板位移						
		模型拟合信息			拟合优度		伪 R 方	
模型信息	仅有截距	-2 对数似然	显著水平 p	Pearson 卡方	偏差卡方	p	Cox & Snell	0.737
	仅有截距	400.907			277.846	1.000	Nagelkerke	0.793
	最终	199.153	0.000		199.153	1.000	McFadden	0.503

各评价指标的最终有序回归模型均优于仅有截距项的模型（$p=0.000<0.05$），说明所建立的有序回归模型成立。对于拟合优度，各评价指标的Pearson卡方和偏差卡方的显著水平$p>0.05$，也说明模型成立。表6-5为有序回归模型的参数估计表。

由表6-5可知，对于鼓膜位移评价指标，隧道断面面积的显著性水平$p>0.05$，而其他协变量因素的显著性水平$p<0.05$，说明耳不舒适性主要与高速列车运行速度、车体密封指数、隧道长度和车厢位置有关，其回归系数分别为0.077、-1.727、0.276和1.713，说明耳不舒适性与高速列车运行速度、隧道长度和车厢位置呈正相关性，而与车体密封指数呈负相关性。

镫骨底板位移评价指标主要与高速列车运行速度、车体密封指数、隧道长度和车厢位置有关（$p<0.05$），其回归系数分别为0.057、-1.427、0.266和1.355，说明乘员眩晕感程度与高速列车运行速度、隧道长度和车厢位置呈正相关性，而与车体密封指数负相关。

对于镫骨底板振动速度评价指标，所有协变量因素的显著性水平$p<0.05$，说明它们对镫骨底板振动速度的影响都具有统计学意义。由于高速列车运行速度、隧道断面面积和车厢位置的回归系数均大于0，说明人耳产生耳鸣或听力损失的风险与这三个因素有正相关性。而车体密封指数和隧道长度的回归系数均小于0，则说明人耳产生耳鸣或听力损失的风险与它们有负相关性。

但是，由镫骨底板振动速度引起的耳不舒适性在不同等级时的作用效果不同。当耳不舒适性处于等级2时，除高速列车运行速度、密封指数、隧道长度和隧道断面面积对耳不舒适性具有显著影响外（$p<0.05$），车厢位置对耳不舒适性影响则无统计学意义（$p>0.05$），但是以上影响因素对等级3水平的耳不舒适性则都具有统计学意义（$p<0.05$），隧道断面面积对等级4水平的耳不舒适性则无显著影响（$p>0.05$）。

当隧道长度增加时，由镫骨底板振动速度引起的耳不舒适性程度呈现减弱趋势，说明存在一个最不利隧道长度，使得乘员耳不舒适性程度最强烈。因此，最不利隧道长度的选取应该出现在短隧道中，前面章节确定的最不利隧道长度也属于短隧道，说明研究结果具有较好的可靠性。

综上所述，高速列车运行速度、车体密封指数、隧道长度和车厢位置对由鼓膜位移和镫骨底板位移引起的耳不舒适性具有显著影响，而由镫骨底板振动速度引起的耳不舒适性则与所有协变量因素均有关。

由表6-5中所得的各估计参数值，将其代入式（6-2）可得：

表6-5 有序回归模型参数估计表

评价指标 不舒适性等级	模型信息	A,B	标准误差	p	优势比 OR 的 95% CI 下限	上限	连接函数 L_{ij}	概率
鼓膜位移（耳胀、耳痛感）								
1-可接受	截距	20.906	4.054	0.000	12.961	28.851	$L_{11}=20.906-(0.077X_1-1.727X_2+0.276X_3-0.096X_4+1.713X_5)$	$P_{11}=1/(1+EXP(-L_{11}))$
2-勉强接受	截距	22.652	4.204	0.000	14.413	30.891	$L_{12}=22.652-(0.077X_1-1.727X_2+0.276X_3-0.096X_4+1.713X_5)$	$P_{12}=1/(1+EXP(-L_{12}))-P_{11}$
3-不愉快	截距	26.342	4.615	0.000	17.296	35.387	$L_{13}=26.342-(0.077X_1-1.727X_2+0.276X_3-0.096X_4+1.713X_5)$	$P_{13}=1/(1+EXP(-L_{13}))-P_{11}-P_{12}$
影响因素 X_i	高速列车运行速度/km/h	0.077	0.014	0.000	0.051	0.104		
	车体密封速度指数/s	-1.727	0.303	0.000	-2.321	-1.134		
	隧道长度/km	0.276	0.089	0.002	0.101	0.451		
	隧道断面面积/m²	-0.096	0.676	0.887	-1.421	1.23		
	车厢位置	1.713	0.321	0.000	1.084	2.343	—	
4-非常不愉快		—	—	—	—	—	—	$P_{14}=1-P_{11}-P_{12}-P_{13}$
镫骨底板位移（眩晕感、卵圆窗或圆窗破裂、淋巴瘘管）								
1-可接受	截距	15.772	3.559	0.000	8.798	22.747	$L_{21}=15.772-(0.057X_1-1.427X_2+0.266X_3+0.497X_4+1.355X_5)$	$P_{21}=1/(1+EXP(-L_{21}))$
2-勉强接受	截距	17.282	3.67	0.000	10.09	24.474	$L_{22}=17.282-(0.057X_1-1.427X_2+0.266X_3+0.497X_4+1.355X_5)$	$P_{22}=1/(1+EXP(-L_{22}))-P_{21}$
3-不愉快	截距	20.207	3.954	0.000	12.458	27.957	$L_{23}=20.207-(0.057X_1-1.427X_2+0.266X_3+0.497X_4+1.355X_5)$	$P_{23}=1/(1+EXP(-L_{23}))-P_{22}$
影响因素 X_i	高速列车运行速度/km/h	0.057	0.011	0.000	0.035	0.079		
	车体密封速度指数/s	-1.427	0.273	0.000	-1.961	-0.893		
	隧道长度/km	0.266	0.087	0.002	0.096	0.437		
	隧道断面面积/m²	0.497	0.656	0.449	-0.789	1.784		
	车厢位置	1.355	0.276	0.000	0.813	1.897	—	
4-非常不愉快		—	—	—	—	—	—	$P_{24}=1-P_{21}-P_{22}-P_{23}$

续表

评价指标						镫骨底板速度（耳鸣、暂时性或永久性听力损伤）			
不舒适性等级	模型信息	A，B	标准误差	P	优势比 OR 的 95% CI		连接函数 L_{ij}	概率	
					下限	上限			
1—可接受	截距	7.437	1.72	0.000	4.066	10.808	$L_{31} = 7.437 - (0.051X_1 - 0.934X_2 - 0.638X_3 + 2.4X_4 + 0.535X5)$	$P_{31} = 1/(1 + EXP(-L_{31}))$	
2—勉强接受	截距	11.236	1.888	0.000	7.535	14.938	$L_{32} = 7.437 - (0.051X_1 - 0.934X_2 - 0.638X_3 + 2.4X_4 + 0.535X5)$	$P_{32} = 1/(1 + EXP(-L_{32})) - P_{31}$	
3—不愉快	截距	14.94	2.133	0.000	10.76	19.12	$L_{33} = 7.437 - (0.051X_1 - 0.934X_2 - 0.638X_3 + 2.4X_4 + 0.535X5)$	$P_{33} = 1/(1 + EXP(-L_{33})) - P_{32}$	
影响因素 X_i	高速列车运行速度/km·h⁻¹	0.051	0.007	0.000	0.037	0.064			
	车体密封指数/s	−0.934	0.109	0.300	−1.148	−0.721			
	隧道长度/km	−0.638	0.102	0.000	−0.838	−0.438			
	隧道断面面积/m²	2.4	0.477	0.000	1.464	3.335			
	车厢位置	0.535	0.144	0.000	0.253	0.818	—		
4—非常不愉快							—	$P_{34} = 1 - P_{31} - P_{32} - P_{33}$	

注：下标 i 表示评价指标，即 $i=1$ 表示鼓膜位移，$i=2$ 表示镫骨底板位移，$i=3$ 表示镫骨底板速度；下标 j 表示不舒适性等级，即 $j=1$ 表示不舒适性等级为 1（可接受），$j=2$ 表示不舒适性等级为 2（勉强接受），$j=3$ 表示不舒适性等级为 3（不愉快）。L_{ij} 表示各评价指标在不同等级下的连接函数。$P_{i1} \sim P_{i4}$（$i=1$，2，3）表示人耳不舒适性处于 $1 \sim 4$ 水平下的概率；X_1 为高速列车运行速度，X_2 为车体密封指数，X_3 为隧道长度，X_4 为隧道断面面积，X_5 为车厢位置。

$$L_{ij} = \boldsymbol{I}_{jk} \begin{bmatrix} 20.906 & 15.772 & 7.437 \\ 22.652 & 17.282 & 11.236 \\ 26.342 & 20.207 & 14.94 \end{bmatrix}_{ki} - \left(\begin{bmatrix} 0.077 & 0.057 & 0.051 \\ -1.727 & -1.427 & -0.934 \\ 0.276 & 0.266 & -0.638 \\ -0.096 & 0.497 & 2.4 \\ 1.713 & 1.355 & 0.535 \end{bmatrix}_{li}^{\mathrm{T}} \right) [X]_l$$

$$(i = 1, 2, 3; j = 1, 2, 3; k = 1, 2, 3; l = 1, 2, \dots, 5)$$

$$(6\text{-}4)$$

将式(6-4)所得数值代入式(6-3)可得不同评价指标在各协变量因素作用下各不舒适性等级所对应的概率值,通过对比各概率值大小即可确定所选用参数是否合适。表6-6~表6-8列举了协变量在部分水平下的耳不舒适性预测结果。

表6-6 协变量在不同水平下对鼓膜位移评价指标的影响

组别	协变量					概率			
	X_1	X_2	X_3	X_4	X_5	等级1	等级2	等级3	等级4
1组	280	10	0.5	0	1	1	0	0	0
2组	300	8	1	0	2	0.999	0.001	0	0
3组	320	6	2	1	3	0.737	0.204	0.057	0
4组	360	4	4	1	4	0.001	0.002	0.086	0.911

表6-7 协变量在不同水平下对镫骨底板位移评价指标的影响

组别	协变量					概率			
	X_1	X_2	X_3	X_4	X_5	等级1	等级2	等级3	等级4
1组	280	10	0.5	0	1	1	0	0	0
2组	300	8	1	0	2	0.999	0.001	0	0
3组	320	6	2	1	3	0.731	0.194	0.071	0.004
4组	360	4	4	1	4	0.003	0.008	0.159	0.83

表 6-8　协变量在不同水平下对镫骨底板振动速度评价指标的影响

组别	协变量					概率			
	X_1	X_2	X_3	X_4	X_5	等级 1	等级 2	等级 3	等级 4
1 组	280	10	0.5	0	1	0.907	0.09	0.003	0
2 组	300	8	1	0	2	0.305	0.646	0.048	0.001
3 组	320	6	2	1	3	0.003	0.096	0.718	0.183
4 组	360	4	4	1	4	0	0.004	0.154	0.842

表 6-6 中，1 组~3 组的耳不舒适性处于等级 1(可接受)的概率为 1，说明这两组的协变量组合对由鼓膜位移引起的耳不舒适性影响较小。对于 4 组，耳不舒适性处于等级 4(非常不愉快)的概率大于其余等级，说明该组的协变量组合对鼓膜位移的影响集中在等级 4(非常不愉快)水平。

表 6-7 中，1 组~3 组的耳不舒适性处于等级 1(可接受)的概率大于其他等级，说明其对镫骨底板位移的影响较小。同理，由表 6-8 可知，1 组的耳不舒适性处于等级 1(可接受)，2 组的耳不舒适性处于等级 2(勉强接受)，3 组的耳不舒适性处于等级 3(不愉快)，4 组的耳不舒适性等级处于等级 4(非常不愉快)。

综上所述，在实际高速列车设计和运行过程中，建议采用 1 组和 2 组中的设计参数值，有助于提高或改善乘员的耳舒适性。

参考文献

[1] 韩华轩，王英学. 客运专线山区长隧道的乘客气压舒适度研究[J]. 石家庄铁道学院学报(自然科学版)，2009，22(02)：68-72.

[2] Mrena R, Pääkkönen R, Bäck L, et al. Otologic consequences of blast exposure: a Finnish case study of a shopping mall bomb explosion[J]. Acta oto-laryngologica, 2004, 124(8): 946-952.

[3] 梅元贵，张成玉，周朝晖，等. 单列高速列车通过特长隧道时耳感不适问题研究[J]. 机械工程学报，2015，51(14)：100-107.

第 7 章

高速列车乘员耳气压损伤风险评估

本章内容简介：常见的中耳气压损伤有鼓膜出血或穿孔、听骨链中断、听骨链骨关节错位或部分缺失、耳硬化症等，这些损伤类型均会对人耳造成不同程度的听力损失。本章内容基于前面章节已验证的人耳生物力学模型，建立了韧带/张肌组织断裂和鼓膜穿孔的损伤有限元仿真模型。同时，采用频率响应分析法得到了各种损伤类型的频率响应曲线，并通过与正常人耳的频率响应结果进行对比，计算得到相应的听力损失。

7.1　高速列车乘员耳气压损伤生物力学

鼓膜是对外界压力最敏感的听觉器官，也是能量转换的重要器官[1]。对于车体密封性较差的高速列车，随着运行速度的提升，隧道内和车内的压力变化更加剧烈，将会对隧道内的工作人员和高速列车乘员的鼓膜造成一定程度的损伤。合理预测鼓膜穿孔损伤的初始阈值以及损伤位置、损伤特点，有助于为高速列车乘员耳生理健康保护措施的发展提供科学的参考依据。

7.1.1　气压损伤初始阈值

有研究表明：当外界压力超过 35 kPa 时，在人耳听力系统的各组织器官中，鼓膜首先出现破裂现象[2-3]。为利用人耳生物力学模型获取鼓膜出现穿孔时的初始阈值，首先要在鼓膜外侧施加压力载荷，通过分析鼓膜变形得到其损伤初始阈值。因此，人耳生物力学模型的边界条件设置为：

（1）施加一个压力载荷，均匀分布在鼓膜外侧表面，脉冲幅值分别为 35 kPa 和 50 kPa，压力变化率分别为 350 kPa/s 和 500 kPa/s，作用方向为沿各自法线方向指向中耳腔，时间为 0.1 s。

（2）约束各韧带/张肌组织结构以及鼓膜松弛部端面上所有节点的 6 个自由度。

（3）在 Abaqus 中，开启几何非线性变形按钮，设置最小时间步长为 1×10^{-15} s，输出鼓膜脐部位移出的应力和位移结果。图 7-1 为鼓膜在脉中载荷作用下不同时间的变形云图。

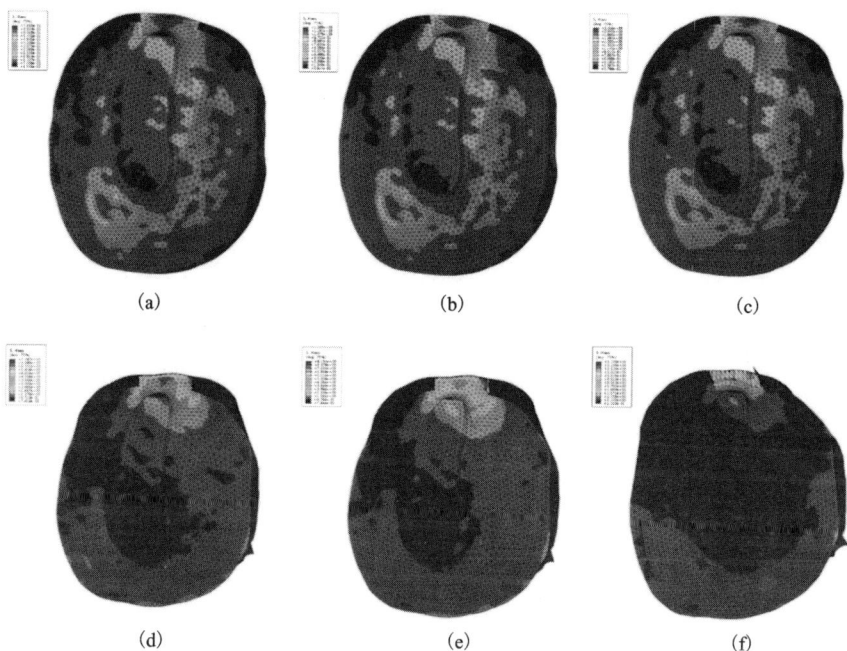

图 7-1　鼓膜在脉冲载荷作用下不同时间的变形云图

(a)t=0.01 s，(b)t=0.02 s，(c)t=0.04 s，(d)t=0.06 s，(e)t=0.08 s，(f)t=0.1 s

由图 7-1 可知：鼓膜应力最大值主要集中在鼓膜松弛部，在鼓膜后象限、下象限和后上象限应力分布较均匀。随着外界压力载荷的增加，鼓膜应力在增加的同时，其应力分布不断向鼓膜后象限和下象限移动，且该象限应力值和位移值明显大于其他象限。这说明在强脉冲载荷作用下，鼓膜后象限和下象限变形量较大，所以是最容易出现损伤破裂的部位。Jagade 等人通过对爆炸冲击波引起的鼓膜穿孔进行耳电镜统计学分析发现：仅有 15% 的鼓膜穿孔出现在前上象限，且鼓膜张紧部后象限是受压力波影响最敏感的部位[4]。图 7-2 为在脉冲载荷作用下鼓膜脐部的应力和位移曲线。

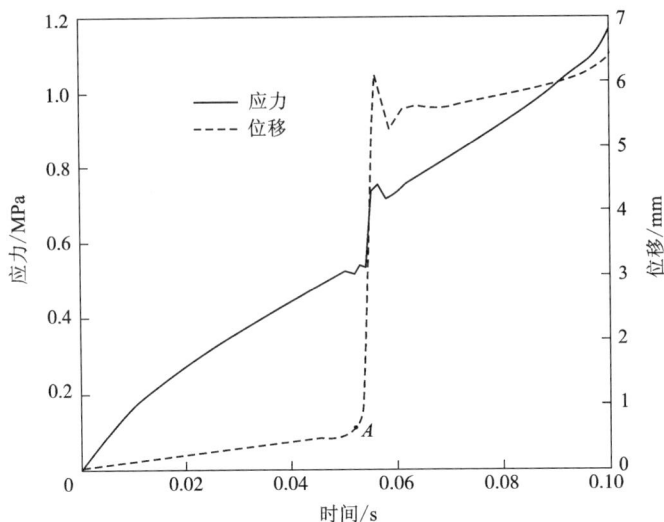

图7-2　脉冲载荷作用下鼓膜脐部的应力和位移曲线

A 点处：$t = 0.053$ s，压力幅值约为 18.6 kPa

由图 7-2 可知：在 $t = 0 \sim 0.053$ s 时，鼓膜脐部应力和位移随压力波幅值的增大不断增大，但位移曲线变化率明显低于应力曲线；在 $t = 0.053$ s 或压力幅值约为 18.6 kPa 时，鼓膜脐部应力和压力幅值急剧上升，出现明显的脉冲峰值。随后应力和位移曲线出现较小幅度的下降，然后又呈现出不断上升的状态，且应力曲线变化率明显大于位移曲线。在载荷作用结束时刻，鼓膜应力和位移均达到最大值，即鼓膜出现穿孔损伤的应力和位移的初始阈值分别为 1.16 MPa 和 6.47 mm。

7.1.2　损伤风险模型构建

为了根据鼓膜变形合理预测耳气压损失的风险，需要构建一个量化数学模型，用于表达鼓膜变形与损伤风险之间的关系，进而建立人耳气压损伤风险评估模型。其方法是：首先，假设鼓膜位移在达到初始损伤阈值时，即鼓膜位移为 6.47 mm 时的损伤风险值为 0.05；其次，利用人耳有限元模型分别得到在 15 ~ 50 kPa 脉冲载荷作用下的鼓膜脐部的位移值；然后，利用式（7-1）构建逻辑回归模型，得到鼓膜位移与损伤风险值之间的 S 形回归曲线；最后，利用回归曲线对人耳在不同压力变化载荷下的损伤风险进行评估，进而建立人耳气压损伤风险评估模型。

对于式(7-2)，当鼓膜位移趋于 0 时，鼓膜穿孔损伤的风险值也趋近 0；当鼓膜位移趋近于 6.47 mm 时，鼓膜穿孔损伤风险值趋近于 0.05；当鼓膜位移趋近于 8.31 mm 时，鼓膜穿孔损伤风险值趋近于 0.5[5]，即：

$$\lim_{x \to 0} P = \lim_{x \to 0} \frac{1}{1 + \mathrm{e}^{-(A+Bx)}} = 0 \tag{7-1}$$

$$P\big|_{x=6.47} = \frac{1}{1 + \mathrm{e}^{-(A+6.47x)}} = 0.05 \tag{7-2}$$

$$P\big|_{x=8.31} = \frac{1}{1 + \mathrm{e}^{-(A+8.31x)}} = 0.5 \tag{7-3}$$

式中：p 为概率；x 为鼓膜位移；A 为回归系数；B 为截距。

联立式(7-2)和式(7-3)可得：$A = -13.298$，$B = 1.6$。将 A、B 值代入式(7-1)，可得：

$$P = \frac{1}{1 + \mathrm{e}^{-(-13.298+1.6x)}} \tag{7-4}$$

由式(7-4)可得人耳在不同脉冲载荷作用下的损伤风险值，表 7-1 为在不同脉冲载荷作用下鼓膜脐部的位移值和损伤风险值。

表 7-1　不同脉冲载荷作用下鼓膜位移与损伤风险值

压力幅值/kPa	15	20	25	30	32.5	35	40	45	50
鼓膜位移/mm	3.90	5.31	5.68	6.00	6.24	6.47	7.07	7.74	8.31
风险值	0.0009	0.008	0.015	0.024	0.035	0.05	0.121	0.286	0.5

当外界脉冲压力幅值为 15 kPa 时，鼓膜穿孔损伤风险值仅为 0.09%，风险值很低。因此，当人耳舒适性处于恶劣等级时，即鼓膜位移大于 0.14 mm，其损伤风险值仅为 2.1×10^{-6}，风险值极低。根据鼓膜穿孔损伤风险回归模型，按照鼓膜位移大小将风险范围划分为 4 个区域，分别为非损伤区、低损伤风险区、损伤易发区和高损伤风险区，如图 7-3 所示。

非损伤区是鼓膜位移不大于 0.5 mm，损伤风险值小于 5×10^{-5} 时的区域，该区域内涵盖了耳舒适区和不舒适区。低损伤风险区是指损伤风险值小于 0.05 的区域，该区域内鼓膜可能会出现出血症状；损伤易发区是指鼓膜位移超过穿孔损伤的初始阈值，风险值急剧上升的区域；高损伤风险区是指损伤风险超过 50% 的区域。

高速列车在通过隧道时会在隧道内和车内产生较强的交变气压，且高速列

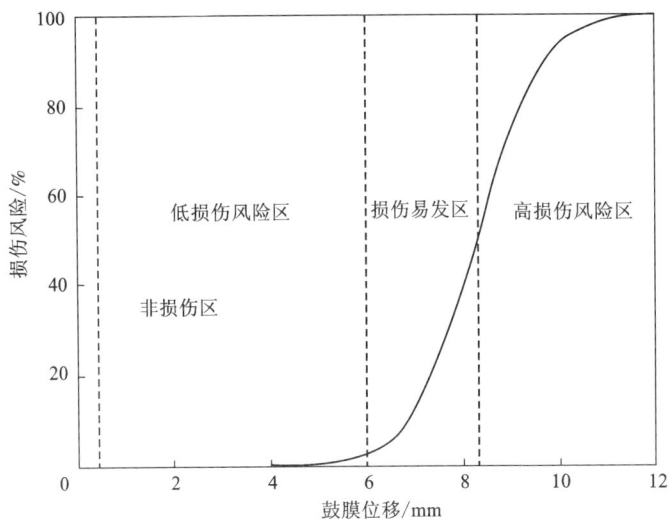

图 7-3　乘员耳气压损伤风险评估模型

车运行速度越高，交变气压的压力幅值越大。同时，人耳鼓膜在该压力变化环境下的应力和位移也将增大。利用图 7-3 所示的人耳气压损伤风险评估模型，可以对高速列车以不同运行速度穿过隧道时人耳损伤风险进行合理预测和评估，进而用于指导高速列车车体气密性和隧道结构设计等方面。

7.2　中耳韧带/张肌组织断裂对人耳听力的影响

当外界压力变化幅值或压力变化率较大时，鼓膜将产生较大的位移，尤其是在乘员患有咽鼓管平衡功能障碍时，鼓膜的位移会明显大于正常人耳的。鼓膜变形较大时，会导致听小骨韧带/张肌等组织产生较大的牵拉变形，严重时将导致韧带断裂损伤。因此，可利用人耳生物力学模型对韧带/张肌断裂损伤对听力的影响进行预测分析。

对于正常人耳解剖结构，中耳共包含 7 个韧带组织结构和 2 个张肌组织结构，其中鼓膜环状韧带断裂将会使鼓膜无法产生有效机械振动能量而使听骨链声传递中断，镫骨底板环状韧带断裂则会使内耳无法接收来自听骨链的机械振动而无法感知声信号。由此可见，鼓膜环状韧带和镫骨底板环状韧带断裂会直接导致人耳出现完全听力损失现象，因此在建立中耳损伤有限元模型时排除这两种情况的影响。此外，本书还考虑了锤骨所含 3 个韧带（锤骨前韧带、锤骨侧韧带、锤骨上韧带）同时断裂以及砧骨所含 2 个韧带（砧骨上韧带、砧骨后韧带）同时断裂时对中耳传声特性的影响。综上所述，共建立 9 种韧带/张肌组织损伤类型，其编号采用 D-1~D-9 命名，如表 7-2 所示。

表 7-2　韧带和张肌损伤类型分类表

编号	损伤类型
D-1	鼓膜张肌
D-2	锤骨前韧带
D-3	锤骨侧韧带
D-4	锤骨上韧带
D-5	砧骨上韧带
D-6	砧骨后韧带
D-7	镫骨张肌
D-8	锤骨前韧带+锤骨侧韧带+锤骨上韧带
D-9	砧骨上韧带+砧骨后韧带

在人耳解剖结构中，听小骨韧带/张肌组织的一端与中耳腔内壁面相连[6]。对于正常的人耳生物力学模型，在仿真时采用固定约束的方式约束韧带/张肌组织端面节点的 6 个自由度。韧带/张肌组织断裂时将失去与中耳腔壁面的连接，因此在建立韧带/张肌组织断裂损伤有限元模型时，采用取消固定约束的方式分析相应的韧带/张肌组织损伤对中耳传声特性的影响。

为方便与正常人耳频率响应结果进行对比，在鼓膜外侧施加 0.63 Pa(90 dB) 的声学激励，输出频率范围为 0.1~10 kHz，输出方式为对数法，输出步数为 15。利用镫骨底板振动速度响应值作为中耳传声特性好坏的评价指标，并利用式(7-5)计算得到响应的听力损失值。

$$MEG = 20\lg \frac{V_D}{V_N} \qquad (7-5)$$

式中：MEG(middle ear gain)为中耳声压增益；V_D 为韧带/张肌组织损伤后的镫骨底板振动速度响应值；V_N 是正常人耳的镫骨底板振动速度响应值。

为方便对比分析韧带/张肌组织断裂对中耳传声特性的影响，将镫骨底板振动速度响应值按式(7-5)转换成中耳声压增益，图 7-4 为不同韧带/张肌组织损伤类型得到的中耳声压增益。

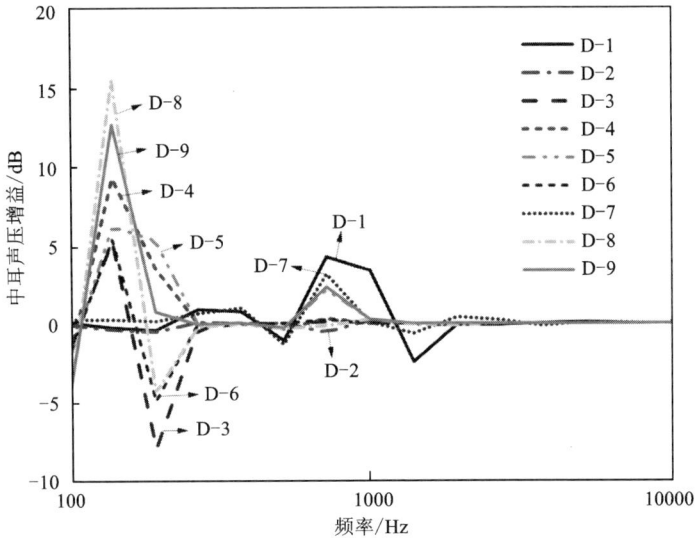

图 7-4　韧带/张肌组织断裂损伤后中耳声压增益曲线

　　零点线表示正常人耳的中耳声压增益曲线。可以看出，不同的韧带/张肌组织断裂损伤类型对中耳传声特性的影响不同。对于 D-2 损伤类型，韧带损伤后中耳声压增益值与正常人耳相比几乎没有变化，说明锤骨前韧带损伤对中耳传声特性的影响作用可以忽略。对于 D-1 和 D-7 损伤类型，中耳在 0.5 kHz < f < 1.2 kHz 频率范围内，与正常人耳相比，中耳声压增益值为正，最大值约为 5 dB，而在其他频率范围内中的耳声压增益曲线与正常人耳接近。对于 D-4、D-5 和 D-9 损伤类型，中耳声压增益在 0.1 kHz< f <0.15 kHz 频率范围内的增益值明显高于正常人耳，最大可达 12 dB，在其他频率范围内中耳声压增益与正常人耳差别不大。对于 D-3、D-6 和 D-8 损伤类型，在 0.1 kHz < f < 0.15 kHz 频率范围时，D-8 损伤类型所对应的最大中耳声压增益值为 15 dB，其次为 D-3 和 D-6，最大声压增益为 5 dB。在 0.15 kHz< f < 0.3 kHz 频率范围内，中耳声压增益出现负值，说明韧带损伤后将会导致人耳在该频率段出现听力损失现象，最大听力损失为 8 dB（D-3 损伤类型），其次为 D-6 和 D-8 损伤类型，最大值为 5 dB。

　　综上所述，韧带或张肌损伤主要对中耳传声特性的影响主要集中在低频 f<1 kHz 的频率范围内，而对高频范围内的听力影响较小。其中，D-1、D-2、D-4、D-5、D-7 和 D-9 损伤类型不会对引发听力损失，相反在低频率还会出

现听力增强的作用。但是，对于 D-3、D-6 和 D-8 损伤类型，当 0.15 kHz<f<0.3 kHz 时，将会出现轻度的听力损失(≤10 dB)。

Dai 等人通过开展尸体颞骨试验发现，锤骨前韧带或上韧带断裂损伤对镫骨底板的振动特性影响很小(0.2 kHz≤f≤8 kHz)。同时，Dai 等人对病人的颞骨手术结果研究发现中耳 1 个或 2 个韧带/张肌损伤对听骨链的振动效果影响可以忽略，但是可能会对听力质量带来不确定的影响[7]。Nakajima 等人通过颞骨试验研究发现固定锤骨前韧带时可使人耳产生 0~8 dB 的听力损失现象[8]，而 Huber 等人的研究表明锤骨前韧带固定可导致人耳在 f<1 kHz 时产生约 10 dB 的听力损失，同时还发现砧骨后韧带损伤带来的听力损失不超过 2.9 dB[9-10]。Norena 等人通过临床病例研究发现鼓膜张肌收缩将会导致中耳声阻抗增加，进而降低了传入内耳的声能量[11]。Rosowski 等人利用激光多普勒振动仪测量了中耳韧带和张肌固定时镫骨底板的振动速度，结果表明韧带或张肌固定时将会使镫骨底板振动速度降低[12-13]。

以上结果表明，韧带或张肌固定会使听骨链结构刚度增大，进而使鼓膜和镫骨底板振动速度降低。相反，韧带/张肌组织断裂时，听骨链结构刚度降低，但对中耳传声特性的影响具有明显的不确定性[14]。图 7-4 所示，在低频范围内(f<1 kHz)不同的韧带或张肌断裂损伤对中耳传声特性的影响不同，但是仅有锤骨侧韧带、砧骨后韧带和锤骨 3 个韧带同时断裂损伤在才会使人耳产生轻微的听力损失。在高频范围内(f>1 kHz)韧带或张肌断裂时对人耳听力的影响较小。

7.3　鼓膜穿孔损伤对人耳听力的影响

高速列车在通过隧道时，车内压力变化受高速列车运行速度和车体密封指数的影响。当高速列车运行速度提升时，车内压力变化幅值和压力变化率增大。对于人耳听力系统，外界压力或者噪声增强时，最容易造成损伤的器官是鼓膜，其损伤症状主要表现为出血或者穿孔。因此，有必要开展相关研究分析鼓膜穿孔时对人耳听力的影响。

7.3.1　鼓膜穿孔样本

常见的鼓膜损伤为穿孔类型，穿孔会引起传导性、感音性或混合性听力损失，并伴随有听骨链中断、耳痛、中耳积液或耳鸣等症状[15-18]。本书基于鼓膜气压穿孔损伤病例，构建了人耳气压损伤生物力学模型并其仿真进行分析，揭示鼓膜穿孔大小对听力损失的影响。通过与中南大学湘雅医学院耳鼻喉科开展合作研究，获取了 82 例鼓膜穿孔病例样术，图 7 5 为部分耳电镜检查图。

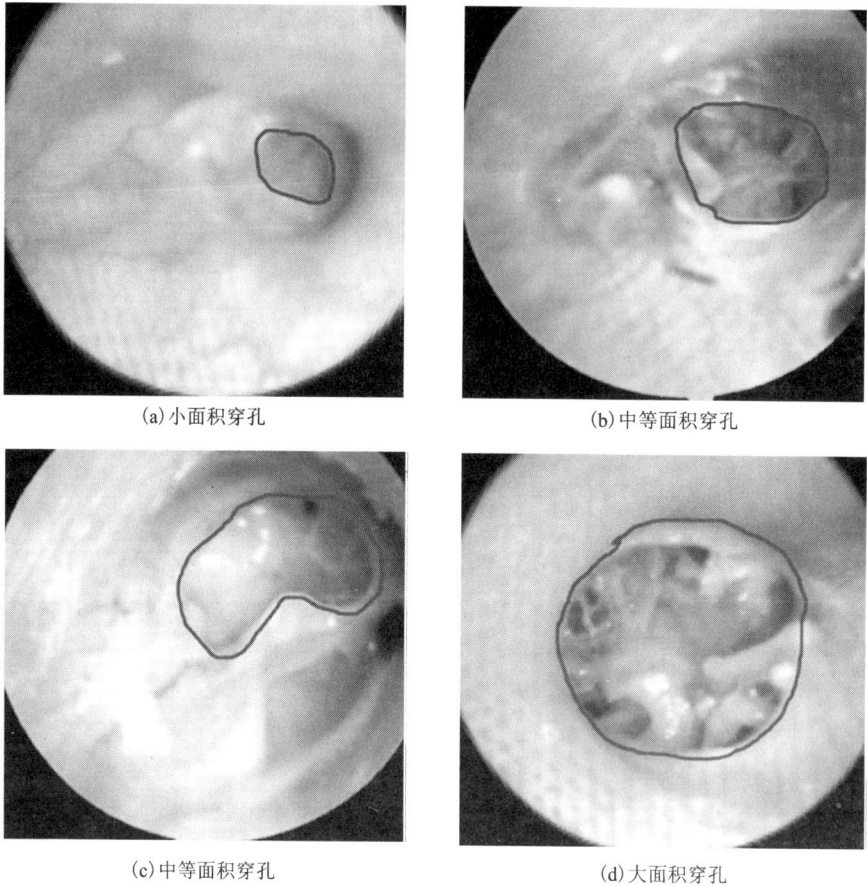

(a)小面积穿孔

(b)中等面积穿孔

(c)中等面积穿孔

(d)大面积穿孔

图 7-5　病例耳电镜检查鼓膜穿孔图

　　根据耳电镜检查结果显示，有 60 例病例的鼓膜穿孔位置出现在张紧部（$n=60$），仅有 1 例出现在松弛部。病理报告显示，共有 65 例患耳出现听力损失现象。患者在接受耳电镜检查后，还需进行纯音听力测试，测试在医院消音室由具有相关听力测试资质的医师负责完成。测试仪器采用 Interacoustics AC 40 和 Interacoustics AD 229 Clinical Audiometer（Denmark），患者穿戴 TDH-39 标准测试耳机，测试频率为 0.25 kHz、0.5 kHz、1 kHz、2 kHz、4 kHz 和 8 kHz。表 7-3 为鼓膜穿孔患者病理数据统计结果。

表 7-3　鼓膜穿孔患者病理数据统计表

类型		数量
性别	男	50(82%)
	女	11(18%)
年龄	≤ 30 (21.1±5.9)岁	30(49%)
	> 30, ≤ 50 (39.4±5.0)岁	22(36%)
	> 50 (54.0±3.0)岁	9(15%)
患耳位置	右	26(43%)
	左	31(51%)
	双侧	4(6%)
穿孔大小	≤20%	17(26%)
	>20%, ≤40%	30(49%)
	>40%	18(25%)

在鼓膜穿孔的患者中,男性患者居多,约占 82%,患者年龄分布在 11~59 岁,其中 50 岁以下的约占 85%。对于患耳位置,有 26 例发生在右侧,31 例发生在左侧,双侧均穿孔的患者有 4 例。需要指出的是,对十穿孔面积的大小,采用图像处理计算对穿孔大小进行估算,穿孔大小依据穿孔面积所占鼓膜总面积的百分比进行定义。依据穿孔面积的大小划分为 3 个等级,分别为小、中、大。其中,等级 1 为穿孔面积小于 10%,穿孔等级为小;等级 2 为穿孔面积为 20%~40%,穿孔等级为中;等级 3 为穿孔面积大于 40%,穿孔等级为大。图 7-6 为患者的听力检测结果曲线。

需要指出的是,听力损失的定义是对所有测试频率,当听力级超过 25 dB 可认为人耳出现听力损失[19]。此外,听力损失分为语频听力损失($f \leqslant 1$ kHz)和高频听力损失($f \geqslant 2$ kHz)。图 7-6 中,阴影中的实线和虚线分别代表的是左耳和右耳的平均听力级,阴影部分为听力级误差范围。通过观察可知,在语频范围内,两耳的听力级较接近。在高频范围内,右耳听力级明显高于左耳。无论是左耳或右耳,高频区域内的听力级高于语频区域,说明听力损失主要以高频为主。

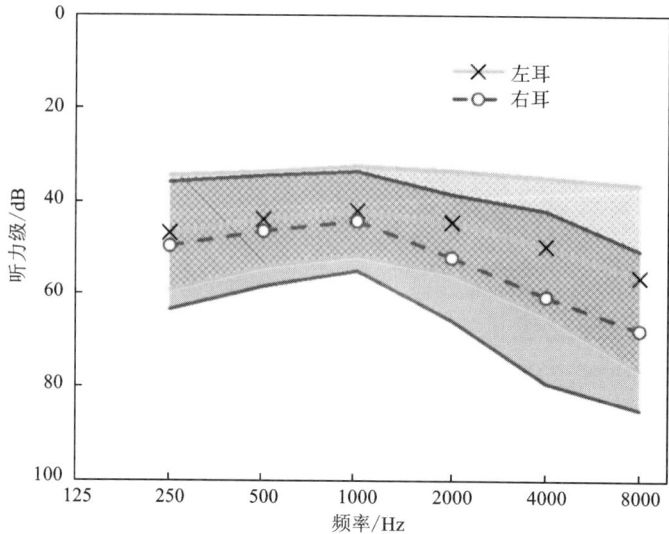

图7-6 鼓膜穿孔患者听力级统计曲线

7.3.2 鼓膜穿孔有限元仿真

为定量分析穿孔面积对听力损失的影响,利用人耳生物力学模型建立鼓膜穿孔损伤仿真模型,穿孔面积为 2%~60%,穿孔位置均集中在后象限,如图7-7所示。

对于各鼓膜穿孔损伤有限元模型,在鼓膜外侧施加 0.63 Pa(90 dB)的声压激励,约束边界条件与人耳有限元模型验证时采用的边界条件一致。同时,设置分析频率范围为 0.25~8 kHz,采用对数输出方式,输出步数为6。利用仿真得到的镫骨底板振动速度,结合式(7-5)计算得到相应的听力损失。图7-8为仿真得到的鼓膜不同穿孔面积引起的听力损失曲线。

图7-8中,黑色粗实线代表患者听力测试结果的平均值,阴影部分为误差范围。很显然,仿真得到的听力损失曲线除在 1 kHz 时存在偏差(小于 5 dB),绝大部分都位于阴影部分范围内,且听力曲线变化趋势与听力测试得到的听力损失曲线保持一致,说明所建立的人耳鼓膜穿孔仿真模型具有较好的可靠性。

对于穿孔面积为等级 1 的损伤,穿孔面积为 2%~10% 时,语频听力损失与高频听力损失相差不大;对于穿孔面积为等级 2 的损伤,平均语频听力损失为 20 dB,而高频听力损失在 8 kHz 时高达 40 dB,高频听力损失明显大于语频听

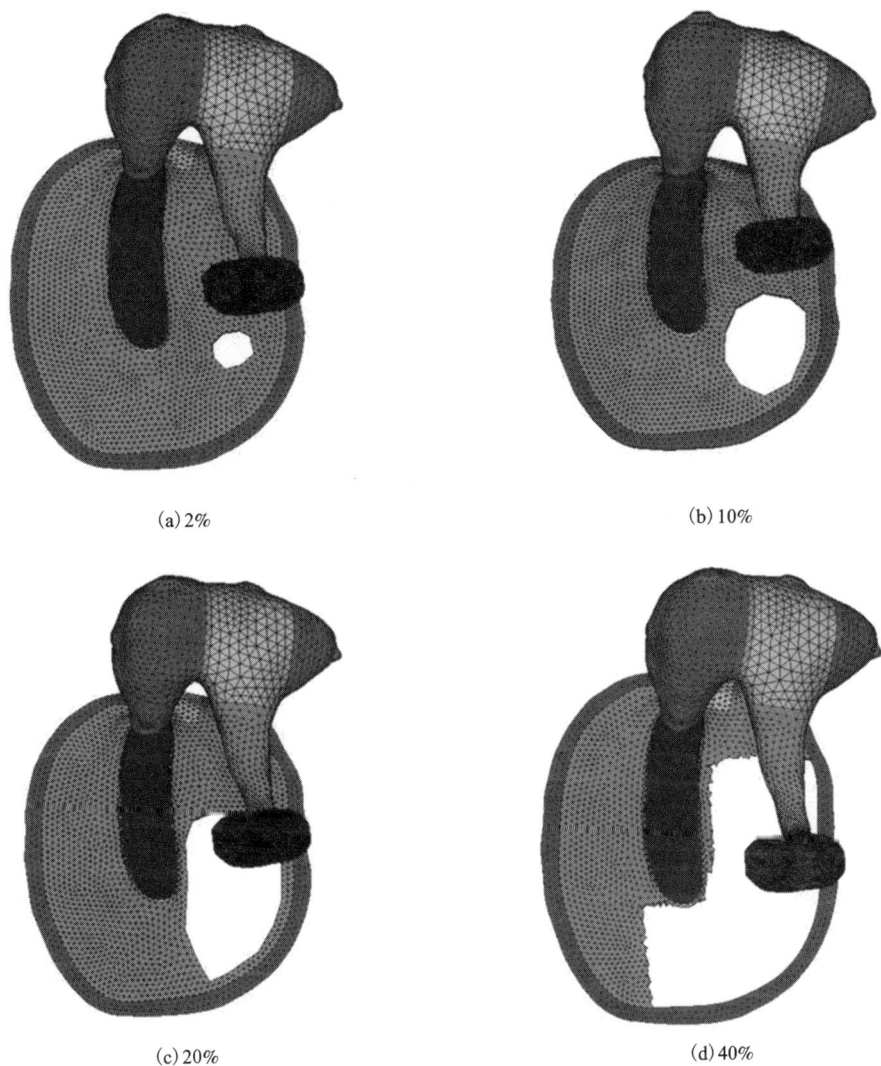

(a) 2%　　　　　　　　　　　　　　　(b) 10%

(c) 20%　　　　　　　　　　　　　　(d) 40%

图 7-7　不同面积的鼓膜穿孔损伤有限元模型

力损失。同时，结果还表明，当穿孔面积不大于 30% 时，各穿孔面积引起的听力损失较接近。但当穿孔面积为 40% 时，听力损失在 0.25 kHz 和高频范围内（f 大于 2 kHz）明显高于其他穿孔面积。穿孔面积为等级 3 时，平均语频听力损失约为 28 dB，高频听力损失明显，且鼓膜穿孔面积为 50% 和 60% 所引起的听力损失相差不大。三个等级的平均听力损失分别为 18 dB、39 dB 和 50 dB，说明听力损失程度与穿孔面积具有正相关性。

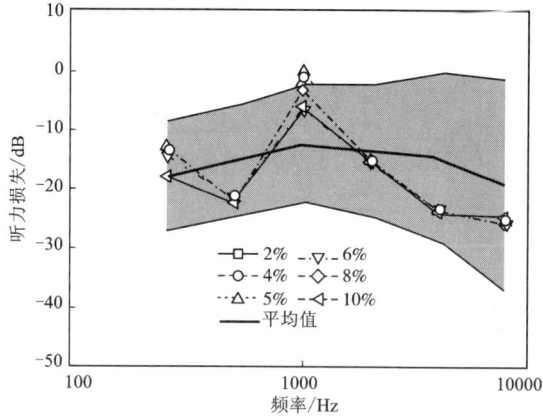

(a) 穿孔等级1

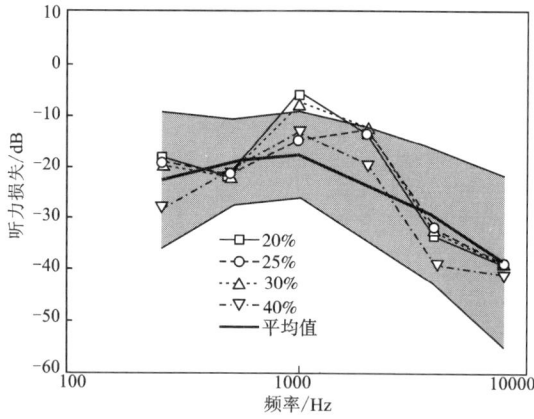

(b) 穿孔等级2

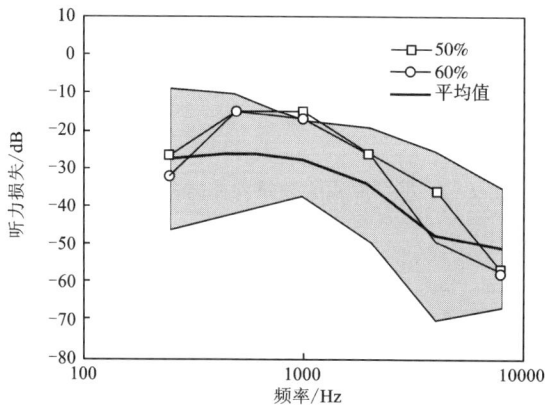

(c) 穿孔等级3

图 7-8　不同鼓膜穿孔面积引起的听力损失曲线图

7.3.3　鼓膜穿孔大小对听力损失的影响

为定量分析鼓膜穿孔大小对听力损失的影响，基于上述仿真结果，采用线性回归分析的方法构建穿孔大小与听力损失之间的曲线关系。表 7-4 为仿真得到的不同频率所对应的听力损失值。

表 7-4　不同鼓膜穿孔面积引起的听力损失（dB）

穿孔面积比	频率					
	250 Hz	500 Hz	1000 Hz	2000 Hz	4000 Hz	8000 Hz
2%	−22	−12.1	−0.8	−15.6	−23.7	−25.2
4%	−22.1	−12.3	−1	−15.3	−23.7	−25.3
5%	−22.1	−12.2	0	−15	−23.7	−25.3
6%	−22.1	−14.3	−6	−14.9	−23.6	−25.4
8%	−22.1	−12.9	−2.9	−14.6	−23.5	−25.5
10%	−22.3	−17.6	−5.4	−14.8	−23.9	−24.7
20%	−22.1	−18.2	−5	−18.1	−27.5	−41.5
25%	−21.6	−18.7	−14.2	−17.8	−33.8	−41.3
30%	−22.3	−19.7	−7.6	−25.5	−34.9	−41.2
40%	−28.3	−20.6	−2.8	−31.2	−36.8	−43.5
50%	−27	−15	−10.4	−37	−42	−50.8
60%	−32.2	−17.2	−13.8	−40.1	−44.1	−51.9

基于表 7-4 的计算结果，采用线性回归分析方法构建鼓膜穿孔大小与听力听力损失之间的线性关系，如下式所示。

$$Y = A + BX \tag{7-6}$$

式中：Y 为听力损失值；X 为鼓膜穿孔面积，其取值范围是 2%~60%；A 和 B 分别是截距和回归系数。表 7-5 为线性回归分析方法得到的结果。

表 7-5　Kruskal-Wallis 检验结果 (95% CI)

频率	截距 A	回归系数 B	标准差	标准化系数 γ	显著性水平 p
250 Hz	−20.60	−0.15	0.03	−0.87	0.00
500 Hz	−13.88	−0.09	0.04	−0.59	0.05
1000 Hz	−2.00	−0.18	0.06	−0.72	0.01
2000 Hz	−11.59	−0.46	0.04	−0.97	0.00
4000 Hz	−21.58	−0.39	0.02	−0.99	0.00
8000 Hz	−23.66	−0.53	0.05	−0.95	0.00

　　线性回归模型的显著性水平 $p<0.05$，说明各样本之间相互独立，仿真得到的听力损失结果具有统计学意义。值得注意的是，标准化系数 γ 是评价鼓膜穿孔对听力损失影响程度的重要指标。观察可知，鼓膜穿孔对高频听力损失的影响程度明显高于语频听力损失。同时，标准化系数 γ 的值均为负数，说明鼓膜穿孔面积越大，听力损失越严重。回归系数 B 表示听力损失随鼓膜穿孔大小的变化率，其数值越小，说明听力损失越容易。表 7-5 中，高频听力损失所对应的回归系数 B 的数值都小于语频听力损失，说明鼓膜穿孔导致高频听力损失的风险高于语频听力损失。根据式(7-7)和表 7-5 中数据，建立鼓膜穿孔大小与听力损失之间的线性回归曲线，如图 7-9 所示。

　　随着鼓膜穿孔面积的增大，听力损失曲线呈下降趋势，即听力损失越来越严重。对于该发现，国内外学者通过实验和临床研究均指出穿孔大小与听力损失之间存在正比关系[20-24]。当穿孔面积超过 30% 时，高频听力损失曲线全部位于语频听力损失曲线下方，即鼓膜穿孔引起的听力损失主要以高频听力损失为主。由图 7-9 可知，鼓膜穿孔对人耳在 1 kHz 频率时的听力影响较小，而对 4 kHz 和 8 kHz 频率的听力影响较大。

　　高频听力损失风险高于语频听力损失的原因主要在于：压力波冲击或头部受到猛击时容易导致内耳毛细胞损伤或死亡、内耳膜撕裂或淋巴瘘管[25-26]。爆炸冲击波的波形在初始很短的时间内具有较高的正压峰值，因此很容易造成鼓膜穿孔。同时，该高压冲击波很容易损伤耳蜗而导致感音性或混合性听力损失[27]。Fauti 等人研究发现内耳最容易损伤的听力频率介于 2～8 kHz[28]，Patterson 和 Hamernik 也指出鼓膜穿孔容易造成内耳听器损伤而引发高频听力损失[29]，该观点得到了学者的广泛认可[30-32]。但是，也有部分学者认为鼓膜穿孔引起的听力损失主要以低频为主[20, 23-24, 33]或与频率无关[34-35]。这种观点

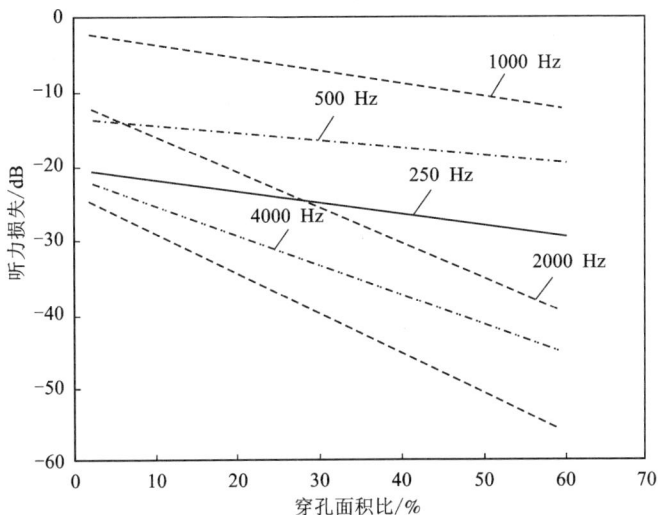

图 7-9　鼓膜穿孔与听力损失之间线性回归曲线

的差异可能在于患者个体多样性，如病因不同、就诊时间不同等。本书研究为了降低由于鼓膜穿孔导致的中耳或内耳感染引起的听力损失，首先对样本进行了筛选，确保所有患者在 48 h 内均已接受医疗诊治，从而降低其他混杂因素对听力损失的影响。

7.3.4　鼓膜穿孔位置对听力损失的影响

为了研究穿孔位置对听力损失的影响，分别在鼓膜的 4 个象限选取 3 个位置，共 12 个穿孔位置，穿孔面积都为 8% 左右，如图 7-10 所示。

对于各鼓膜穿孔有限元模型，在鼓膜外侧施加 0.63 Pa(90 dB) 的声压激励，约束边界条件与人耳有限元模型验证时采用的边界条件一致。同时，设置分析频率为 0.25~8 kHz，采用对数输出方式，输出步数为 6，即输出频率分别为 0.25 kHz、0.5 kHz、1 kHz、2 kHz、4 kHz 和 8 kHz。利用仿真得到的镫骨底板振动速度，结合式(10-7)计算得到相应的听力损失。表 7-6 为各穿孔位置所得到的听力损失值。

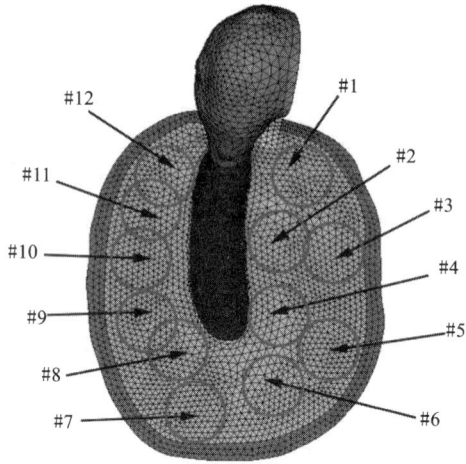

图 7-10　不同位置鼓膜穿孔损伤有限元模型

表 7-6　鼓膜不同穿孔位置引起的听力损失　　　　　　　　dB

位置	频率/kHz							
	0.25	0.5	1	2	4	8	语频	高频
1	-8.6	-12.9	-0.3	-6.0	-8.4	-15.0	-7.3	-9.8
2	-7.9	-6.2	-0.4	-5.6	-10.8	-14.9	-4.8	-10.4
3	-9.3	-6.3	-0.1	-7.8	-9.2	-13.4	-5.2	-10.1
4	-7.2	-11.0	-0.1	-3.7	-10.3	-14.7	-6.1	-9.6
5	-5.7	-11.3	-0.8	-3.0	-9.0	-14.6	-6.0	-8.9
6	-7.7	-4.5	-1.2	-3.7	-10.1	-15.6	-1.4	-8.8
7	-4.0	-7.5	-1.5	-5.5	-8.7	-19.8	-4.4	-11.3
8	-4.5	-6.3	-1.1	-0.7	-7.7	-19.6	-4.0	-9.3
9	-4.5	-11.0	-0.8	-0.2	-8.1	-19.6	-5.4	-9.3
10	-5.1	-10.7	-0.6	-1.4	-8.2	-18.6	-5.5	-9.4
11	-5.5	-8.4	-0.5	-6.5	-8.3	-19.0	-4.8	-11.3
12	-5.4	-9.3	-0.5	-1.3	-11.0	-18.3	-5.1	-10.2

首先，把每个频率下得到的 12 个听力损失作为 12 个独立样本，采用

Kruskal-Wallis 检验法进行分析；其次，将听力损失分为语频听力损失和高频听力损失，对语频所包含的 3 个频率点的听力损失求平均值后作为 1 个独立样本，再采用相同的检验法进行分析，最后对检验结果进行分析，如表 7-7 所示。

表 7-7　鼓膜穿孔位置对听力损失影响的 Kruskal-Wallis 检验结果(95% CI)

频率	0.25 kHz	0.5 kHz	1 kHz	2 kHz	4 kHz	8 kHz	语频	高频
方差	10.385	0.282	6.346	5.359	4.436	9.359	1.769	4.385
显著水平 p	0.016	0.963	0.092	0.147	0.218	0.025	0.622	0.223

如表 7-7 所示，穿孔位置对听力损失的影响在 250 Hz 和 8000 Hz 的影响具有统计学意义($p<0.05$)，而对 500~4000 Hz 频率段内的听力影响则不具有统计学意义($p>0.05$)。同时，检验结果还表明穿孔位置对语频和高频范围内的听力损失不具有统计学意义($p>0.05$)，说明听力损失与鼓膜穿孔位置之间不存在显著关系。

对于鼓膜穿孔位置对听力损失的影响，不同的学者观点不同。如 Matsuda 等人认为鼓膜前下象限穿孔所引起的听力损失明显高于其他象限。同时，其研究结果还指出圆形穿孔对听力损失的影响要显著低于其他不规则形状引起的听力损失[53]。然而，Voss 等人通过尸体颞骨试验研究认为不同的鼓膜穿孔位置对听力损失的影响不存在显著性差异[41-42]。但 Voss 等人的试验所分析的鼓膜穿孔面积小于 10%，本书建立的鼓膜穿孔模型也为小穿孔等级，因此研究结果与 Voss 等人的结果一致。对于较大面积的穿孔，穿孔位置是否会对听力听力损失的影响具有显著性差异还需进一步验证研究。

7.4　听小骨关节损伤对人耳听力的影响

听骨链将声波经中耳传入内耳，具有传音能力。听骨链作为中耳组织结构中的重要组成部分，其连续活动、固定或中断的状态与人耳不同形式和程度的听力损失影响息息相关。有研究表明，中耳病变程度愈深，听力损失愈重[36-38]。其中气导听阈大于 35 dB 的病例多为听骨链病变导致[39]。对于骨导听阈正常的慢性化脓性中耳炎患者，听骨链是否完整以及其活动度是否良好是改变气导听阈的重要元素，若破坏或者固定，可引起气导听阈的受损[40]。朱富高等认为鼓膜穿孔部位对听骨链有影响，鼓膜紧张部穿孔首先波及砧骨、镫骨，然后为锤骨，而穿孔位于松弛部时则先侵犯锤骨、砧骨，最终为镫骨[41]。王少植等人探讨了中耳炎听骨链病变部位与气导听力损失的影响，发现听骨链病损部位与气导听力损失程度在语言区有明显相关性，但无论作用于听骨链的哪个部位，都会使其杠杆作用削弱，从而导致传导性的听力损失[42]。同时，也有学者发现听骨链完整与听骨链破坏者气导听阈和骨导差值是不相同的。刘谦虚等发现各语频上听骨链破坏者较完好者气导阈值增高，并且二者的平均气导阈值、气骨导差也有明显差异[43]。陈静等人研究了平均气导听阈值（PTA）、骨导听阈值（ABG）与听骨链状态间的关联性，上升型气导曲线预示听骨链可能连续尚处于固定状态，而平坦型气导曲线预示听骨链可能中断[44]。靳佳慧认为患者年龄、病程、鼓膜穿孔大小、听骨链破坏程度、中耳病变状态与听力损失之间具有相关性，且随着慢性化脓性中耳炎患者年龄增大，病程延长，鼓膜穿孔越大，听骨链破坏越严重，中耳炎症程度越重，气导和骨导听力下降越多[45]。还有些学者认为感音神经性听力损失的水平与听骨链受损相关[46]。有学者发现在 2 kHz 处，听骨链破坏组的骨导听阈显著提高，这可能与听骨链的共振频率的特征有关[47]。总之，中耳的分泌物、肉芽等可损害听骨链，听骨链对听力的影响其实是各种因素综合作用的结果。

参考文献

[1] Sakata T, Esaki Y, Yamano T, et al. Air pressure–sensing ability of the middle ear—investigation of sensing regions and appropriate measurement conditions [J]. Auris Nasus Larynx, 2009, 36(4): 393–399.

[2] Krohn P L, Whitteridge D, Zuckerman S. Physiological effects of blast [J]. The Lancet, 1942, 239(6183): 252–259.

[3] Phillips Y Y. Primary blast injuries[J]. Annals of emergency medicine, 1986, 15(12): 1446–1450.

[4] Jagade M V, Patil R A, Suhail I S, et al. Bomb blast injury: effect on middle and inner ear[J]. Indian Journal of Otolaryngology and Head & Neck Surgery, 2008, 60(4): 324–330.

[5] Jensen J H, Bonding P. Experimental pressure induced rupture of the tympanic membrane in man[J]. Acta oto-laryngologica, 1993, 113(1): 62–67.

[6] Pain M T G, Challis J H. The influence of soft tissue movement on ground reaction forces, joint torques and joint reaction forces in drop landings[J]. Journal of biomechanics, 2006, 39(1): 119–124.

[7] Dai C, Cheng T, Wood M W, et al. Fixation and detachment of superior and anterior malleolar ligaments in human middle ear: experiment and modeling[J]. Hearing research, 2007, 230(1–2): 24–33.

[8] Nakajima H H, Ravicz M E, Merchant S N, et al. Experimental ossicular fixations and the middle ear's response to sound: evidence for a flexible ossicular chain[J]. Hearing research, 2005, 204(1–2): 60–77.

[9] Huber A, Koike T, Nandapalan V, et al. Fixation of the anterior mallear ligament: diagnosis and consequences for hearing results in stapes surgery[J]. Annals of otology, rhinology & laryngology, 2003, 112(4): 348-355.

[10] Huber A, Linder T, Dillier N, et al. Intraoperative assessment of stapes movement[J]. Annals of Otology, Rhinology & Laryngology, 2001, 110(1): 31-35.

[11] Norena, Arnaud J., et al. An Integrative Model Accounting for the Symptom Cluster Triggered After an Acoustic Shock. Trends in hearing, 2018, 22: 2331216518801725.

[12] Rosowski J J, Mehta R P, Merchant S N. Diagnostic utility of laser-Doppler vibrometry in conductive hearing loss with normal tympanic membrane[J]. Otology & neurotology, 2003, 24(2): 165.

[13] Whittemore Jr K R, Merchant S N, Poon B B, et al. A normative study of tympanic membrane motion in humans using a laser Doppler vibrometer (LDV)[J]. Hearing research, 2004, 187(1-2): 85-104.

[14] Gan R Z, Sun Q, Feng B, et al. Acoustic - structural coupled finite element analysis for sound transmission in human ear—pressure distributions[J]. Medical engineering & physics, 2006, 28(5): 395-404.

[15] Lou Z C, Tang Y M, Yang J. A prospective study evaluating spontaneous healing of aetiology, size and type - different groups of traumatic tympanic membrane perforation[J]. Clinical Otolaryngology, 2011, 36(5): 450-460.

[16] Dahiya R, Keller JD, Litofsky NS, et al. Temporal bone fractures: otic capsule sparing versus otic capsule violating clinical and radiographic considerations[J]. J Trauma Acute Care, 1999, 47(6): 1079.

[17] Afolabi O A, Aremu S K, Alabi B S, et al. Traumatic tympanic membrane perforation: an aetiological profile[J]. BMC research notes. 2009, 2(1): 232.

[18] Kerr A G, Byrne J E T. Concussive effects of bomb blast on the ear[J]. The Journal of Laryngology & Otology, 1975, 89(2): 131-144.

[19] Kim H, Lee JJ, Moon Y, et al. Longitudinal Pure-Tone Threshold Changes in the Same Subjects: Analysis of Factors Affecting Hearing. Laryngoscope. 2019, 129(2): 470-476.

[20] Voss S E, Rosowski J J, Merchant S N, et al. Middle-ear function with tympanic-membrane perforations. I. Measurements and mechanisms[J]. The Journal of the Acoustical Society of America, 2001, 110(3): 1432-1444.

[21] Berger G, Finkelstein Y, Avraham S, et al. Patterns of hearing loss in non-explosive blast injury of the ear[J]. The Journal of Laryngology & Otology, 1997, 111(12): 1137-1141.

[22] Griffin Jr W L. A retrospective study of traumatic tympanic membrane perforations in a clinical practice. Laryngoscope, 1979, 89(2): 261-282.

[23] Voss S E, Rosowski J J, Merchant S N, et al. Middle-ear function with tympanic-membrane perforations. II. A simple model[J]. The Journal of the Acoustical Society of America,

2001, 110(3): 1445-1452.

[24] Bigelow D C, Swanson P B, Saunders J C. The effect of tympanic membrane perforation size on umbo velocity in the rat[J]. The Laryngoscope, 1996, 106(1): 71-76.

[25] Becker G D, Parell G J. Barotrauma of the ears and sinuses after scuba diving[J]. European archives of oto-rhino-laryngology, 2001, 258(4): 159-163.

[26] Parell G J, Becker G D. Conservative management of inner ear barotrauma resulting from scuba diving[J]. Otolaryngology—Head and Neck Surgery, 1985, 93(3): 393-397.

[27] Chandler D W, Edmond C V. Effects of blast overpressure on the ear[J]. Journal-American Academy of Audiology, 1997, 8: 81-88.

[28] Fausti S A, Erickson D A, Frey R H, et al. The effects of impulsive noise upon human hearing sensitivity (8 to 20 kHz)[J]. Scandinavian audiology, 1981, 10(1): 21-29.

[29] Arnold J L, Tsai M C, Halpern P, et al. Mass-casualty, terrorist bombings: epidemiological outcomes, resource utilization, and time course of emergency needs (Part I)[J]. Prehospital and disaster medicine, 2003, 18(3): 220-234.

[30] Casler J D, Chait R H, Zajtchuk J T. Treatment of blast injury to the ear. Ann Otol Rhinol Laryngol Suppl 1989, 140: 13 - 16.

[31] Ritenour A E, Baskin T W. Primary blast injury: update on diagnosis and treatment[J]. Critical care medicine, 2008, 36(7): S311-S317.

[32] Kozuka M, Nakashima T, Fukuta S, et al. Inner ear disorders due to pressure change. Clinical Otolaryngology & Allied Sciences, 1997, 22(2): 106-110.

[33] Mehta R P, Rosowski J J, Voss S E, et al. Determinants of hearing loss in perforations of the tympanic membrane[J]. Otology & neurotology, 2006, 27(2): 136.

[34] Payne M C, Githler F J. Effects of perforations of the tympanic membrane on cochlear potentials[J]. AMA archives of otolaryngology, 1951, 54(6): 666-674.

[35] Tonndorf J, McArdle F, Kruger B. Middle ear transmission losses caused by tympanic membrane perforations in cats[J]. Acta oto-laryngologica, 1976, 81(3-6): 330-336.

[36] Komune S, His ahi K, Wakizno S, et al. Importance of atticotomy in chronic otitis media with fixation of ossicles. Auris Nasus Larynx, 1992, 19: 23.

[37] 佟玲, 顾之平. 慢性化脓性中耳炎病变程度与听力损伤相关性的临床观察[J]. 耳鼻咽喉: 头颈外科(6期): 333-336.

[38] 朱富高, 刘云超. 中耳炎症对传音结构和功能的影响[J]. 耳鼻喉学报, 1996, 10(4): 7-9.

[39] Keller A. P. Ossicular dis continuity[J]. Laryngoscope, 1976, 86: 1792.

[40] Jeyakumar A, Brickman T M, Murray K, et al. Exploratory Tympanotomy Revealing Incus Discontinuity and Stapedial Otosclerosis as a Cause of Conductive Hearing Loss[J]. Otology & Neurotology, 2006, 27(4): 466-468.

[41] 朱富高, 孙美红, 华辉. 慢性化脓性中耳炎的听骨链病变及对听力的影响[J]. 临床耳

鼻咽喉头颈外科杂志，2008，022（007）：312-314.

[42]王少植，杨庆文，冷同嘉，等. 慢性中耳炎听骨链病损部位对气导听力损伤的影响[J].
北京医学，2000，022（005）：262-263.

[43]刘谦虚，刘均辉，赵晓明，等. 慢性化脓性中耳炎患者听骨链病变与听力变化的关系[J].
中国耳鼻咽喉颅底外科杂志，2011（01）：43-46.

[44]陈静，郑艳. 鼓室硬化听骨链病变对患者听力的影响[J]. 临床耳鼻咽喉头颈外科杂
志，2013，027（001）：27-30.

[45]靳佳慧. 慢性化脓性中耳炎听力损伤相关因素的分析[D].延边大学，2019.

[46]陈锡辉，刘敏，熊观霞，等. 胆脂瘤型中耳炎患者鼓室成形术前后骨导听力变化的观
察[J]. 听力学及言语疾病杂志，2005，013（001）：45-46.

[47]郝欣平，龚树生，李永新，等. 慢性化脓性中耳炎对老年患者骨导听阈的影响[J]. 中
华耳鼻咽喉头颈外科杂志，2010，45（8）：636-639.

图书在版编目(CIP)数据

高速列车乘员耳气压舒适性评估研究 / 彭勇等著.
—长沙：中南大学出版社，2020.11
ISBN 978-7-5487-4253-1

Ⅰ.①高… Ⅱ.①彭… Ⅲ.①高速列车－乘务人员－
耳压试验 Ⅳ.①R339.16②U292.91

中国版本图书馆 CIP 数据核字(2020)第 217113 号

高速列车乘员耳气压舒适性评估研究
GAOSU LIECHE CHENGYUAN ERQIYA SHUSHIXING PINGGU YANJIU

彭 勇　谢鹏鹏　姚 松　王田天　张洪浩　著

□责任编辑	刘颖维
□责任印制	易红卫
□出版发行	中南大学出版社
	社址：长沙市麓山南路　　　　邮编：410083
	发行科电话：0731-88876770　　传真：0731-88710482
□印　装	湖南省汇昌印务有限公司

□开　本　710 mm×1000 mm 1/16　□印张 13　□字数 262 千字
□版　次　2020 年 11 月第 1 版　□2020 年 11 月第 1 次印刷
□书　号　ISBN 978-7-5487-4253-1
□定　价　88.00 元

图书出现印装问题，请与经销商调换